경제 저격수의 고백

CONFESSIONS OF AN ECONOMIC HIT MAN
by John Perkins

세계 경제의 뒷무대에서 미국이 벌여 온 은밀한 전쟁의 기록

경제 저격수의 고백

존 퍼킨스 김현정 옮김

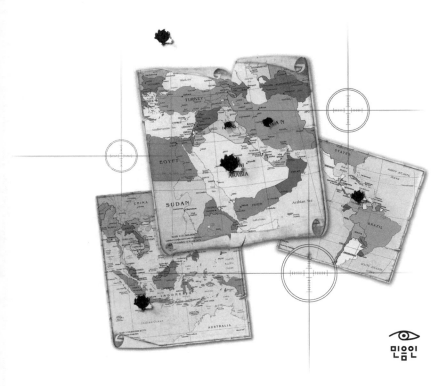

민음인

제게 인생과 사랑을 가르쳐 주시고 이 책을 쓸 용기를 북돋워 주신

어머니와 아버지께 바칩니다.

차례

경제 저격수란 전 세계의 수많은 나라들을 속여서 수조 달러에 달하는 막대한 돈을 털어 내고, 그 대가로 고액 연봉을 받는 전문가들을 가리키는 말이다. 이들은 세계은행과 미국 국제 개발처, 또는 다른 해외 '원조' 기관들로부터 돈을 받아 내어 거대 기업의 금고나 전 세계의 자연 자원을 손아귀에 쥔 몇몇 부유한 가문의 주머니 속으로 그 돈이 흘러가도록 조종한다. 그리고 그 과정에서 회계 부정, 선거 조작, 뇌물, 협박을 통한 갈취, 섹스, 살인 등 온갖 수단을 동원한다. 이들은 미국이라는 거대한 제국의 역사만큼이나 오래된 게임을 해오고 있다. 이제 그 게임은 세계화의 물결 속에서 더욱 새롭고 무시무시한 양상으로 변모하고 있다.

나는 좀 더 일찍 깨달았어야 했다.

내가 바로 경제 저격수였음을 말이다.

1982년에 나는 『경제 저격수의 양심』이라는 제목으로 책을 쓰기 시작했다. 그 책에는 내 고객이자 내가 존경했으며 나와 통하는 면이 있다고 느꼈던 두 대통령, 곧 에콰도르의 하이메 롤도스와 파나마의 오마르 토리호스에 관한 내용을 쓰려고 했다. 두 대통령은 모두 폭발 사고로 목숨을 잃었다. 이들의 죽음은 결코 우연한 사고가 아니었다. 두 대통령은 모두 세계 제국을 건설하고자 서로 결탁한 기업, 정부 및 은행에 반대했기 때문에 암살당했다. 우리 경제 저격수들은 롤도스와 토리호스를 설득하는 데 실패했다. 그래서 경제 저격수들이 실패한 경우에 슬쩍 개입하여 좀 더 강도 높은 방법을 사용하는 미국 중앙 정보국의 자칼이 끼어들게 된 것이다.

나는 당시 책 쓰기를 멈추라는 권유를 받았고, 이후 이십여 년 동안 책을 쓰려고 네 번 더 시도했다. 세계 곳곳에서 일어나는 일들을 지켜보면서 매번 책을 써야겠다고 결심했다. 가령 1989년 미국의 파나마 침공, 제1차 걸프전, 소말리아 사태, 오사마 빈 라덴의 등장 같은 사건이 일어날 때마다 책을 쓰고자 결심했지만, 뇌물이나 협박으로 인해 번번이 뜻을 꺾고 말았다.

2003년, 거대한 다국적 기업이 소유하고 있는 대형 출판사의 사장이 이제 『경제 저격수의 고백』이라는 제목으로 출간된 이 책의 초고를 읽었다. 그러고는 이 내용이 "반드시 사람들에게 알려져야 하는 흥미진진한 이야기"라고 말했다. 그러나 그는 서글픈 미소를 지으며 고개를 저었다. 자신의 출판사를 소유하고 있는 다국적 기업의 최고 경영자들이 출판을 허락하지 않을 거라며, 자신이 위험을 무릅쓰고 이 책을 출판할 수는 없다고 했다. 그러면서 내 글을 소설 형식으로 바꾸면 어떻겠느냐고 물었다.

"이 책을 존 르 카레나 존 그리섬의 소설처럼 바꾼다면 우리가 출판할 수도 있어요."

그러나 이 이야기는 지어낸 것이 아니다. 내 인생과 관련된 진실된 이야기이다. 다국적 기업에 소속되지 않은 좀 더 용감한 한 출판사에서 내 책을 출판해 주기로 했다.

이 이야기는 반드시 세상에 알려져야 한다. 우리는 끔찍한 위기와 엄청난 기회가 공존하는 시대에 살고 있다. 한 사람의 경제 저격수에 관한 이 이야기는 우리가 어떻게 지금과 같은 상황에 처하게 되었는지, 또 왜 극복할 수 없을 것처럼 느껴지는 커다란 위기에 봉착하게 되었는지에 관한 것이다. 우리는 과거의 실수를 이해해야만 앞으로 다가올 기회를 잘 활용할 수 있으므로 이 이야기는 반드시 세상에 알려져야 한다. 9·11 테러가 일어났고 이라크에서는 전쟁이 일어났다. 2001년 9월 11일 하루 동안 삼천여 명이 테러리스트의 손에 목숨을 잃었고 이만 사천여 명이 기아 등의 또 다른 이유로 목숨을 잃었다. 사실은 매일 이만 사천여 명이 목숨을 연명할 음식을 구하지 못해서 죽어 간다. 그리고 이 이야기를 세상 사람들에게 알려야 하는 가장 중요한 이유는 인류 역사상 처음으로 한 나라가 모든 것을 바꿀 수 있는 힘과 권력, 그리고 돈을 쥐고 있기 때문이다. 그 나라는 내가 태어나서 경제 저격수가 되어 일했던 나라, 바로 미국이다.

무엇이 그 모든 위협과 뇌물에도 굴하지 않고 내가 이 책을 출판하도록 만들었을까? 최근에 대학을 졸업하고 세상 속으로 뛰어든 내 하나밖에 없는 딸 제시카가 그 답이다. 얼마 전에 나는 딸에게 이런 책을 출판할까 생각 중이라고 말하면서 내가 느끼고 있는 두려움에 관해 그 아이와 이야기했다. 딸은 이렇게 말했다.

"걱정하지 마세요, 아빠. 만일 아빠한테 무슨 일이 생기면 제가 뒤를 이어 아빠 일을 계속할게요. 언젠가 아빠한테 안겨 드릴 제 아이들을 위해서라도 우리는 꼭 그 일을 해야 해요!"

이 책은 나고 자란 조국에 대한 내 헌신, 그리고 이 나라를 세운 선조들이 내세운 이상향에 대한 나의 믿음을 담고 있다. 또한 오늘날 미국이 스스로 약속하는 것처럼 "누구나 어느 곳에서든 삶과 자유와 행복을 누릴 수 있는 권리"를 추구할 수 있도록 해야겠다는 가슴속 깊은 곳에서 우러나오는 내 의지와, 9·11 테러 이후 더 이상 경제 저격수들이 미국을 거대한 제국으로 변모시키도록 내버려 둘 수 없다고 생각하게 된 내 결심을 담고 있다.

다시 강조하지만, 이 책의 내용은 전부 실화이며 내가 직접 경험한 이야기들이다. 이 책에 담겨 있는 장면, 사람, 대화, 느낌에 관한 내용은 모두 내 인생의 한 부분들이다. 이 이야기는 개인적인 이야기이지만, 오늘날의 역사를 만들고 지금 우리가 이런 상황에 직면하도록 했으며 우리 아이들의 미래를 바꾸어 놓은 세계적인 사건들의 흐름 속에서 발생한 일들에 관한 기록이기도 하다. 나는 가능한 한 내 경험, 내가 만난 사람들, 그들과 나누었던 대화 등을 정확하게 기록하기 위해 각고의 노력을 기울였다. 역사적 사건을 기술하거나 다른 사람들과 나눈 대화를 재구성할 때에는 출판된 문서, 나와 대화를 나누었던 상대방의 개인 기록 또는 보관 문서, 이전에 썼던 원고 다섯 편, 다른 사람들이 쓴 역사 기록들 가운데 전에는 비밀 문서로 분류되어 볼 수 없었으나 최근에 알려지게 된 문서 등 모든 자료를 동원했다.

출판사 사람들은 나와 동료들이 스스로를 경제 저격수라고 불렀느냐고 물어보았다. 나는 정말로 그렇게 불렀다고 대답했다. 1971년 어느 날, 나는 클로딘이라는 스승을 만나게 되었다. 그녀는 내게 "내 임무는 당신이 경제 저격수가 되도록 바꾸어 놓는 거예요. 그 누구에게도, 심지어 아내에게도 당신의 정체를 밝혀서는 안 돼요."라고 말했다. 그러고는 좀 더 심각한 목소리로 이렇게 덧붙였다.

"일단 한 번 발을 들여놓으면, 평생 빠져 나갈 수 없어요."

내가 발을 들여놓은 분야에서는 사실을 보기 좋게 바꾸고 조작하는 일이 무엇보다 중요했다. 클로딘은 조작의 전형적인 모범을 행동으로 보여 주었다. 클로딘은 아름답고 똑똑했으며, 나를 효과적으로 다루는 방법을 잘 알고 있었다. 게다가 내 약점을 이해하고 그 약점들을 잘 활용했다. 클로딘의 임무와 업무 방식은 이런 시스템 속에서 일하는 사람들의 치밀성을 적나라하게 보여 주었다.

클로딘은 앞으로 내가 해야 할 일을 꾸밈없이 얘기해 주었다. 심지어 이렇게 말한 적도 있다.

"앞으로 당신은 미국이 더 많은 돈을 벌게 도와주는 거대한 조직의 일원이 되도록 전 세계의 국가 지도자들을 설득하고, 이들이 부채라는 덫에 사로잡혀 미국에 대한 충성심을 버리지 못하도록 만드는 일을 할 거예요. 일단 그들이 미국에 충성심을 갖게 되면 우리는 정치적으로나 경제적으로, 또는 군사적 목적으로 필요할 때마다 그들을 잘 활용할 수 있을 거예요. 그들이 미국과 관계를 공고히 하면 그 나라에는 산업 공단이나 발전소, 공항이 만들어지고 결국 그들의 정치적 입지는 더욱 튼튼해지는 거죠. 물론 토목 회사나 건설 회사를 소유하고 있는 미국 사람들도 엄청나게 부유해질 테고요."

오늘날 우리는 이 시스템이 빚어내는 참혹한 결과들을 지켜보고 있다. 가장 존경받는 기업의 경영자들은 자신들을 위해 일하는 노동자들이 아시아의 영세한 공장에서 비인간적인 처우를 견디며 노예에 가까운 월급을 받으면서 일하도록 내버려 두고 있다. 석유 회사들은 열대 우림 지역의 강으로 독성 물질을 흘려보내면서 동식물과 사람이 죽어 가는 광경을 외면하고 토착 문화를 말살하고 있다. 아프리카에서는 수백만 명이 에이즈 바이러스에 감염되어 고통받고 있지만 제약 업계에서는 이들의 목숨을 구할 수 있는 약을 공급해 주지 않는다. 미국에서만 1200만에 달하는 가구가 다음 끼니를 걱정하며 살아간다. 그 결과 에너지 업계에서는 엔론 사가 생겨났고 회계 업계에서는 앤더슨 사가 탄생했다. 1960년대에는 전 세계 인구 중 상위 20퍼센트와 하위 20퍼센트의 임금 격차가 30대 1이었으나, 35년이 지나 1995년이 되자 그 격차는 74대 1로 벌어졌다. 미국은 이라크 전을 치르는 데 870억 달러가 넘는 돈을 쏟아 부었다. 유엔에서는 이 돈의 4분의 1만 있어도 지구상의 모든 사람들에게 깨끗한 물과 필요한 영양분, 위생적인 환경, 기본적인 교육 등을 제공할 수 있다고 한다.

그렇다면 테러리스트들은 왜 미국을 공격하려고 할까?

현재 미국이 직면한 문제들을 조직적인 음모론의 관점에서 설명하고자 하는 사람들도 있다. 나도 진짜 이유가 그렇게 간단한 것이기를 바란다. 만일 모든 문제가 음모로 인해 생겨났다면, 음모를 꾸민 사람들을 찾아내서 법정에 세우기만 하면 된다. 그러나 이 시스템의 배후에는 단순한 음모를 넘어서는 훨씬 위험한 무언가가 숨어 있다. 이 시스템을 움직이는 것은 몇 사람으로 구성된 조직이 아니라 사람들이 절대 진리처럼 받아들이는 한 가지 개념이다. 즉, 모든 형태의 경제적 발전은 인류에게 도움이 되고, 더 많이 성장할수록 혜택이 더욱 커진다는 인식 말이다. 이런 믿음 때문에 경제 성장에 이바지하는 사람은 승진을 하고 보상을 받아야 하며 가난한 사람은 착취당해도 된다는 결론이 도출되는 것이다.

그러나 이런 생각은 잘못된 것이다. 많은 나라에서 경제 성장으로 혜택을 받는 사람은 극히 일부에 불과하며 이로 인해 대다수 국민들은 절망적인 상황에 처한다. 하지만 이 시스템을 주도하면서 산업을 이끄는 사람들은 특별한 대접을 받아야 한다는 잘못된 믿음과, 오늘날 이토록 많은 문제가 생겨나는 근본적인 원인이 음모론 때문이라는 믿음으로 인해 이 모순적인 상황이 더욱 심각해진다. 사람들이 갖고 있는 탐욕에 보상이 주어지면, 그 탐욕은 부패를 불러온다. 우리가 마치 신이라도 된 양 지구의 자원들을 게걸스럽게 소비하고 아이들에게 균형이 무너진 우리의 삶을 그대로 따르도록 가르치며 대다수 인류가 극소수 엘리트에게 복종해야 한다고 믿는다면, 더 큰 문제가 발생할 것이다. 많은 문제들이 이미 나타나고 있다.

세계 제국으로 변모하기 위해서 기업, 은행 및 정부(이들의 결탁을 총칭해서 '기업 정치(corporatocracy)' 라고 부른다.)는 재정적 또는 정치적 영향력을 동원하여 학교, 기업체, 언론이 모두 위에서 언급한 잘못된 생각을 믿도록 만들고 그 결과를 받아들이도록 만든다. 이들은 세계 문화 자체를 거대하고 기괴한 기계로 탈바꿈시켜 우리가 점점 더 많은 것들을 필요로 하게 만들고, 결국은 눈앞에 보이는 모든 것들을 먹어 치워 문화 자체를 망쳐 버릴 수밖에 없는 상황으로 몰아넣고 있다.

이러한 기업 정치 자체는 음모가 아니다. 하지만 거기 속해 있는 사람들은 모두 공통된 가치와 목표를 지향한다. 기업 정치의 가장 중요한 기능 가운데 하나는 이 시스템이 영원히 지속되면서 끊임없이 성장하고 강해지도록 하는 것이다. 이런 시스템을 만들어 가는 사람들의 생활과 이들이 갖고 있는 호화 별장, 요트, 전용 비행기 따위는 지켜보는 사람들로 하여금 소비를 늘려가도록 부추긴다. 이들은 온갖 방법을 동원하여 물건을 구매하는 게 시민의 기본 의무이고 지구를 파괴하는 일은 경제에 도움이 되며, 결과적으로 더 높은 차원에서 인류 행복에 이바지하는 것처럼 보이도록 한다. 나 같은 경제 저격수들은 이 시스템이 시키는 대로 따르면서 엄청난 월급을 받는다. 만일 우리가 실패하면 우리와 비슷한 일을 하지만 좀 더 강력한 방법을 사용하는 자칼이 등장한다. 그들마저 실패할 경우, 결국 군대가 그들을 대신한다.

이것은 한 경제 저격수의 고백을 담은 책이다. 내가 경제 저격수로 활동하던 당시에는 조직의 규모가 그리 크지 않았다. 그러나 오늘날에는 비슷한 역할을 하는 사람들이 훨씬 많아졌다. 이들은 좀 더 그럴듯한 직함을 달고 있으며, 몬산토, 제너럴일렉트릭, 나이키, 제너럴모터스, 월마트 등 거의 모든 유명한 세계적 기업에서 활동하고 있다. 사실 『경제 저격수의 고백』은 나 자신의 이야기이기도 하거니와 그들의 이야기이기도 하다.

이 이야기는 여러분의 이야기이기도 하고, 여러분과 내가 속해 있는 이 세상에 관한 이야기이기도 하며, 역사상 최초로 진정한 세계제국이 되어 버린 미국의 이야기이기도 하다. 역사를 되돌아볼 때, 이 이야기를 바꾸지 않으면 우리는 끔찍한 최후를 맞이할 수밖에 없다. 제국은 결코 영원할 수 없다. 모든 제국은 비참하게 사라져 갔다. 역사 속의 제국들은 세계를 정복하기 위해 여러 문화를 파괴했지만, 결국 스스로도 몰락하고 말았다. 그 어떤 나라나 국가 연합도 다른 나라들을 착취하면서 오랫동안 살아남을 수는 없다.

나는 우리가 스스로 주의를 기울여서 새로운 이야기를 만들어 나가기를 바라며 이 책을 썼다. 나는 세계의 자원을 끊임없이 고갈시키도록 만들어진 오늘날의 경제 구조로 인해 얼마나 많은 이들이 착취당하고 있는지, 그 결과 얼마나 많은 사람들이 힘겹게 살아가고 있는지 깨닫게 되면 아무도 더 이상 참지 않을 것이라고 확신한다. 우리는 극소수만이 마음껏 부를 누리고 나머지는 가난 속에서 허우적대는 세상 속에서 자신의 역할을 재평가하게 될 것이다. 모두를 위한 자비, 민주주의, 정의가 넘치는 사회로 나아가기 위해 노력하게 될 것이다.

해결책을 찾기 위한 첫 번째 단계는 문제를 인정하는 것이다. 죄를 고백하는 것이 속죄의 시작이다. 그런 의미에서, 이 책은 우리 모두의 구원을 위한 첫걸음이 될 것이다. 나는 이 책이 우리 모두에게 새로운 의지를 불어넣고, 나아가 좀 더 바람직하고 균형 잡힌 사회를 만들고자 하는 우리의 꿈을 실현하는 데 도움이 되기를 바란다.

앞으로 소중한 시간을 나와 함께한 사람들이 이 책에 등장할 것이며, 그들이 없었더라면 나는 책을 쓸 수 없었을 것이다. 그들로부터 귀중한 경험과 교훈을 얻었음을 감사하게 생각한다.

또한 위험을 무릅쓰고 내 이야기를 털어놓도록 격려해 주신 모든 분들께 감사의 말씀을 전하고 싶다. 스테판 레츠샤펜, 빌 트위스트와 린 트위스트 부부, 앤 켐프, 아트 로피, '꿈을 바꾸는 모임'의 여행과 워크숍에 참가하신 분들, 공동 간사를 맡고 있는 이브 브루스, 린 로버츠헤릭, 메리 텐들, 그리고 내 멋진 아내이자 25년 동안 함께한 동반자 위니프레드와 딸 제시카에게 깊은 감사의 뜻을 전한다.

이 책의 원고가 완성되자 버럿쾰러 출판사의 창업자인 스티븐 피에산티는 나에게 용기를 북돋워 주었을 뿐 아니라, 원고를 교정하는 데 오랜 시간을 할애하여 책의 완성도를 높여 주었다. 스티븐과 스티븐을 소개해 준 리차드 펄, 내 원고를 읽고 비평해 준 노바 브라운, 랜디 피아트, 앨런 존스, 크리스 리, 제니퍼 리스, 로리 펠로초드, 제니 윌리엄스, 원고를 읽고 비평해 주었을 뿐 아니라 한층 나은 글이 될 수 있도록 도와주신 데이비드 코튼, 내 에이전트 폴 페도코, 책을 디자인해 주신 발레리 브루스터, 그리고 내 원고를 교정해 주신 비범한 철학자이자 명문장가 토드 만자에게 깊이 감사드린다.

버럿쾰러 출판사의 편집장 지반 시바서브라마니안, 대중의 의식을 높여야 한다는 데 동의하고 좀 더 나은 세상을 만들기 위해 끊임없이 노력하는 버럿쾰러 출판사의 켄 루포프, 릭 윌슨, 마리아 헤수스 아길로, 팻 앤더슨, 마리나 쿡, 마이클 크롤리, 로빈 도노번, 크리슨 프란츠, 티파니 리, 캐서린 렝그런, 다이앤 플래트너에게도 진심으로 감사드린다.

경제 저격수가 세계 제국을 건설할 수 있도록 돕는 사람임을 미처 알지 못한 채 메인에서 나와 함께 근무하며 도움을 주었던 수많은 분들께도 감사의 말씀을 전해야 한다. 또 나를 위해 많은 일을 해 주고 나와 함께 머나먼 곳으로 출장 다니면서 수많은 소중한 순간들을 함께 나누었던 분들께 특별히 감사의 말씀을 전하고 싶다. 토착 문화와 샤머니즘에 관해 썼던 내 전작들을 출판해 준 이너트래디션스인터내셔널 출판사의 에후드 스퍼링과 출판사 직원들, 그리고 내가 작가의 길을 갈 수 있도록 도와준 친구들에게도 감사한다.

그리고 누구보다, 정글이나 사막 또는 산 속에 있는 집으로 나를 초대하고 자카르타의 운하 주위에 늘어서 있는 판잣집이나 세계 곳곳의 여러 도시에 있는 수많은 빈민가에서 나를 기꺼이 맞아 주신 분들, 내게 음식을 나누어 주고 자신들의 생활을 보여 줌으로써 내가 이 책을 쓸 수 있도록 동기를 부여해 주신 분들께 무한한 감사의 말씀을 전하고 싶다.

존 퍼킨스

고백을
시작하며

에콰도르의 수도인 키토는 안데스 산맥에 있는 해발 2,700미터 높이의 화산 지대에 자리하고 있다. 콜럼버스가 아메리카 대륙을 발견하기 전에 세워진 이 도시에 거주하는 사람들은 적도에서 남쪽으로 채 몇 킬로미터 떨어지지 않은 곳에 살면서도 산봉우리가 눈으로 덮여 있는 경관을 보는 데 익숙하다.

쉘이라는 도시는 국경 지역의 전초지이자, 에콰도르 쪽 아마존 지역에 만들어진 군사 기지이기도 하다. 이곳은 같은 이름을 가진 석유 회사를 위해 만들어진 도시로서 키토보다 2,400미터 낮은 곳에 위치하고 있다. 항상 증기가 뿜어져 나오는 이 도시의 거주민은 대부분 군인, 석유 회사 직원들, 이들을 위해 창녀나 막노동꾼으로 일하는 슈아르 족이나 키추아 족 출신 토착민들이다.

키토와 쉘을 오갈 때에는 반드시 구불구불하고 깜짝 놀랄 만큼 멋진 풍경이 펼쳐지는 도로를 지나야 한다. 현지 사람들은 단 하루 동안의 여행으로 사계절을 모두 경험할 수 있다고 말한다.

나도 자동차를 타고 이 도로를 여러 번 지났지만, 도로 양 옆으로 펼쳐지는 아름다운 풍경은 아무리 봐도 질리지 않는다. 도로 한 편에는 폭포와 아름다운 브로멜리아드(열대 우림 지역에 많이 사는 관엽 식물—옮긴이)가 피어 있는 깎아지른 듯한 절벽이 자리하고 있고, 고개를 반대로 돌리면 아마존 강의 상류인 파스타사 강이 안데스 산맥을 향해 굽이치는 광경을 볼 수 있다. 파스타사 강은 세계에서 가장 높은 활화산 가운데 하나이자 잉카 문명에서 신성한 존재로 추앙받은 코토팍시 봉우리의 빙하로부터 흘러 내려와서 4,800킬로미터나 떨어진 대서양까지 흘러간다.

2003년, 나는 여느 때와 다른 임무를 띤 채 스바루 아웃백을 타고 키토를 출발하여 쉘로 향했다. 내가 퍼뜨린 전쟁의 불씨를 잠재워야 한다는 생각에서 떠난 길이었다. 경제 저격수들이 책임져야 하는 일들이 으레 그렇듯이, 그 전쟁 또한 다른 나라에서는 일어났다는 사실조차 까맣게 몰랐을 것이다. 나는 쉘로 가서 슈아르 족과 키추아 족을 비롯하여 이웃에 살고 있는 아추아르 족, 사파로스 족, 시위아 족 등, 석유 회사가 집과 가족, 그리고 삶의 터전을 파괴하지 못하도록 하기 위해 목숨을 걸고 투쟁하는 사람들을 만나려 했다. 우리에게는 돈, 권력, 천연 자원을 얻기 위한 전쟁이었지만 이들에게는 자신의 후손들과 문화의 생존이 걸린 투쟁이었다. 그들의 투쟁은 전 세계를 지배하는 세계 제국을 만들려는 목적으로 몇몇 욕심 많은 사람들이 꿈을 이루기 위해 쏟아 붓는 노력에 비하면 일부분에 불과하다.

이것이야말로 우리 경제 저격수들이 가장 잘 하는 일, 즉 세계 제국을 건설하는 일이다. 우리는 전 세계의 금융 기관들을 이용하여 미국의 기업, 정부, 은행이 결탁하여 만들어 낸 시스템에 다른 나라들이 복종하도록 만드는 엘리트 집단이다. 마피아들과 마찬가지로 우리도 먼저 호의를 베푼다. 우리의 호의란 상대국이 발전소, 고속도로, 항만, 공항, 산업 단지 등을 지을 수 있도록 차관을 제공하는 것이다. 차관을 제공하는 조건은 이 모든 프로젝트를 담당하는 업체가 반드시 미국 기업이어야 한다는 것이다. 결국 차관해 준 돈은 대부분 미국 국경을 벗어나지 않는다. 다만 워싱턴의 은행에 있던 돈이 뉴욕, 휴스턴, 샌프란시스코 등지에 있는 토목 회사나 건축 회사로 옮겨 갈 뿐이다.

돈은 다른 나라에 건네지는 즉시 기업 정치 구조의 한 축을 이루고 있는 미국 기업(채권자)으로 흘러 들어가지만, 돈을 빌린 나라는 원금에 이자까지 더해서 차관을 갚아야 한다. 만일 경제 저격수가 성공적으로 임무를 수행해 내면 엄청난 금액의 돈을 빌린 나라는 몇 년 뒤에 도저히 빚을 갚을 수 없는 상황에 놓이게 된다. 이럴 때 우리는 마피아와 마찬가지로 그 나라에 빚을 갚지 못한 대가로 더 많은 것을 요구한다. 가령 유엔에서의 투표권을 장악하거나 그 나라 영토 안에 군 기지를 세우고, 석유 같은 중요한 자원이나 파나마 운하의 통제권 등을 빼앗기도 한다. 물론, 그런다고 해서 채무국의 빚이 줄어드는 것은 아니다. 다만 또 한 나라가 세계 제국의 손아귀에서 놀아날 뿐이다.

2003년 어느 맑은 날, 자동차를 타고 키토에서 쉘로 가던 나는 35년 전 처음 이 나라를 방문했던 때를 떠올렸다. 처음 이 나라를 방문하기 전에 읽었던 책에 따르면 에콰도르는 국토 면적이 미국의 네바다 주 정도에 불과하지만 활화산이 서른 개나 있고 전 세계의 조류

중 15퍼센트가 서식하며, 아직 이름조차 정해지지 않은 풀의 종류가 수천 종이 넘는다고 했다. 그리고 에스파냐 어를 하는 사람들의 수만큼이나 많은 사람들이 고대의 토착 언어들로 대화를 나눌 만큼 다양한 문화가 공존하는 나라라고 했다. 에콰도르의 첫 느낌은 매우 매력적이고 이국적이었다. 무엇보다 깨끗하고 때 묻지 않은 순수한 모습이 인상적이었다.

그러나 지난 35년 동안 많은 변화가 일어났다.

처음 에콰도르를 방문한 때는 1968년이었다. 당시는 텍사코라는 석유 회사가 에콰도르의 아마존 지역에서 석유를 막 발견했던 무렵이었다. 오늘날 에콰도르의 총수출에서 석유가 차지하는 비중은 절반이 넘는다. 내가 처음 에콰도르를 방문한 지 얼마 되지 않아 안데스 산맥을 가로지르는 송유관이 만들어졌으며 이것을 통해 지금까지 50만 배럴이 넘는 양의 석유가 오염되지 않은 우림 지역으로 흘러 들어갔다. 그 양은 1989년 유조선 엑손발데스 호에서 유출된 석유량의 두 배가 넘는다. 오늘날 에콰도르에는 경제 저격수가 주도하여 만든 컨소시엄이 13억 달러를 들여 설치한 송유관이 놓여 있으며, 그 길이는 약 500킬로미터에 이른다. 이 거대한 석유 운송 시스템 덕분에 에콰도르는 미국에 석유를 가장 많이 공급하는 10대 산유국 가운데 하나가 되었다. 그 대가로 거대한 우림 지역이 파괴되고 사랑앵무새와 재규어가 멸종 위기에 처했고 에콰도르의 토착 문화들 가운데 세 가지가 사라질 위기에 놓였으며, 맑고 깨끗했던 강은 지저분한 웅덩이로 변해 버렸다.

이 기간 동안 에콰도르의 토착민들도 반격을 시작했다. 2003년 7월에는 삼만여 명이 넘는 에콰도르의 토착민들을 대변하는 미국 변호사 모임에서 셰브론텍사코 석유 회사를 상대로 10억 달러 규모의 소송을 제기했다. 이들은 셰브론텍사코 석유 회사가 1971년부터 1992년까지 석유, 중금속, 발암 물질로 오염된 독성 폐수를 매일 1500만 리터가 넘게 땅과 강에 쏟아 냈으며, 350개에 달하는 석유 시추공을 막지 않고 내버려 두어 사람과 동물이 빠져 죽도록 했다고 주장했다.

내가 타고 있는 스바루 아웃백의 창 밖에서는 숲에서 뿜어져 나오는 짙은 안개가 파스타사 강이 흘러가는 협곡 사이로 올라오고 있었다. 셔츠가 땀으로 범벅이 되었고 속이 뒤틀렸다. 그러나 열대 지역의 뜨거운 공기와 구불구불한 도로 때문은 아니었다. 이 아름다운 나라를 파괴하는 데 내가 일조했다고 생각하니 다시 한 번 고통이 밀려왔다. 나와 내 동료들 때문에 에콰도르는 우리가 현대 경제의 기적과 은행 시스템, 토목 기술을 소개해 주기 이전보다 훨씬 어려운 상황에 놓이게 되었다. 1970년대부터 에콰도르에서는 석유 개발이 성황이었다. 이 기간 동안 에콰도르의 빈곤선은 50퍼센트에서 70퍼센트로 올라갔고 실업률은 15퍼센트에서 70퍼센트로 상승했으며, 부채는 2억 4천만 달러에서 160억 달러로 급증했다. 그러나 에콰도르의 전체 인구 가운데 빈곤층에게 돌아가는 국가 자원의 비율은 20퍼센트에서 6퍼센트로 줄어들었다.

안타깝게도 에콰도르 역시 예외가 아니었던 것이다. 우리 경제 저격수들이 미국이라는 세계 제국 속으로 끌어들인 나라들은 대개 이와 비슷한 운명에 처했다. 제삼 세계의 부채는 모두 2조 5천억 달러나 된다.(2004년 한 해에만 3,750억 달러에 이르는 부채가 생겨났다.) 이는 제삼 세계에서 보건 및 교육에 지출하는 총비용을 능가하며 웬만한 개발도상국이 외국으로부터 받는 연간 원조금의 스무 배가 넘는 금액이다.

전 세계 인구 중 절반 이상이 하루에 채 2달러도 되지 않는 돈으로 목숨을 이어 간다. 전체 인류의 절반이 하루 동안 생명을 부지하기 위해 필요로 하는 이 2달러라는 금액은 1970년대 수준과 다를 바가 없다. 그러나 제삼 세계 각국에서 상위 1퍼센트에 해당하는 사람들은 국가 전체 부와 부동산의 70 내지 90퍼센트를 소유하고 있다. 정확한 수치는 나라마다 다르다.

활화산인 퉁구라과 산에서 흘러 내리는 지하수가 만들어 내는 온천으로 유명한 바뇨스라는 아름다운 리조트 마을의 구불구불한 거리를 지나면서 나는 자동차의 속도를 늦추었다. 아이들은 손을 흔들면서 차를 따라 달리며 우리에게 껌과 과자를 팔려고 했다. 나는 바뇨스를 뒤로 하고 계속 달렸다. 속도를 내어 천국과 같은 바뇨스를 지나가자 아름다운 광경이 갑자기 사라지고, 단테의 『신곡』 가운데 「지옥」의 배경을 현대로 바꾸어 놓은 듯한 광경이 나타났다.

거대한 괴물 같은 회색 벽이 강 위에 우뚝 서 있었다. 높이 솟은 콘크리트 벽은 너무나 어색하고 부자연스럽게 느껴졌으며 주변 풍경과는 정말이지 어울리지 않았다. 실은 그 콘크리트 벽을 보고 놀라지 말았어야 했다. 나는 그곳에 거대한 콘크리트 덩어리가 서 있을 거라는 사실을 알고 있었다. 이미 몇 번씩이나 그곳을 지나갔고 심지어 경제 저격수들이 일구어 낸 업적의 상징이라고 칭송하기까지 했다. 그러나 그때는 웬일인지 소름이 끼쳤다.

이 추악하고 어색한 벽은 파스타사 강의 흐름을 막고 산을 뚫어서 만든 거대한 터널 속으로 강물이 흘러가도록 하여 전기를 만들어 내는 댐이다. 이 댐은 156메가와트의 전기를 생산해 내기 위한 아고얀 수력 발전 프로젝트의 일환으로 만들어졌다. 덕분에 에콰도르에서는 산업이 발달했고 그 결과 몇몇 가문이 부유해졌지만, 강 주위에 살던 농부들과 토착민들에게는 이루 말로 표현할 수 없는 고통을 안겨 주었다. 이 수력 발전소는 나와 다른 경제 저격수들의 노력으로 이루어진 숱한 프로젝트 중 하나에 불과하다. 이런 프로젝트들 때문에 에콰도르는 현재 거대한 제국의 일부가 되어 버렸고, 슈아르 족과 키추아 족을 비롯한 주변 부족들은 석유 회사들을 대상으로 전쟁을 벌이겠다고 위협했다.

경제 저격수들의 프로젝트 탓에 에콰도르는 외채에서 벗어나지 못하게 되었고, 국가 예산은 공식 집계된 숫자만도 수백만에 달하는 극빈자를 위해 사용되는 대신 외채를 갚는 데 쓰였다. 에콰도르가 이 악순환에서 벗어날 수 있는 유일한 방법은 우림 지역을 석유 회사에 팔아 버리는 것이었다. 사실 경제 저격수들이 에콰도르에 눈독을 들였던 가장 중요한 이유는 아마존 지역에 묻혀 있는 석유 매장량이 중동의 유전에 매장되어 있는 양과 맞먹을 정도라고 믿었기 때문이다. 이제 거대한 제국은 에콰도르 국민의 살점이라고 할 수 있는 석유를 내놓으라고 요구하고 있다.

2001년 9·11 테러가 일어나자 미국 정부는 중동의 석유 공급이 끊길지도 모른다는 위협을 느꼈고 에콰도르에 대한 요구는 더욱 집요해졌다. 무엇보다 미국에 세 번째로 석유를 많이 공급하는 나라인 베네수엘라에서 최근 대선을 실시했으며, 대중의 지지를 바탕으로 미국의 제국주의에 강력한 반대 의사를 밝혀 온 우고 차베스가 당선되었다. 우고 차베스 신임 대통령은 미국에 더 이상 석유를 팔지 않겠다고 위협했다. 경제 저격수들은 이라크와 베네수엘라에서는 실패했지만 에콰도르에서는 성공했다. 그러니 이제 에콰도르에서 가치 있는 모든 것을 우려낼 차례가 된 것이다.

에콰도르를 보면 경제 저격수들이 한 나라를 미국의 정치-경제적 영향력 아래 종속시키기 위해서 어떠한 노력을 기울이는지, 또 그 결과가 어떠한지를 쉽게 이해할 수 있다. 에콰도르의 우림 지역에서 100달러어치 원유가 생산되면 석유 회사가 75달러를 가져간다. 남은 25달러 중 4분의 3은 외채를 갚는 데 사용된다. 그 나머지의 상당 부분도 군사비를 비롯한 정부에서 사용하는 비용으로 지출된다. 결국 가난한 사람들을 위한 보건, 교육 및 기타 프로그램에 사용되는 돈은 고작 2달러 50센트에 불과하다. 게다가 아마존에서 100달러어치 석유를 쥐어 짜낼 때마다 댐 건설, 석유 시추, 송유관 건설 등으로 삶의 질이 더욱 떨어진 사람들이나 먹을 음식과 마실 물이 부족하여 죽어 가는 사람들처럼, 그 돈을 가장 필요로 하는 사람에게 돌아가는 몫은 채 3달러도 되지 않는다.

에콰도르에 살고 있는 수백만 명을 비롯한 전 세계 수십억 인구가 모두 언젠가는 테러를 저지를 수도 있는 사람들이다. 이들이 공산주의나 무정부주의를 신봉하거나 본성이 나빠서가 아니라 절망에 빠져 있기 때문에 그러하다. 나는 아고얀 댐을 보면서 세계 곳곳을 돌아다니며 느낀 바와 마찬가지로 에콰도르 국민들도 때가 되면 1770년대에 영국에 맞서 봉기했던 미국인들이나 1800년대에 에스파냐에 대항하여 싸웠던 남미인들처럼 뜻을 모아 미국에 대항하게 될지 궁금해졌다.

오늘날 기막힌 방법으로 제국을 건설해 나가는 미국을 본다면 고대 로마 제국의 백부장도, 멕시코와 페루를 정복한 에스파냐의 정복자도, 심지어 18세기와 19세기에 수많은 식민지를 갖고 있던 유럽의 강대국들까지도 모두 고개를 숙이고 말 것이다. 경제 저격수들은 솜씨가 아주 뛰어나다. 우리 경제 저격수들은 역사를 통해 많은 것을 배운다. 하지만 칼을 사용하지는 않는다. 서로를 구분 짓는 갑옷이나 투구를 착용하지도 않는다. 에콰도르, 나이지리아, 인도네시아 같은 나라에 가면 우리는 교사나 가게 주인으로 보이게끔 옷을 입는다. 워싱턴이나 파리에서는 정부 관료나 은행원쯤으로 보이도록 옷을 입는다. 우리는 어디에서나 몹시 평범하고 일반인들과 다를 바 없어 보인다. 임무를 수행할 장소를 방문하기도 하고 때로는 가난한 마을을 어슬렁거리며 걷기도 한다. 이타주의를 강조하며 우리가 얼마나 인도주의적인 일을 하고 있는지에 관하여 지역 신문과 인터뷰도 한다. 정부 산하 위원회와 회의할 때에는 재무제표를 늘어놓으며 재정 문제를 설명하고, 하버드 경영 대학원에 가서는 거시 경제학의 기적에 관해 강의를 한다. 우리는 드러내 놓고 공식적으로 활동한다. 혹은 사람들이 우리를 받아들이도록 그럴듯하게 포장하기도 한다. 이것이 바로 저격수들의 시스템이 작동하는 원리이다. 이 시스템 자체가 일종의 속임수를 바탕으로 하고 있으며 외형상으로는 법의 테두리 안에서 작동하기 때문에 우리는 불법적인 일은 거의 하지 않는다.

우리 경제 저격수들이 실패하면 문제가 더욱 심각해진다. 실패할 경우, 우리가 '자칼'이라고 부르는 더 사악한 무리가 개입한다. 자칼은 제국이 만들어진 이래로 줄곧 존재해 왔다. 이들은 항상 어두운 곳에 숨어 있다. 이들이 모습을 드러내면 한 나라의 정부가 전복되거나 정부 수반이 우연을 가장한 사고로 사망한다. 만일 아프가니스탄과 이라크에서처럼 자칼마저 실패하게 되면 더 오래전부터 전해 내려온 방법이 사용된다. 젊은 미국 군인들을 전쟁터로 내보내 죽고 죽이도록 만드는 것이다.

강 위로 솟아 있는 보기 흉한 거대한 회색 콘크리트 벽을 지나면서 나는 땀이 흘러내려 옷을 적시고 속이 답답해져 오는 것을 느꼈다. 내가 몸바쳐 일했던 제국을 멈추게 하기 위해서 최후까지 싸우기로 결의한 토착민들을 만나러 정글로 가면서, 나는 죄책감에 사로잡혔다.

그러자 뉴햄프셔 주에서 태어난 착한 소년이 어떻게 하여 이토록 더러운 일에 휘말리게 되었는지 스스로에게 묻지 않을 수 없었다.

제1부 **1963-1971**

제1장

경제 저격수의 탄생

처음부터 내 인생이 그렇게 흘러가도록 정해진 건 아니었다.

1945년 나는 중산층 가정의 외동아들로 태어났다. 내 친가와 외가
는 삼백여 년 전 뉴잉글랜드로 건너와 터전을 일구며 살아온 집안들
이었다. 조상들의 청교도적 성향을 물려받은 부모님은 엄격하고 융
통성이 없었으며 성실한 분들이었다. 두 분 모두 양쪽 집안에서 처음
으로 대학에 진학하여 장학금을 받으면서 학교를 다녔다. 어머니는
대학을 졸업한 후 고등학교에서 라틴어를 가르쳤다. 아버지는 해군
대위로 제2차 세계 대전에 참전하여 대서양을 오가는 유조선을 지키
는 무장 경비대를 지휘했다. 내가 뉴햄프셔 주의 하노버 시에서 태어
났을 때 아버지는 텍사스 주에 있는 한 병원에서 고관절 골절 치료를
받고 있었으므로, 나는 태어난 지 일 년이 지나서야 아버지의 얼굴을
대할 수 있었다.

아버지는 뉴햄프셔 주 근교에 있는 남학생 전용 기숙 학교인 틸턴

고등학교에서 교편을 잡았다. 틸턴 고등학교는 언덕 위에 자리하고 있었다. 어떤 사람은 거만한 투로 틸턴 고등학교가 학교와 같은 이름을 갖고 있는 틸턴이라는 마을 위에 우뚝 서 있다고 으스대기도 했다. 9학년부터 12학년까지의 학생들이 그곳에서 공부했고 각 학년 정원은 50명이었다. 학생들은 대부분 부에노스아이레스, 카라카스, 보스턴, 뉴욕 등지의 부유한 집안 자제들이었다.

우리 가족은 항상 돈이 부족했다. 그러나 가난하다고 생각한 적은 없었다. 교사 월급은 얼마 되지 않았지만 돈 한 푼 들이지 않고도 안락하고 따뜻한 집에서 맛있는 음식을 즐기고, 깨끗한 물을 마음대로 쓸 수 있었다. 뿐만 아니라 정원의 잔디를 깎고 집 앞의 눈을 치워 주는 사람들에게도 따로 수고비를 줄 필요가 없었다. 네 번째 생일을 맞은 날부터 나는 틸턴 고등학교 안에 있는 식당에서 밥을 먹었고 아버지가 맡고 있던 축구 팀에서 사용하던 너덜너덜해진 공을 갖고 놀았으며, 학교 탈의실에서 나눠 주는 수건을 사용했다.

틸턴 고등학교 교사들과 그 부인들은 지역 주민들에 비해 자신들이 우월하다고 여겼다. 사실, 우월하다고 여기는 정도가 아니었다. 우리 부모님은 자신들이 그 지역의 미천한 농부들을 지배하는 영주라도 된 양 농담을 하곤 했다. 나는 그런 말을 들을 때마다 단순한 농담 이상의 무언가가 있음을 느꼈다.

초등학교와 중학교를 다니는 동안 사귀었던 친구들은 모두 틸턴 마을 농가 출신이었다. 친구들은 무척 가난했다. 부모들은 농사를 지어 겨우 입에 풀칠을 하거나 벌목장 또는 방앗간에서 일하는 인부들이었다. 가난한 부모들은 틸턴 고등학교에 다니는 학생들을 "언덕 위에 사는 부잣집 놈들"이라며 싫어했고, 우리 부모님은 마을 소녀들을

"못 배우고 지저분한 계집애들"이라고 부르며 함께 어울리지 못하도록 했다. 나는 초등학교에 들어가면서 마을 여자 아이들과 교과서와 크레파스를 나누어 쓰기 시작했고, 세월이 흐르면서 앤, 프리실라, 주디라는 세 여자 아이들을 차례로 좋아하게 되었다. 마을 사람들에 대한 부모님의 생각을 이해하기가 힘들었지만 부모님의 뜻을 따를 수밖에 없었다.

해마다 틸턴 고등학교가 여름 방학에 들어가면 우리 가족은 1921년에 할아버지가 지으신 호숫가의 작은 별장에서 석 달 동안 여름을 보냈다. 별장은 숲으로 둘러싸여 있었고 밤이 되면 올빼미나 퓨마 우는 소리가 들려오곤 했다. 그 주변에는 사람이 살지 않았기 때문에 아이라고는 나밖에 없었다. 어릴 적에는 숲에 있는 나무들이 원탁의 기사가 되거나 앤, 프리실라, 주디라는 이름을 가진 비운의 여인이 되기도 했다. 나는 귀네비어 왕비를 구출하려는 랜슬럿 경만큼이나 뜨거운 열정을 갖고 있었고, 랜슬럿 경보다 비밀을 잘 지켰다.

열네 살이 되던 해부터 틸턴 고등학교에서 무료로 수업을 들을 수 있었다. 부모님의 강요를 견디지 못하고 마을과 관련된 모든 것들을 멀리했고 다시는 옛 친구들을 만나지 않았다. 틸턴 고등학교의 같은 반 친구들이 방학이 되어 거대한 저택으로 돌아가고 나면 나는 또다시 홀로 남겨졌다. 학교에서 만난 친구들은 사교계에 등장한 소녀들과 사귀었다. 그러나 나는 여자 친구가 없었다. 내가 알고 있던 여자들이라고는 우리 부모님들이 "지저분한 계집애들"이라고 부르는 마을 소녀들뿐이었다. 나는 그 애들과 인연을 끊었고 소녀들도 더 이상 나를 기억해 주지 않았다. 홀로 남겨진 나는 좌절감을 느꼈다.

우리 부모님은 현실을 좀 더 그럴싸하게 보이도록 하는 데 일가견

이 있었다. 아버지와 어머니는 늘 내가 틸턴에서 공부할 수 있게 된 것은 대단한 특권이며 언젠가 먼 훗날 내가 감사하게 될 거라고 말씀하셨다. 나도 언젠가는 우리 가족의 고상한 기준에 딱 들어맞는 완벽한 아내를 만나게 될 거라고 생각했다. 그러나 내면에서는 본능적인 욕망이 들끓고 있었다. 나는 여자와 성적인 관계를 맺고 싶었다. 심지어 돈을 주고 여자를 사고 싶다는 유혹을 느끼기도 했다.

그러나 나는 부모님의 뜻에 반항하기보다 욕망을 억누르고 친구들보다 앞서 나감으로써 좌절감을 이겨 냈다. 나는 우등생이 되었고 두 개의 운동부와 교지 편집 팀을 이끌었다. 나는 부유한 동기생들 사이에서 두각을 나타낸 후, 틸턴을 영원히 떠나 버리기로 마음을 굳혔다. 졸업반이 되었을 때 전액 체육 장학금을 받고 브라운 대학교로 갈지, 아니면 성적 장학금을 받고 미들베리 대학교로 갈지 결정해야 했다. 나는 브라운을 선택했다. 운동 선수가 되고 싶기도 했지만 무엇보다 브라운이 시내에 있는 학교라는 사실이 마음에 들었다. 하지만 부모님의 선택은 달랐다. 어머니는 미들베리 대학교를 졸업했고 아버지도 미들베리에서 석사 학위를 받았기 때문에 모교에 대한 그들의 애정은 남달랐다. 브라운은 아이비리그에 속하는 명문 대학교였지만, 부모님은 끝내 미들베리를 고집했다.

아버지는 내게 이렇게 말했다.

"운동 하다가 다리라도 부러지면 어떻게 할거냐? 차라리 성적 우수 장학금을 타는 편이 나을 거다."

결국 나는 부모님의 뜻에 굴복하고 말았다.

나는 미들베리 대학은 틸턴 고등학교보다 규모만 조금 더 클 뿐, 별 차이가 없을 거라고 생각했다. 물론 틸턴 고등학교는 뉴햄프셔 주

근교에, 미들베리 대학교는 버몬트 주 근교에 있다는 점이 다르긴 했다. 내 예상은 그대로 들어맞았다. 대신 미들베리 대학교는 남녀 공학이었다. 그러나 나는 가난했고, 나를 제외한 거의 모든 학생들은 부유한 집안의 아이들이었다. 뿐만 아니라, 나는 지난 사 년 동안 여학생들과 함께 학교를 다닌 적이 없었다. 자신감을 잃은 나는 따돌림 당하는 듯한 기분을 느꼈다. 비참한 기분으로 일 년만 휴학할 수 있게 해 달라고 아버지에게 애원했다. 휴학을 하면 보스턴으로 가서 인생과 여자에 대해 좀 더 알아볼 작정이었다. 그러나 아버지는 내 부탁을 들어주지 않았다. 오히려 내게 이렇게 반문했다.

"내 자식이 대학에 적응을 못한다면, 내가 어떻게 다른 아이들이 대학에 갈 수 있도록 가르치는 사람이라고 할 수 있겠니?"

인생이란 뜻하지 않은 여러 가지 우연들로 이루어져 있다. 한 사람의 인생은 다가오는 우연들에 어떻게 반응하는지, 다시 말해 흔히들 자유 의지라고 일컫는 사람의 마음이 어떻게 움직이는지에 따라 결정된다. 운명이라는 굴레 안에서 스스로 선택한 결정들이 모여서 현재의 자신을 만드는 것이다. 미들베리에 재학하는 동안 나에게는 인생을 바꾸어 놓을 두 가지 중대한 일이 생겼다. 하나는 이란의 국왕에게 조언을 해 주는 장군의 아들을 만난 일이었고, 다른 하나는 아름다운 여인을 만난 일이다. 그녀는 내가 어릴 적 좋아했던 소녀와 똑같이 앤이라는 이름을 갖고 있었다.

장군의 아들이었던 그 이란 출신 친구를 지금부터 파라드라고 부르고자 한다. 파라드는 미들베리로 오기 전에 로마에서 프로 축구 선수로 활동했다. 그는 운동 선수다운 튼튼한 체격을 타고났고 검은 곱슬 머리에 부드러운 다갈색 눈동자를 지니고 있었다. 게다가 집안도

좋고 카리스마도 있었기 때문에 여자들이 넘어가지 않을 수 없었다. 파라드는 여러 가지 면에서 나와 정반대였다. 나는 파라드와 친구가 되려고 노력했고, 파라드는 앞으로 인생을 살아가는 데 도움이 될 만한 이야기들을 많이 들려주었다. 그 무렵 나는 앤을 만났다. 당시 앤은 다른 대학에 다니는 남자와 열애 중이었으나, 나에게도 호감을 보였다. 우리는 정신적 교감을 나누는 사이로 발전했고, 앤을 만나는 동안 나는 난생 처음으로 진정한 사랑이 무엇인지 경험할 수 있었다.

파라드는 나를 파티에 데리고 다녔으며 술을 마시고 부모님을 무시하도록 부추겼다. 나는 일부러 공부를 하지 않았다. 아버지가 운동선수가 되고자 하는 내 희망을 짓밟았듯이 나도 내가 공부하기를 바라는 아버지의 희망을 꺾어 버리기로 결심했다. 학점은 곤두박질을 쳤고 더 이상 장학금을 받을 수 없게 되었다. 2학년이 절반쯤 지나갔을 때, 나는 자퇴하기로 결심했다. 아버지는 자퇴하면 나와 인연을 끊겠다고 으름장을 놓으셨고 파라드는 옆에서 내 반항심을 부채질했다. 결국 나는 무조건 학장실로 들어가서 자퇴서를 내던지고 나와 버렸다. 그 한순간의 결정이 이후 내 인생에 가장 큰 영향을 미쳤다.

파라드와 나는 미들베리에서의 마지막 날을 기념하기 위해 시내에 있는 술집으로 갔다. 술을 마시며 즐기고 있을 때 느닷없이 술에 취한 농부가 다가와 내가 자기 아내랑 놀아났다며 화를 냈다. 몸집이 커다란 농부는 나를 들어 올려 벽을 향해 내동댕이쳐 버렸다. 이때 갑자기 끼어 든 파라드가 칼을 꺼내 들고서 농부의 뺨을 그어 버렸다. 파라드는 쓰러져 있던 나를 재빨리 부축하여 일으켜 세운 다음, 열린 창문 사이로 나를 떠밀어서 오터 강변에 있는 바위 위로 올라갈 수 있도록 해 주었다. 우리는 바위에서 뛰어내린 후 강을 따라 기숙

사까지 걸어갔다.

다음날 교내 경찰이 찾아와 우리를 심문했고, 나는 어젯밤에 일어난 일에 관해 아는 바가 없다고 거짓말을 했다. 우리가 자백을 하지 않았는데도 파라드에게 퇴학 조치가 내려졌다. 우리는 보스턴으로 가서 아파트를 구해 함께 생활했고, 나는 허스트 그룹 계열사인 신문사에 취직했다. 그곳에서 《선데이 애드버타이저》 편집장의 개인 비서로 일했다.

그해 말, 신문사에서 함께 일하던 친구 여러 명이 베트남 전쟁 때문에 징집되었다. 그들과 같은 운명에 놓이기 싫었던 나는 보스턴 대학교 경영학과에 입학했다. 그 무렵 앤은 남자 친구와 헤어지고 미들베리에서 보스턴으로 나를 찾아오곤 했다. 앤이 찾아올 때마다 나는 반갑게 그녀를 맞았다. 1967년에 앤은 대학교를 졸업했지만, 나는 학교를 일 년 더 다녀야 했다. 앤과 함께 보스턴에서 동거하고 싶었지만 앤은 결혼하기 전까지 함께 사는 것은 절대로 안 된다며 완강하게 거부했다. 농담처럼 앤에게 너무하다고 투정을 부리기도 했고 부모님의 케케묵은 도덕적 잣대가 떠올라 짜증이 나기도 했지만, 앤과 함께 있는 시간은 너무나 즐거웠다. 단순한 연애 상대 이상으로 서로를 간절히 원하던 우리는 마침내 결혼했다.

유능한 기술자였던 장인어른은 미 해군에서 중요한 역할을 하게 될 미사일 유도 시스템을 개발해 냈다. 이 일로 장인어른은 해군 고위직을 맡게 되었다. 장인에게는 앤이 프랭크 아저씨(가명)라고 부르는 친한 친구가 있었다. 프랭크 아저씨는 당시 일반인들에게는 잘 알려져 있지 않았지만 미국에서 가장 규모가 큰 정보기관인 국가 안전보장국(NSA)의 고위 간부였다.

결혼 직후, 군대에서 신체 검사를 받으라는 통보가 날아왔다. 신체 검사를 통과한 나는 졸업하자마자 베트남으로 가야 할 상황에 처했다. 어릴 때부터 항상 전쟁에 매료되어 있긴 했지만 동남아시아에서 전투를 해야 한다고 생각하니 혼란스러웠다. 나는 어릴 적부터 토머스 페인이나 에단 앨런 등 미국 독립 전쟁에서 대활약을 한 선조들 이야기를 귀에 못이 박히도록 들으며 자랐다. 뉴잉글랜드와 뉴욕 북부에 있는 프랑스-인디언 전쟁과 독립 전쟁의 격전지들은 모두 찾아가 보았고, 역사 소설은 닥치는 대로 읽으며 자랐다. 미 육군 특전부대가 처음 동남아시아에 배치되었을 때에는 자원입대를 하려고도 했다. 그러나 언론에서 전쟁의 잔혹성을 부각시키고 미국 정부의 정책이 일관성이 없다고 비난하기 시작하자 전쟁에 참전하고자 했던 욕망이 사그라졌다. 열정이 사라진 후, 만약 토머스 페인이 지금껏 살아 있다면 누구 편을 들었을지 곰곰이 생각해 보게 되었다. 생각하면 할수록 미국에 대항하여 싸우고 있는 베트콩 편을 들 것이라는 확신이 생겼다.

그러던 찰나에 프랭크 아저씨가 나에게 구원의 손길을 뻗쳤다. 프랭크 아저씨는 국가 안전 보장국에서 일하면 합법적으로 징집을 면할 수 있다고 일러 주면서 여러 번 면접을 볼 수 있도록 주선해 주었다. 한번은 거짓말 탐지기까지 동원된 면접을 보기도 했다. 프랭크 아저씨는 여러 번의 면접을 통해서 국가 안전 보장국의 업무를 수행할 자질이 있는지, 또 훈련을 견뎌 낼 수 있을지 판단하는 거라고 알려 주었다. 만약 면접을 통과하면 면접 과정에서 알아낸 강점과 약점들을 바탕으로 앞으로 내가 어떤 일을 할지 결정한다고 했다. 그러다가 베트남 전쟁에 관한 의견을 이야기하면서 면접에서 탈락하고 말 거라는 생각이 들었다.

면접을 보는 동안 나는 미국을 사랑하는 한 시민으로서 전쟁에 반대한다고 말했다. 그러나 놀랍게도 면접관들은 더 이상 그 문제를 거론하지 않았다. 대신 내 성장 과정, 부모님에 대한 생각, 부유하고 쾌락을 좇는 사람들 속에 둘러싸여 가난하고 엄격한 가정에서 자라면서 생겨난 감정들에 관해 질문했다. 뿐만 아니라 여자 문제, 섹스에 대한 갈망, 가난 등으로 인해 생겨난 좌절감과 이런 좌절감을 분출하기 위해 상상 속에서 만들어 낸 나만의 세계에 대해서도 알고 싶어했다. 면접관들은 파라드와의 우정과 내가 파라드를 보호하기 위해 교내 경찰관에게 거짓말을 했던 일에 관해 큰 관심을 보였다.

처음에는 모든 것이 엉망진창이 되어 버린 느낌이어서 국가 안전 보장국에서 나를 받아 주지 않을 거라고 생각했다. 그러나 면접이 계속 진행될수록 생각이 바뀌었다. 나는 몇 년이 지난 후에야 면접 당시 내가 실수했다고 느낀 것들이 사실은 국가 안전 보장국에서 좋아할 만한 대답이었음을 깨달았다. 면접관들에게는 미국에 대한 내 충성심보다 내가 삶에서 얼마나 큰 좌절을 느꼈는지가 더 중요했던 것이다. 나는 부모님에게 적개심을 갖고 있었고 여자를 원했으며 근사한 삶을 살고 싶어했다. 이런 내 야망을 감지한 그들은 아마도 나를 쉽게 설득할 수 있는 대상으로 여겼을 것이다. 학교 생활에서든 운동에서든 남들을 앞지르고자 하는 굳은 의지, 아버지에 대한 근본적인 반항심, 외국인들과도 쉽게 어울리는 재능, 경찰에게 거짓말을 하고자 했던 결심 등, 내가 갖고 있는 모든 자질들이 바로 그들이 원하던 것이었다. 한참이 지난 후에 나는 파라드의 아버지가 이란에 있는 미국 정보기관의 직원이었다는 놀라운 사실을 알게 되었다. 결국 파라드와의 우정이 결정적인 도움이 되었던 셈이다.

국가 안전 보장국에서 면접을 보고 몇 주가 지난 후, 나는 스파이 훈련을 받지 않겠냐는 제안을 받았다. 스파이 훈련은 몇 달 후 보스턴 대학교를 졸업하고 나서 시작될 예정이었다. 국가 안전 보장국의 제의를 정식으로 받아들이기 전에, 나는 어느 날 학교에서 열린 평화 봉사단 모집 세미나에 참가했다. 평화 봉사단에서는 학생들을 끌어들이기 위해 국가 안전 보장국과 마찬가지로 평화 봉사단에서 활동하는 남학생은 징집에서 제외된다는 점을 강조했다.

그날 평화 봉사단의 세미나에 참석했다는 사실은 당시로서는 별 의미 없는 일에 불과했지만, 이후의 인생을 돌이켜 보면 내 삶을 바꾸어 놓은 중요한 계기였다. 모집 담당자는 세계 여러 나라들 중에서도 자원 봉사자가 특히 필요한 몇몇 나라를 지목했다. 그중 한 곳이 바로 아마존 열대 우림 지역이었다. 모집 담당자는 이 지역 토착민들이 유럽 인들이 북미 대륙에 도착하기 전까지 인디언들이 살던 방식대로 살아가고 있다고 설명했다.

나는 항상 우리 선조들이 뉴햄프셔 주로 건너왔을 때 그 지역에 살던 아브나키 족처럼 살고 싶다고 생각해 왔다. 내 몸 속에 아브나키 족의 피가 흐르기 때문이기도 했지만, 무엇보다 아브나키 족의 방식으로 숲을 잘 이해하고 싶었다. 모집 담당자가 설명을 마치자 나는 평화 봉사단에 지원할 경우 아마존으로 갈 수 있는 확률이 얼마나 되는지 물었다. 담당자는 아마존 밀림 지역에는 도움의 손길이 무척 많이 필요하기 때문에 그 지역으로 파견될 가능성이 매우 높다고 대답했다. 나는 곧바로 프랭크 아저씨에게 전화를 걸었다.

우려했던 것과 달리 프랭크 아저씨는 평화 봉사단에 자원하는 것도 좋은 생각이라고 일러 주었다. 프랭크 아저씨는 하노이가 함락되고 나면(당시 그 정도의 위치에 있던 사람들은 모두 그렇게 확신하고 있었다.) 아마존에 대한 관심이 높아질 거라고 은밀히 알려 주었다.

프랭크 아저씨가 내게 말했다.

"아마존에는 석유가 넘쳐 나지. 머지않아 국가 안전 보장국에도 현지인들을 잘 이해하는 전문가들이 필요할 거야."

프랭크 아저씨는 평화 봉사단에서 자원 봉사자로 활동하면 나중에 국가 안전 보장국에서 일할 때 좋은 경험이 될 거라며, 아마존 지역에서 오랫동안 전해 내려오는 사투리와 에스파냐 어를 모두 능숙하게 익히라고 충고해 주었다. 프랭크 아저씨는 혼자 낄낄대고 웃으며 내가 정부 기관이 아니라 민간 기업에서 일하게 될 수도 있다고 했다.

당시에는 아저씨의 말이 무슨 뜻인지 도무지 이해할 수 없었다. 지금 와서 돌이켜 보면, 아저씨와 통화하는 동안 내 지위가 일개 스파이 지원자에서 이전에 들어 본 적도 없고 이후 몇 년 동안도 들어 보지 못한 경제 저격수로 격상되고 있었던 것 같다. 나는 전 세계에 흩어져 있는 수백 명의 사람들이 컨설팅 회사나 민간 기업 또는 정부와 상관없는 사람들을 위해 일하고 있으며, 정부와 아무런 관련이 없는데도 이들이 결국 미국 정부에 도움이 되는 일을 하고 있다는 사실에 관해 전혀 아는 바가 없었다. 뿐만 아니라 새 천년이 열릴 때가 되면 세계 각지에서 수천 명이나 되는 사람들이 좀 더 그럴듯한 이름을 달고 미국을 위해 일하게 될 것이라는 사실도, 그리고 이 어마어마한 조직 속에서 내가 얼마나 중요한 일을 하게 될지도 전혀 이해하지 못하고 있었다.

앤과 나는 함께 평화 봉사단에 자원했고 신청서에는 아마존으로 보내 달라고 적었다. 입단 허가서가 도착했을 때 나는 무척 실망하고 말았다. 평화 봉사단에서 날아온 서류에는 내 첫 발령지가 에콰도르라고 적혀 있었기 때문이다.

나는 속으로 '제길, 이게 뭐야. 아마존에 가겠다고 했는데 웬 아프리카야?' 라고 생각했다. 그러고는 지도책을 펴고 에콰도르를 찾기 시작했다. 아프리카 대륙을 샅샅이 뒤졌지만 어디에서도 에콰도르를 찾을 수 없었다. 지도 한켠에 나와 있는 목차를 살펴보니 에콰도르는 남미에 있는 나라였다. 지도를 자세히 들여다보자 안데스 산맥에서 흘러내리는 물줄기가 거대한 아마존으로 흘러 들어가고 있었다. 지도책에서 에콰도르의 정글은 세계에서 가장 방대하고 웅장한 곳 중 하나이며 여전히 수많은 토착민들이 지난 수천 년 동안 생활해 온 모습 그대로 살아가고 있다고 적혀 있었다. 마침내 앤과 나는 에콰도르로 떠나기로 결정했다.

우리는 캘리포니아 남부에서 평화 봉사단 훈련을 받은 후에 1968년 9월에 에콰도르로 출발했다. 아마존에서 우리는 유럽 인들이 미국을 발견하기 전에 북미 인디언들이 살던 모습을 그대로 지키고 있던 토착민들과 함께 생활했다. 안데스 지역에서는 잉카 족의 후예들과 함께 일하기도 했다. 내가 에콰도르에 도착하기 전에 만난 남아메리카 인이라고는 아버지가 가르치던 학교에 다녔던 부유한 집 아이들뿐이었다. 나는 사냥을 하고 농사를 지으며 살아가는 남아메리카 토착민들의 삶 속에 점점 동화되어 가고 있었다. 급기야 그들이 가까운 친척이라도 되는 양 느껴지기 시작했다. 그럼에도 불구하고, 그들을 보고 있으면 우리 부모님이 그토록 무시했으며 내가 떠나 버린 틸턴 마을의 주민들이 떠올랐다.

어느 날 정장을 차려 입은 에이너 그레브라는 사람이 비행기를 타고 와서 마을 근처의 임시 활주로에 내렸다. 에이너는 당시 일반인들에게는 그리 널리 알려지지 않았던 세계적인 컨설팅 회사인 메인 사의 부사장으로서 미 육군에서 대령을 지낸 인물이기도 했다. 당시 세계은행은 에콰도르와 주변 국가들이 수력 발전 댐을 비롯한 사회 기반 시설을 건설할 수 있도록 그들에게 수십억 달러에 달하는 돈을 빌려 주어야 할지 고민하고 있었고, 메인은 세계은행이 결정을 내리는 데 도움이 될 만한 보고서를 작성하고 있었다.

에이너는 내게 메인 같은 민간 기업을 위해 일하면 어떤 점이 좋은지 이야기하기 시작했다. 나는 평화 봉사단에 들어오기 전에 국가 안전 보장국 면접을 통과했다는 얘기와 함께 다시 그곳으로 돌아갈까 생각 중이라고 말했다. 그 이야기를 들은 에이너는 자신도 가끔 국가 안전 보장국을 위해 일한다고 했다. 당시 나는 에이너가 나를 쳐다볼 때면 내 능력을 평가하는 것이 그의 임무 중 하나가 아닐까 하는 느낌이 들었다. 지금 와서 생각해 보면, 당시 에이너는 나에 관한 정보를 수집하고 있었으며 북미인들이 대개 잘 버텨 내지 못하는 환경에서 내가 살아남을 수 있을지 평가하고 있었음이 분명하다.

우리는 에콰도르에서 며칠 동안 함께 시간을 보냈고, 에이너가 미국으로 돌아간 후에도 편지를 주고받았다. 에이너는 나에게 에콰도르의 경제 전망에 관한 보고서를 만들어서 보내 달라고 부탁했다. 당시 나는 조그만 휴대용 타자기를 갖고 있었고 글 쓰기를 좋아했기 때문에 그의 부탁을 들어주기가 그리 어렵지 않았다. 일 년 동안 나는 에이너에게 열다섯 통이 넘는 장문의 편지를 보냈다. 편지에는 에콰도르 경제와 정치의 미래, 석유 회사나 세계 개발 기구처럼 에콰도르를 좀 더 현대적으로 바꾸어 나가고자 하는 세력들에 대항해 나가면서 토착 주민들이 느끼는 좌절감 등에 관한 내용을 적었다.

평화 봉사단에서의 임무가 모두 끝났을 때, 에이너는 내게 보스턴에 있는 메인 본사로 면접을 보러 오라고 했다. 에이너와 단둘이 대화를 나누는 동안 나는 메인의 주요 사업이 토목 공사와 관련된 일들이고 가장 중요한 고객은 세계은행임을 알게 되었다. 에이너는 세계은행이 그에게 대형 토목 공사의 규모를 결정하고 가능성을 점치는 데 사용할 경제 전망 보고서를 작성할 만한 경제 전문가를 뽑아 줄 것을 요구했다고 말했다. 또 그는 세계은행의 요청에 따라 나무랄 데 없는 경력을 지닌 박사 한 명과 석사 두 명을 뽑았지만, 그들 중 누구도 맡은 임무를 제대로 수행해 내지 못했다고 했다.

"그들 중에 신뢰할 만한 통계 자료가 없는 나라에서 경제 전망 수치를 산출할 수 있을 거라고 믿는 사람은 한 명도 없었다네."

뿐만 아니라 그들은 에콰도르, 인도네시아, 이란, 이집트처럼 멀리 떨어진 나라들을 돌아다니면서 지도자들을 만나 해당 지역의 경제 발전 가능성을 평가하는 일에 적합하지 않았다고 했다. 그중 한 사람은 파나마에 있는 한 시골 마을에서 신경 쇠약에 걸려 그곳 경찰의 호위를 받으며 공항으로 후송되어 미국행 비행기를 타고 되돌아왔다고 했다.

"그동안 보내 준 편지를 보니 자네는 위험을 두려워하지 않는 것 같더군. 구체적인 데이터가 존재하지 않는 상황에서도 무리 없이 일을 해낼 수 있을 것 같아. 에콰도르에서 자네가 생활한 환경을 생각해 보면, 자네는 아마 세계 어느 곳에서도 살아남을 수 있을 것 같네."

에이너는 이미 전문가 세 명 가운데 한 명을 해고했다면서, 내가 그의 제안을 수락하기만 하면 나머지 두 명도 곧 해고할 계획이라고 했다.

1971년 1월, 스물여섯 살이 되던 그해에 나는 메인에서 경제 전문가로 일해 달라는 제의를 받았다. 스물여섯 살은 참 많은 의미를 지닌 나이였다. 스물여섯 살이 넘은 청년들은 더 이상 징집 대상이 아니었기 때문이다. 나는 처가 식구들과 함께 내 진로에 관해 상의했다. 처가 식구들은 그 일을 맡으라고 했다. 아마도 프랭크 아저씨의 영향이 컸던 것 같다. 전에 전화 통화를 하던 중에 언젠가 내가 민간 기업을 위해 일하게 될 날이 올지도 모른다고 했던 프랭크 아저씨의 얘기가 떠올랐다. 내가 에콰도르에서 경험을 쌓으며 그곳의 경제 및 정치 상황에 관한 보고서를 쓰면서 강한 의지를 보여 주었던 점이 에이너의 결정에 큰 영향을 주었을 것이다. 그러나 확실하지는 않지만, 프랭크 아저씨가 삼 년 전부터 미리 세워 둔 계획에 따라 메인에 들어가게 된 것이라는 느낌도 들었다.

몇 주 동안 기쁨에 들떠서 자신감이 넘쳐났다. 나는 기껏해야 보스턴 대학교 학사 학위를 갖고 있었을 뿐, 경제 전문가로 컨설팅 회사에 취직하리라고는 감히 상상도 못했기 때문이다. 징집에서 제외되어 경영 대학원이나 다른 대학원에 진학한 동기들이 내 모습을 본다면 엄청난 시기심을 품었을 것이다. 나는 멋있는 비밀 요원이 되어 낯선 땅으로 날아가 호텔 수영장에서 어슬렁거리며, 수영복을 입은 늘씬한 미녀들에 둘러싸인 채 한 손에는 마티니를 들고 있을 내 모습을 상상했다.

물론 이런 상상은 몽상에 불과했지만, 그중 일부는 실제로 맞닥뜨리게 될 일과 비슷했다. 에이너는 나를 경제 전문가로 고용했지만 정작 내가 해야 할 일은 그 이상이라는 사실을 금방 알게 되었다. 사실, 내가 메인에서 맡은 임무들은 경제 전문가의 일이라기보다 제임스 본드의 활약에 가까운 것들이었다.

제2장
"마음대로 그만둘 수 있는
일이 아니에요."

메인은 법률 용어로 따져 보면 폐쇄 회사라고 할 수 있다. 이천여 명이나 되는 직원들 중 약 5퍼센트가 회사를 소유하고 있었다. 공동 경영자 또는 파트너라고 불린 이들은 다른 직원들이 선망하는 대상 이었다. 파트너들은 모든 직원을 지배하는 권력을 갖고 있었을 뿐 아니라 엄청난 돈을 벌어들였다. 파트너들은 항상 신중하게 행동했다. 변호사나 심리 치료사를 대할 때와 마찬가지로 컨설턴트가 상담 내용을 공개하지 않기를 바라는 국가 수반이나 기업의 고위급 간부 등이 파트너의 주요 고객이었기 때문이다. 언론 관계자들과 이야기를 나누는 것도 금기 사항이었다. 아니, 언론 관계자들과 대화하는 것 자체가 용인되지 않았다고 말하는 편이 옳을 것이다. 따라서 아서리틀이나 스톤앤드웹스터, 브라운앤드루트, 할리버튼, 벡텔 등 메인의 경쟁사들은 많이 알려져 있었으나 메인에서 근무하는 사람들 이외에는 메인이라는 회사를 잘 알 수 없었다.

나는 경쟁사라는 말에 별 의미를 부여하지 않았다. 사실 메인이라는 조직은 다른 회사들과 달리 그들만의 독특한 범주에 속하는 회사이기 때문이다. 메인에서 일하는 전문 인력들은 대개 엔지니어였지만, 우리는 장비도 없었고 차고 하나 지어 본 적이 없었다. 메인에서 근무하는 사람들 중 상당수는 군 출신이었다. 그러나 국방부나 다른 군 관련 기관과 계약을 맺고 있는 사람은 없었다. 메인에서 하는 일은 일반적으로 생각하는 업무와 큰 차이가 있었고, 나는 처음 몇 달 동안은 그 회사가 어떤 일을 하는지조차 감을 잡지 못했다. 내가 알고 있었던 한 가지는 첫 번째 임무를 인도네시아에서 수행할 거라는 것과, 자바 섬의 에너지 공급 계획을 작성하기 위해 인도네시아로 파견되는 열한 명으로 구성된 팀의 일원이 될 것이라는 사실뿐이었다.

에이너를 비롯하여 이 임무에 관해 나와 얘기를 나누었던 사람들은 자바의 경제가 곧 호황을 맞을 것이며, 훌륭한 경제 예측 전문가로서 두각을 나타내려면(물론, 훌륭하게 임무를 완수하면 승진을 할 수 있다고도 했다.) 가능한 한 예측의 수치를 높이는 편이 좋다고 열심히 설명했다.

에이너는 허공에 손가락을 뻗어 미끄러지듯 움직이다가 자기 머리 위쪽으로 밀어 올리면서 말하곤 했다.

"이 차트에 나와 있듯이 이 나라 경제는 새처럼 창공을 날게 될 거야."

에이너는 이삼 일씩 이어지는 출장을 자주 갔다. 그러나 아무도 에이너의 출장에 관해 제대로 알려 주지 않았다. 사실 다른 사람들도 에이너가 어디에 가는지 잘 모르는 듯했다. 에이너는 사무실에 있을 때 가끔씩 나를 불러서 함께 커피를 마시며 이야기를 나누곤 했다.

에이너는 내 아내인 앤과 새로 이사한 아파트, 에콰도르에서 미국으로 돌아올 때 함께 데려온 고양이에 관해 물어보았다. 에이너와 가까워질수록 나는 점점 대담해졌고 그가 어떤 사람인지, 또 내가 어떤 일을 하게 될지 알아내기 위해 노력했다. 그러나 만족할 만한 대답을 얻을 수는 없었다. 에이너는 화제를 돌리는 데 타고난 재주가 있었다. 그러다가 한번은 에이너가 평소와 다른 시선으로 나를 쳐다보면서 말했다.

"걱정할 필요 없다네. 자네에 대한 기대치가 무척 높아. 난 얼마 전에 워싱턴에 다녀왔네."

그는 목소리를 점점 낮추며 묘한 웃음을 띤 채 말을 이었다.

"쿠웨이트에서도 대규모 프로젝트를 진행하려고 계획하는 중이야. 자네가 인도네시아로 출발하기 전에 쿠웨이트에도 잠깐 다녀와야 할 거야. 시간을 내서 쿠웨이트에 관해 미리 공부를 좀 해 두는 편이 좋겠지. 보스턴 공공 도서관에도 자료가 많고, 필요하면 MIT나 하버드 대학교 도서관 출입증을 만들어 줄 수도 있어."

그날부터 나는 도서관에서 적잖은 시간을 보냈다. 특히 보스턴 공공 도서관은 회사에서 몇 블록 떨어진 곳에 위치해 있었고 백베이에 있는 집에서도 매우 가까워서 더욱 자주 이용했다. 이 기간 동안 유엔, 세계 통화 기금, 세계은행 등에서 발행하는 경제 통계 및 쿠웨이트 관련 책을 많이 읽었다. 내가 인도네시아와 자바의 계량 경제 모델을 만들어 내는 일을 담당할 거라는 사실은 이미 알고 있었고, 공부를 하는 동안 내가 곧 쿠웨이트도 담당하게 될 거라는 사실을 간파할 수 있었다.

그러나 나는 대학에서 경영학을 배우는 동안 계량 경제에 관해 충분히 배우지 못했기 때문에 따로 공부를 해야 했다. 심지어 계량 경제와 관련된 몇몇 강좌에 등록해서 강의를 듣기도 했다. 그러는 동안 다양한 결론을 만들어 내기 위해 통계를 조작할 수 있을 뿐 아니라, 분석하는 사람의 구미에 맞도록 조작된 통계를 증명해 보일 수도 있다는 사실을 알게 되었다.

메인은 남성 우위 집단이었다. 1971년에 회사에서 전문직을 담당하고 있는 여성은 고작 네 명뿐이었다. 전문직 여성 이외에 여직원 이백여 명이 고위 간부들을 위한 비서나(부사장급 간부들과 팀장들은 모두 비서를 한 명씩 두고 있었다.) 나머지 직원들을 보좌하는 타이피스트로 일하고 있었다. 메인 내에서의 이런 여성에 대한 편견에 익숙해진 나에게 어느 날 보스턴 공공 도서관의 참고 문헌 보관소에서 깜짝 놀랄 일이 생겼다.

매력적인 갈색 머리의 여자가 다가와 책상 맞은 편의 의자에 앉았다. 짙은 녹색 정장을 입은 그녀는 매우 똑똑해 보였다. 나는 그녀가 나보다 몇 살 정도 연상이 아닐까 생각하면서 쳐다보지 않으려고 노력하며 애써 관심이 없는 척 행동했다. 몇 분 정도 침묵이 흐른 뒤, 맞은 편에 앉아 있던 그녀가 책 한 권을 펼쳐서 내 쪽으로 밀었다. 펼쳐진 면에는 그동안 내가 찾으려고 애썼던 쿠웨이트 관련 정보가 들어 있었고, 그녀의 명함도 올려져 있었다. 그녀의 이름은 클로딘 마틴. 직위는 메인의 수석 컨설턴트였다. 나는 고개를 들어 그녀의 부드러운 녹색 눈을 바라보았고, 그녀는 손을 내밀어 악수를 청하며 말했다.

"앞으로 내가 당신을 훈련시킬 거예요."

나는 눈 앞에서 일어나고 있는 일을 믿을 수가 없었다.

클로딘과 나는 푸르덴셜 센터 빌딩에 있는 메인 본사에서 몇 블록 떨어진 비컨 가에 있는 그녀의 아파트에서 만나기 시작했다. 처음 아파트를 찾아간 날, 클로딘은 내가 맡게 될 일은 평범한 일이 아니므로 어떤 정보도 누설해서는 안 된다고 설명해 주었다. 클로딘은 자신만이 내 임무에 관해 설명해 줄 수 있는 권한을 부여받았기 때문에 지금껏 그 누구도 내게 할 일을 자세히 알려 주지 못했다고 했다. 클로딘은 자신의 임무가 나를 경제 저격수로 키우는 일이라고 설명했다.

경제 저격수라는 단어를 듣자 스파이가 되고자 했던 어린 시절의 꿈이 떠올랐다. 나도 모르게 웃음을 터뜨리고는 당황해 버렸다. 클로딘은 미소를 지으면서 사람들이 경제 저격수라는 단어를 들으면 다들 심각하게 받아들이지 않기 때문에 이런 이름을 사용한다고 얘기했다. 클로딘은 "어때요? 할 수 있겠어요?" 라고 물었다.

나는 솔직하게 경제 저격수가 하는 일이 무엇인지 모르겠다고 얘기했다.

"당신 혼자서 하는 일이 아니에요. 우리는 정당하지 않은 일을 하는 특별한 사람들이죠."

클로딘은 이렇게 말하더니 잠시 웃고 나서, 갑자기 심각한 목소리로 이야기를 이어 갔다.

"앞으로 몇 주 동안 모든 걸 다 솔직하게 가르쳐 줄게요. 그런 다음 당신이 선택해요. 그 선택이 모든 걸 결정할 거예요. 일단 발을 들여놓으면, 영원히 벗어날 수 없어요."

그때는 두 기관이 어떤 식으로든 관련이 있다는 사실을 몰랐지만, 지금 와서 생각해 보면 클로딘은 국가 안전 보장국에 보관되어 있던 내 신상 기록을 통해 내 약점이 무엇인지 미리 알고 있었던 것 같다.

누가 클로딘에게 정보를 주었는지 정확히 알 수는 없지만 클로딘은 그 정보를 잘 활용했을 뿐이다. 아마도 에이너나 국가 안전 보장국, 메인의 인사부, 혹은 다른 누군가가 정보를 주었을 가능성이 크다. 육체적인 유혹과 달콤한 말로 그럴듯하게 포장된 그녀의 접근 방식은 나를 끌어들이기에 충분했다. 또한 클로딘이 사용했던 방식은 후에 내가 경험했던 방식, 즉 위험할 뿐 아니라 큰돈이 걸려 있는 까닭에 해내야 한다는 부담이 큰 거래를 성사시키기 위해서 주로 사용했던 방식과 별로 다를 바가 없었다. 클로딘은 처음부터 내가 우리 사이의 비밀스러운 일들을 모두 폭로하여 결혼 생활을 파탄으로 몰고 갈 사람이 아님을 알고 있었다. 그래서 내가 해야 할 일의 어두운 면에 관해 들려줄 때 잔인하리만큼 솔직했던 것 같다.

클로딘의 명함에는 메인의 수석 컨설턴트라고 적혀 있었으므로 메인의 직원이 아니라고 단정지을 근거는 없었지만, 나는 여전히 누가 클로딘에게 월급을 주었는지 정확하게 알지 못한다. 당시 나는 너무나 순진했고 어느 정도 겁을 먹기도 했거니와, 클로딘에게 매료되어 있었던 것 같다. 지금 와서 돌이켜 보면 분명히 의심의 여지가 있었음에도 물어볼 생각을 전혀 못 했기 때문이다.

클로딘은 내가 맡은 임무의 목표가 크게 두 가지라고 얘기했다. 첫 번째 목표는 대형 토목 공사 프로젝트를 명목으로 외국에 제공한 거액의 국제 차관이 다시 메인을 비롯한 미국 기업(벡텔, 할리버튼, 스톤앤드웹스터, 브라운앤드루트 등)으로 돌아오게끔 하는 것이다. 두 번째 목표는 차관을 받은 나라들이 메인과 다른 미국 기업들에 대금을 지불한 후 파산하도록 유도하는 것이다. 이들은 한번 파산하면 채무 관계에서 영원히 벗어날 수 없게 되고, 결국 미국이 군 기지나 유엔

내에서의 투표권이나 석유 또는 천연 가스 등을 필요로 할 때 언제든지 손쉽게 이용할 수 있게 된다.

클로딘은 특정 국가에 수억 달러나 되는 돈을 투자했을 때 어떤 결과가 나타날지 예측하는 것이 내 임무라고 했다. 그중에서도 향후 20년 내지 25년 이후의 경제 성장률을 예측하고 여러 프로젝트가 어떤 영향을 미칠지 평가하는 일이 주요 임무였다. 예를 들어, 특정 국가가 소련 편에 서지 못하도록 국가 지도자들을 설득하기 위해 10억 달러를 빌려 주기로 결정되면, 내가 할 일은 그 돈을 발전소를 짓는 데 사용했을 때의 효용과 새로운 철로나 무선 통신 기간망을 세우는 데 사용했을 때의 효용 가운데 어느 쪽이 더 높은지 비교하는 것이었다. 아니면 누군가 그 나라에 현대식 전기 공급 시스템을 놓아 주는 게 어떻겠냐고 제안할 경우, 그 시스템을 통한 경제 성장 효과가 차관을 제공해도 될 만큼 충분하다는 사실을 증명하는 것이 내가 할 일이었다. 어떤 경우든 가장 중요한 요소는 국민 총생산이었다. 연간 평균 국민 총생산에 가장 크게 기여하는 프로젝트를 실행해야 했기 때문이다. 만약 단 하나의 프로젝트만 물망에 올라 있을 경우에는 그 프로젝트를 실행하면 국민 총생산이 월등히 증가하게 됨을 입증해야 했다.

이런 프로젝트를 시행할 때 한 가지 언급되지 않는 사실이 있다. 이 프로젝트들은 계약 업체들에게 상당한 혜택을 주는 것은 물론, 차관을 제공받는 나라의 부유하고 영향력 있는 몇몇 가문을 행복하게 하기 위해 만들어진다는 사실이다. 차관을 받아서 프로젝트를 실행하면 장기적으로 재정 의존도가 심화되고 미국에 대한 각국 정부의 정치적 충성도가 높아진다. 차관의 액수가 클수록 효과는 더 커진다. 어떤 나라가 빚더미 아래 놓이면 빈곤층에 속하는 국민들은 향후 수십 년간 의료와 교육 및 기타 사회 보장 혜택을 받을 수 없게 된다는 사실은 전혀 고려되지 않는다.

클로딘과 나는 현실을 왜곡하는 국민 총생산의 본질에 관해 솔직하게 이야기했다. 예를 들어, 전기 회사 소유주 한 사람만 혜택을 보고 나머지 국민 모두가 빚을 떠안게 되더라도 국민 총생산은 늘어날 수 있다. 결국 부자는 돈을 더 많이 벌고 가난한 사람은 더욱 가난해진다. 그러나 통계 수치로만 본다면 어찌 됐든 그 나라의 경제는 성장하고 있는 것으로 나타난다.

보통 미국인들과 마찬가지로 메인에서 근무하고 있는 대다수 직원들은 다른 나라에 발전소나 고속도로, 항만 등을 지어 주는 것이 그 나라 국민들을 위해 좋은 일이라고 믿었다. 미국의 학교와 언론에서는 이런 모든 일들이 남을 생각하는 선한 마음에서 비롯된 것이라고 가르친다. 살아오면서 이렇게 말하는 미국인들을 여럿 보았다.

"성조기를 태우고 미국 대사관 앞에서 시위하는 놈들이 있는 그따위 나라에서는 철수해 버리면 그만이야. 그런 것들이야 가난 속에서 허우적대며 살도록 내버려 두면 되지, 뭐."

이렇게 말하는 사람들은 주로 학력이 높은 이들이었다. 그러나 그들조차 미국이 전 세계에 대사관을 세우는 이유가 미국의 이익을 추구하기 위함이며, 이로써 지난 반세기 동안 미국이 세계 제국으로 변모해 왔다는 사실은 전혀 알지 못했다. 그들은 좋은 학벌을 지녔으면서도 자신의 땅을 지켜내기 위해 싸우는 인디언들을 악마 신봉자들이라고 믿었던 18세기 식민주의자들과 다를 바 없이 무지한 사람들이었다.

몇 달 후에 나는 인도네시아의 자바 섬으로 떠나기로 되어 있었다.

당시 인도네시아는 지구상에서 가장 인구 밀도가 높은 지역으로 알려져 있었다. 또한 석유가 풍부한 이슬람 국가이자 공산주의 활동의 온상이기도 했다.

클로딘은 "인도네시아는 베트남 다음에 쓰러뜨릴 나라죠."라고 말하곤 했다. 또 "반드시 인도네시아 국민들을 설득해야 해요. 만일 인도네시아가 공산주의 국가가 된다면……."이라고 말하면서 손가락으로 자신의 목을 긋는 시늉을 하고는 미소를 지었다.

"그냥 쉽게 얘기할게요. 인도네시아의 경제 전망 보고서를 작성할 때 매우 긍정적인 결과를 이끌어 내야 해요. 새로 발전소를 짓고 전력 공급 시스템을 건설하면 인도네시아 경제가 얼마나 발전하게 될지 잘 포장해야 하죠. 그 수치가 충분히 높으면 국제 개발처와 여러 은행들이 차관을 빌려 주는 거예요. 일을 성사시키면 당신도 충분한 보상을 받을 거고 이국적인 매력을 가진 또 다른 나라에서 새로운 프로젝트를 시작할 수도 있죠. 세상이 당신의 쇼핑 바구니인 셈이예요."

클로딘은 계속해서 내 임무가 힘들 거라고 경고했다.

"은행의 전문가들을 상대하기가 만만치 않을 거예요. 당신이 내놓은 예상 수치를 보고 흠집을 내려고 덤벼드는 게 그 사람들의 일이거든요. 그 사람들은 그런 일을 하고 월급을 받죠. 당신이 바보 같아 보일수록 그 사람들이 더 그럴듯하게 보이는 거예요."

그러던 어느 날, 나는 함께 자바로 파견되는 다른 팀원 열 명에 관해 알고 싶어졌다. 그들도 나와 같은 훈련을 받고 있는지 물어보았다. 클로딘은 그렇지 않다고 대답했다.

"나머지 열 명은 기술자예요. 그 사람들은 발전소와 변속기, 송전 시설을 비롯해서 연료를 운송할 항만과 도로 등을 설계하는 사람들이죠. 기술자들이 설계한 시스템이 어느 정도 효과가 있을지 예측하고, 차관을 얼마나 건네 주어야 할지 예측하는 게 당신 임무예요. 이제 알겠죠? 당신의 역할이 가장 중요해요."

클로딘의 아파트에서 걸어 나올 때마다 내가 과연 옳은 일을 하고 있는 것인지 궁금했다. 마음 한구석에서 그렇지 않다는 생각이 지워지지 않았다. 그러나 과거에 경험했던 좌절감들이 자꾸만 머릿속을 맴돌았다. 메인은 내가 그제껏 살아오면서 부족하다고 생각했던 모든 것을 메워 줄 곳처럼 느껴지기도 했다. 토머스 페인이라면 어떻게 했을까? 계속해서 스스로에게 물었지만, 결국 좀 더 배우고 익히고 나면 판단할 수 있을 거라는 결론을 내렸다. 나는 잘 모를 때에는 일단 속에 들어가서 경험하고 판단해야 한다며 내 선택을 합리화했다.

이런 내 생각을 얘기하자 클로딘이 당황한 눈으로 쳐다보았다.

"말도 안 되는 소리 마요. 일단 한 번 들어오면, 다시는 나갈 수 없어요. 더 깊이 개입되기 전에 스스로 결정해야 해요."

나는 클로딘의 말이 무엇을 뜻하는지 이해했고, 그래서 두려웠다. 어쨌든 아파트에서 나온 다음 커먼웰스 가를 어슬렁거리다 다트머스 가로 내려와 잠시 거닐며, 나는 예외일 거라고 스스로를 안심시켰다.

몇 달이 지난 어느 날 오후, 클로딘과 나는 창가 소파에 앉아서 눈이 내리는 비컨 가를 바라보고 있었다. 클로딘이 말했다.

"우리와 같은 일을 하는 사람들은 극히 드물죠. 우리는 여러 나라들을 속여 수억 달러를 빌리도록 하고 우리도 엄청난 돈을 벌어들여요. 당신이 해야 할 일 가운데 중요한 건 세계 각국 지도자들이 미국의 경제적 이익에 도움이 되는 거대한 네트워크의 일부가 될 수 있도록 설득하는 일이에요. 결국 그 사람들은 부채라는 덫에 사로잡혀서 미국에 더욱 충성하게 되죠. 우리는 필요할 때마다 정치적 · 경제적 · 군사적 목적을 위해 이들을 이용할 수 있어요. 이들은 자기 나라에 산업 공단, 발전소, 공항 등을 짓고 자신들의 정치적 입지를 강화할 수 있죠. 그러는 동안 토목 건설 회사를 소유하고 있는 미국인들은 거부가 되고 말이에요."

그날 오후에 나는 평화로운 클로딘의 아파트 창 밖으로 눈이 휘몰아치는 광경을 바라보며 내가 하게 될 일의 역사에 관해 배웠다. 클로딘은 역사 상의 여러 나라들이 무력을 사용하거나 혹은 무력을 사용하겠다고 위협함으로써 거대한 제국을 건설한 과정을 설명해 주었다. 그러나 제2차 세계 대전이 끝나면서 소련이 강대해졌고, 핵무기의 망령이 세계 평화를 위협하는 가운데 군사력으로 문제를 해결하려는 발상은 지나치게 위험한 것이 되었다.

1951년에 결정적인 사건이 발생했다. 이란에서 천연 자원과 국민들을 착취하는 영국 석유 회사에 맞서 반란이 일어난 것이다. 그 회사는 브리티시페트롤리엄의 전신이었다. 반란이 일어나자 민주적인 방법으로 선출되어 대중의 지지를 한 몸에 받고 있던 모하마드 모사데그 총리가 이란의 모든 석유를 국유화하는 조치를 단행했다.(모하마드 모사데그 총리는 1951년 《타임》이 선정한 '올해의 인물'로 뽑히기도 했다.) 분노한 영국은 제2차 세계 대전 당시 동맹국이었던 미국에게 도움을 청했다. 그러나 미국과 영국은 무력으로 보복할 경우 소련을 자극하여 소련이 이란을 대신해 양국에 맞서 싸우게 될까 두려워했다.

그래서 미국 정부는 이란에 해병대를 파병하는 대신 중앙 정보국 요원인 커미트 루스벨트(시어도어 루스벨트 대통령의 손자)를 급파했다. 커미트는 반란을 일으킨 사람들을 돈과 협박으로 매수하여 자신의 임무를 완수했다. 이들을 선동하여 거리 폭동과 폭력적인 시위를 벌이도록 했고, 이 때문에 모사데그 총리는 국민들로부터 지지를 얻지 못하는 능력 없는 사람으로 비쳤다. 결국 모사데그 총리는 물러났고 자택에 연금당한 채 여생을 보내야 했다. 이후 친미 성향을 띤 모하마드 레자가 이란을 지배하는 독재자로 등극했다. 결과적으로 커미트 루스벨트는 내가 발을 디디게 될 직업을 새롭게 만들어 낸 셈이다.

제국을 건설하기 위해 오랫동안 전해 내려온 전통적인 방법들을 모두 소용없게 만들어 버린 루스벨트의 책략으로 중동의 역사가 바뀌었다. 이 시기는 미국이 '제한적 비핵 군사 작전'을 도입하여 한국과 베트남에서 쓴맛을 보았던 시점과 일치한다. 내가 국가 안전 보장국에서 면접을 보았던 1968년 당시, 미국이 세계 제국이 되고자 하는 꿈을 이루려면(존슨 대통령과 닉슨 대통령이 밝힌 것처럼) 커미트 루스벨트가 이란에서 썼던 것과 유사한 방법을 사용해야 한다는 사실이 분명해졌다. 그 방법이야말로 핵전쟁의 위험 없이 소련을 물리칠 수 있는 유일한 길이었다.

그러나 한 가지 문제가 있었다. 커미트 루스벨트는 미 중앙 정보국 직원이었던 것이다. 만일 커미트가 붙잡혔더라면 결과는 그야말로 끔찍했을 것이다. 커미트는 다른 나라의 정부를 전복하기 위한 미국의 첫 번째 작전을 진두 지휘했고, 유사한 방법이 계속 사용될 것이 분명했다. 따라서 미국 정부가 직접 개입하지 않는 방법이 필요했다.

전략을 짜내야 하는 사람들에게는 참으로 다행스럽게도, 1960년대에 또 다른 형태의 혁명이 일어났다. 세계적인 기업들, 세계은행, 국제 통화 기금 같은 국제 기구들의 영향력이 커진 것이다. 국제 통화 기금은 주로 미국과 제국주의를 지향하는 친미 유럽 국가들의 자금으로 운영되었다. 이런 기관이 성장하면서 정부, 기업, 국제 기구 간의 공생 관계가 형성되었다.

내가 보스턴 대학교 경영학과에 입학할 무렵, 미국 정부는 직접적으로 개입하지 않는 방법을 모색하고 있었다. 국가 안전 보장국을 비롯한 미국의 정보기관들은 가능성이 있어 보이는 경제 저격수들을 찾아내어 세계적인 기업에서 고용하도록 주선했다. 이렇게 고용된 경제 저격수들은 정부가 아니라 민간 기업으로부터 월급을 받았다. 따라서 더러운 음모가 밝혀지더라도 정부의 정책이 아니라 사기업의 탐욕이 비판을 받았다. 또 이들을 고용한 기업들은 정부 기관이나 다국적 금융 조직으로부터 돈을 받더라도(납세자들이 납부한 세금의 일부도 이들에게 돌아간다.) 의회의 감시나 공개 조사를 받지 않았고, 상표법이나 국제 거래법, 정보 자유법 등 점점 늘어나는 법들을 통해 보호받았다.

클로딘은 이렇게 결론 지었다.

"당신이 초등학교에 입학할 무렵부터 이어져 내려온 자랑스러운 전통을 이제 우리가 이어 가게 된 거예요."

제3장

첫 번째 표적: 인도네시아

나는 앞으로 맡을 새로운 임무에 관해 공부하면서 적잖은 시간을 들여 인도네시아 관련 서적을 읽었다. 클로딘은 "떠나기 전에 정보를 충분히 모아 두면 그곳에서 일하기가 수월할 거예요."라고 충고했다. 나는 클로딘의 말을 가슴 깊이 새겼다.

1492년, 콜럼버스는 향료의 섬이라고 알려져 있던 인도네시아를 향해 항해를 시작했다. 식민지 시대에 인도네시아는 아메리카대륙을 모두 합친 것보다 귀한 보물로 여겨졌다. 자바 섬은 화려한 직물과 유럽인들의 호기심을 불러일으켰던 향료가 풍부했고 부유한 왕국이 있었으므로 인도네시아에서도 가장 관심을 모으는 대상이었다. 그래서 에스파냐, 네덜란드, 포르투갈, 영국의 탐험대가 자주 무력 충돌을 일으키던 장소이기도 했다. 1750년 네덜란드가 승전고를 울렸다. 그러나 네덜란드는 자바 섬만 통제권 아래 두었을 뿐 나머지 섬들을 모두 손아귀에 넣기까지는 150년이 더 걸렸다.

제2차 세계 대전 중에 일본이 인도네시아를 침공했을 때 네덜란드는 거의 저항하지 않았고, 인도네시아 국민들, 특히 자바섬 주민들이 큰 피해를 입었다. 일본이 항복한 후 인도네시아에서는 수카르노라는 카리스마 넘치는 지도자가 나타나 독립을 선언했다. 사 년에 걸친 지루한 싸움이 끝난 1949년 12월 27일, 네덜란드는 마침내 항복하여 삼백여 년 동안 투쟁하고 지배당하는 일밖에 몰랐던 인도네시아 국민들에게 주권을 돌려주었다. 수카르노는 새로운 공화국의 초대 대통령이 되었다.

그러나 인도네시아를 통치하기란 네덜란드를 물리치기보다 훨씬 어려운 일이었다. 인도네시아는 17,000개가 넘는 섬으로 이루어진 군도로서 종족주의, 다양한 문화, 십여 개 언어와 방언 등이 존재했으며 수세기에 걸쳐 내려온 적개심을 아직도 품고 있는 소수 민족들이 뒤섞여 있었다. 잔인한 전투가 자주 일어났고 그때마다 수카르노는 진압에 나서야 했다. 수카르노는 1960년에 의회를 해산시키고 1963년에 종신 대통령이 되겠다고 선언했다. 그는 전 세계 공산주의 정부와 긴밀한 협력 관계를 유지하는 대가로 군사 장비와 훈련 교관을 지원받았다. 그러고는 서남아시아에 공산주의를 전파하고 세계 사회주의 지도자들의 동의를 얻기 위해 러시아 무기로 무장한 인도네시아 군대를 이웃 국가인 말레이시아로 파견했다.

수카르노에 반대하는 세력이 점점 커져 갔고, 1965년 마침내 쿠데타가 일어났다. 수카르노는 눈치 빠른 정부 각료들의 도움을 받아 가까스로 암살 위기를 모면했다. 그러나 군 고위 간부들과 수카르노의 측근들은 수카르노만큼 운이 좋지 않았다. 인도네시아의 상황은 1953년의 이란과 비슷했다. 결국 공산당이 집권했고, 특히 중국과 밀접한 관계를 맺은 사람들이 권력을 잡았다. 공산당이 정권을 장악하고 군대가 대량 학살을 시작하여 약 30만 명에서 50만 명에 이르는 사람들이 목숨을 잃었다. 1968년, 최고 통수권자였던 수하르토는 마침내 대통령이 되었다.

1971년, 베트남 전쟁의 결과가 불확실해지자 인도네시아에서 공산주의를 몰아내려는 미국의 의지가 확고해졌다. 닉슨 대통령은 1969년부터 세계적인 흐름을 고려하여 미군을 재배치하기 시작했다. 미국의 이러한 전략은 세계 각국이 차례대로 공산주의에 함락당하지 않도록 하는 것이 목적이었다. 미국은 몇몇 특정 국가에 중점을 두었고, 그중에서도 인도네시아가 전략적으로 가장 중요한 위치에 있었다. 인도네시아에 전력 생산 시설을 설치하기 위한 메인의 프로젝트도 동남아시아 내에서 미국의 영향력을 높이기 위한 종합 계획의 일환이었다.

미국은 이란의 국왕이 그러했듯 수하르토가 미국 정부에 충성하기를 바랐다. 뿐만 아니라 인도네시아가 주변 국가들에게 나아갈 바를 제시할 수 있기를 바랐다. 인도네시아에서 성공할 경우 전체 이슬람 사회, 특히 일촉즉발의 위기감이 감도는 중동으로 그 여파가 퍼져 나가 미국에 도움이 될 것이라는 계산도 깔려 있었다. 이런 측면 외에도 인도네시아에는 석유가 있었다. 인도네시아에 석유가 얼마나 매장되어 있을지 정확히 알 수는 없었지만, 석유 회사에서 일하는 지질학자들은 매장량이 어마어마할 것이라는 관측을 내놓았다.

보스턴 공공 도서관에서 책을 파고들면서 나는 점점 흥분되어 갔고, 앞으로 펼쳐질 모험을 상상하기 시작했다. 메인에서 일하면 평화봉사단 시절의 구질구질한 생활과 작별하고 훨씬 더 근사하고 멋진 삶을 살게 될 거라는 기대가 생겨났다. 클로딘과 함께 보낸 시간들만으로도 이미 내가 오랫동안 꿈꾸어 왔던 일들 가운데 하나가 이루어진 것이나 다름없었다. 그 시간들은 현실에서 일어날 수 있는 일이라고 하기에는 너무나 근사했다. 남자 고등학교에서 보냈던 시간을 생각하면 클로딘과의 관계도 어느 정도 용서받을 수 있을 듯싶었다.

내 삶에서 또 다른 일이 일어나고 있었다. 앤과 따로 살게 된 것이다. 아마도 앤은 내가 이중 생활을 하고 있음을 눈치 챘을 것이다. 그러나 당시 나는 결혼할 수밖에 없는 상황으로 몰고 간 앤에게 일차적인 책임이 있다고 생각하며 내 행동을 합리화시켰다. 나는 에콰도르에서 평화 봉사단 활동을 하며 앤이 나를 위해 애쓰고 노력했다는 사실을 전혀 생각하지 않은 채, 그저 부모님이 변덕을 부릴 때마다 늘 해 왔던 방식대로 앤을 대했다. 물론 지금 와서 돌아보면 클로딘과의 관계가 앤과 나 사이를 망친 가장 큰 원인이었음이 틀림없다. 나는 앤에게 클로딘과의 관계를 고백하지 못했지만 앤은 이미 눈치 채고 있었다. 어쨌든 우리는 합의 하에 별거에 들어갔다.

1971년 인도네시아로 떠나기 일주일 전, 나는 클로딘의 아파트에 들렀다. 작은 식탁 위에는 여러 종류의 치즈와 빵, 보졸레 와인 한 병이 놓여 있었다. 우리는 건배했다.

"드디어 해냈군요. 이제 당신도 우리 일원이 됐어요."

클로딘은 이렇게 말하며 미소를 지었다. 그러나 그녀의 미소는 왠지 진실해 보이지 않았다.

30분 가량 가볍게 얘기를 나누면서 와인 한 병을 비운 다음, 클로딘은 여느 때와 다른 눈으로 나를 바라보았다. 클로딘은 강경한 목소리로 말했다.

"우리가 그동안 만나 왔다는 사실은 아무한테도 얘기해선 안 돼요. 만일 비밀을 누설한다면 난 당신을 용서하지 않을 거예요. 영원히. 그리고 다시는 당신을 만나 주지 않을 거예요."

나를 향한 클로딘의 차가운 미소를 보며 나는 난생처음으로 클로딘이 나를 위협하고 있다고 느꼈다.

"우리 관계를 발설하면 당신은 목숨이 위험해질 거예요."

나는 몹시 놀랐고 두려웠다. 그러나 푸르덴셜 센터로 돌아오면서 클로딘의 계략이 얼마나 치밀하게 잘 꾸며진 것인지 인정할 수밖에 없었다. 우리는 항상 클로딘의 아파트에서만 함께 시간을 보냈다. 우리 관계를 입증할 그 어떤 증거도 흔적도 없었고, 메인의 직원이 어떤 식으로든 관련되어 있다는 증거도 없었다. 게다가 나는 클로딘의 솔직한 모습에 박수를 보냈다. 클로딘은 적어도 틸턴과 미들베리 문제로 나를 기만한 내 부모와 달리 나를 속이지는 않았다.

제4장
한 나라를 공산주의로부터 구해 내다

나는 앞으로 석 달 동안 머무를 인도네시아라는 나라에 관해 감상적인 생각을 갖고 있었다. 인도네시아에 관한 책에는 밝은 색깔 사롱(말레이 제도 사람들이 허리에 두르는 천——옮긴이)을 걸친 여인들과 이국적인 발리춤 무회들, 불을 뿜는 주술사, 연기가 피어오르는 화산 아래 긴 카누를 타고 에메랄드 빛 물살을 가르는 용사들의 사진이 있었다. 그중에서도 술라웨시 섬 부기 지역의 악명 높은 해적들이 탄 검은 돛의 갈레온 선이 가장 인상적이었다. 부기의 해적들은 당시에도 인도네시아 주변 바다를 항해하고 있었으며, 과거에는 유럽 선원들에게 공포의 대상이었다. 유럽 선원들은 고향으로 돌아간 후 아이들이 말을 듣지 않으면 "얌전히 굴어라. 안 그러면 부기의 해적들이 너희들을 잡아갈 거야!"라며 겁을 주었다. 해적 사진을 보는 동안 나는 흥분을 감출 수 없었다.

인도네시아 역사나 전설에는 비범한 인물이 많이 등장한다. 격노한 신과 코모도 왕도마뱀 그리고 부족 족장 등이, 예수가 태어나기 훨씬 전에 아시아의 산들과 페르시아의 사막을 지나 다시 지중해를 건너서 사람들의 집단 무의식 속에 자리 잡고 전해 내려온 오래된 이야기에 등장한다. 나는 자바, 수마트라, 보르네오, 술라웨시 등 인도네시아의 유명한 섬 이름만 들어도 가슴이 설렜다. 인도네시아는 내게 신비로움이자 신화였으며 관능적이면서도 아름다운 땅, 콜럼버스가 그토록 애타게 찾아 헤맸지만 끝내 발견하지 못한 소중한 보물이었다. 그곳은 에스파냐, 네덜란드, 포르투갈, 일본 같은 강대국들이 애타게 구애를 펼쳤으나 결코 소유하지 못한 아리따운 공주이자 환상과 꿈이 공존하는 땅이었다.

나는 마치 위대한 탐험가라도 된 양 큰 기대를 품었다. 콜럼버스와 마찬가지로 내가 지닌 환상들을 어떻게 다루어야 할지 잘 알고 있었다. 그러나 항상 그렇듯이 운명은 우리가 바라는 대로 흘러가지 않는다는 사실을 미리 알아챘어야 했다. 인도네시아는 소중한 보물을 안겨 주었지만 내가 기대했던 것과 달리 현실의 모든 어려움이 사라지지는 않았다. 1971년 여름, 인도네시아의 후텁지근한 수도 자카르타에서 보낸 처음 며칠은 정말로 충격적이었다.

물론 내가 꿈꾸었던 아름다운 모습도 있었다. 매력적인 여인들이 다채로운 색깔의 사롱을 입고 있었고 생기를 머금은 정원은 열대의 꽃으로 가득했으며 이국적인 발리춤도 감상할 수 있었다. 자전거 택시 운전사가 승객을 태우기 위해 앞쪽에 마련한 높이 솟은 승객의자 양옆에는 형형색색의 화려한 그림이 그려져 있었다. 식민지 시절에 만들어진 네덜란드 풍 저택과 섬세한 장식이 있는 모스크도 볼 수 있었다. 그러나 도시의 추하고 비극적인 모습도 눈에 띄었다. 손이 문

드러진 팔을 내밀고 돌아다니는 나병환자들이 있었고, 어린 소녀들이 동전 몇 푼을 벌려고 몸을 팔고 있었다. 한때는 화려한 모습을 자랑했을 식민지 시절에 만들어진 운하도 온갖 쓰레기가 떠다니는 쓰레기장으로 변해 있었다. 수많은 사람들이 시커먼 강 옆의 쓰레기더미 곁에 지어진 판자촌에서 살아가고 있었고, 시끄러운 경적 소리와 매연이 온 도시를 뒤덮고 있었다. 아름다운 모습과 추한 모습, 우아한 모습과 저속한 모습, 신을 받드는 경건한 모습과 불경스러운 모습이 한데 뒤섞여 있었다. 매혹적인 정향나무와 난초 향기와 도시를 뒤덮은 하수구의 악취가 뒤섞여 있는 그곳이 바로 자카르타였다.

자카르타에 오기 전에 나는 가난이 무엇인지 내 눈으로 직접 본 적이 있다. 뉴햄프셔 주에서 학교를 다닐 때, 차가운 물밖에 나오지 않는 판잣집에서 살면서 영하를 밑도는 겨울에 얇은 재킷을 걸치고 낡아 빠진 테니스화를 신고 학교에 와서는 씻지도 않은 몸으로 악취를 풍겨 대는 같은 반 아이들이 있었다. 안데스 산맥에서 평화 봉사단 활동을 하며 농부들과 함께 흙으로 지은 집에서 생활한 적도 있었다. 농부들은 말린 옥수수와 감자로 연명했고 첫 번째 생일을 맞기 전에 죽는 아기들도 허다했다. 이처럼 나는 이전에도 가난한 사람들을 많이 보았지만, 그 어떤 기억도 자카르타에서의 경험보다 충격적이지 않았다.

메인에서 파견된 우리 팀은 물론 인도네시아에서 가장 좋은 인터콘티넨털 호텔에 묵었다. 자카르타 인터콘티넨털 호텔은 전 세계의 인터콘티넨털 호텔 체인과 마찬가지로 팬아메리칸 항공 소유였다. 그 호텔은 부유한 외국인들, 특히 석유 회사 중역들과 그 가족들을 위해 서비스를 제공했다. 인도네시아에 도착한 그날 밤, 우리가 수행할 프로젝트의 매니저였던 찰리 일링워드는 호텔 꼭대기 층에 있는 근사한 레스토랑에서 우리에게 저녁을 대접했다.

찰리는 전쟁 전문가였다. 여유 시간이 생기면 찰리는 대개 역사책이나 전쟁을 이끈 위대한 인물 또는 전쟁을 다룬 소설을 읽었다. 찰리는 베트남 전쟁 지지자였으며 전쟁에 관해 무엇이든 아는 체하기를 좋아했다. 그날 밤, 평소와 마찬가지로 찰리는 헐렁한 카키색 바지와 군복과 비슷한 모양의 어깨 장식이 달린 카키색 반소매 셔츠를 입고 있었다.

환영 인사를 한 찰리는 시가에 불을 붙였다. 그는 "멋진 삶을 위하여"라고 말하고 숨을 내쉬며 샴페인 잔을 들어올렸다. 우리는 모두 찰리를 따라 "멋진 삶을 위하여!"라고 외쳤다. 샴페인 잔들이 서로 부딪혔다.

찰리는 시가 연기를 뿜으며 방을 둘러봤다. 그는 "우리는 여기서 융숭한 대접을 받을 거야."라고 말하며 감사하다는 듯 고개를 끄덕였다.

"인도네시아 사람들은 우리를 아주 능숙하게 다루지. 미국 대사관 사람들과 맞먹을 정도야. 그렇지만 우리에게 주어진 임무가 있다는 사실을 잊으면 안 되네."

찰리는 여러 장의 메모 카드를 들여다봤다.

"우리는 세계에서 인구 밀도가 가장 높은 자바 섬에 전기를 들여놓는 원대한 계획을 달성하려고 이곳에 온 것으로 되어 있지. 그러나 그건 빙산의 일각에 불과해."

찰리의 표정이 점점 심각해졌다. 그를 보고 있자니 문득 영화에서 그의 영웅 중 한 명인 패튼 장군 역을 맡았던 조지 스콧이 떠올랐다.

"사실은 공산주의자들의 마수로부터 이 나라를 구하기 위해 우리가 온 거라네. 모두 알고 있겠지만, 인도네시아는 길고 비극적인 역사를 갖고 있지. 이제 이 나라가 진정한 20세기로 들어서려고 하는 이때 다시 한 번 시련이 닥치고 있어. 우리에게는 인도네시아가 베트남, 캄보디아, 라오스 등 인도네시아의 북쪽에 있는 이웃 국가들의 선례를 따르지 않도록 인도해야 할 책임이 있어. 통합 전기 공급 시스템을 만들어 내는 일이 가장 중요하네. 전기가 자본주의와 민주주의의 기반을 공고히 하는 데 그 어떤 다른 요소보다(아마 석유는 포함되지 않았을 것이다.) 도움이 된다네. 그리고, 석유에 관해서 말을 하자면……."

이렇게 말한 찰리는 시가를 한 모금 빨고 앞에 놓인 메모를 몇 장 넘겼다.

"자네들은 모두 미국에 석유가 얼마나 많이 필요한지 알고 있을 거야. 그 점을 생각하면 인도네시아는 미국의 중요한 동맹국이 될 수도 있지. 따라서 기획안을 작성할 때, 앞으로 25년 동안 인도네시아 전역에 전기공급 시설을 들여놓으려면 석유 산업 및 항만, 운송 시스템 등 관련 기반 시설과 건설 회사 등이 절대 필요하다는 점이 명확하게 드러나도록 모든 노력을 기울여 주기 바라네."

찰리는 메모에서 눈을 떼고 나를 똑바로 쳐다봤다.

"수치를 낮게 잡는 것보다 높게 잡는 편이 훨씬 나을 걸세. 자네도 인도네시아의 어린 아이들이나 자네의 손에 피를 묻히고 싶지 않을 테니까 말이야. 그리고 인도네시아 국민들이 소련이나 중국의 붉은 깃발 아래 가난에 허덕이며 살아가는 것도 원치 않겠지?"

그날 밤 나는 도시 위로 우뚝 솟은 안전한 특급 호텔 특실의 침대에 누워 클로딘을 떠올렸다. 외채에 관한 클로딘의 이야기가 머릿속을 떠나지 않았다. 나는 대학에서 거시 경제학 수업 시간에 배웠던 내용을 떠올리며 마음을 가라앉히려고 애썼다. 결국 나는 봉건 시대의 경제 구조를 벗어나지 못하고 있는 인도네시아가 현대 산업 사회로 뛰어들 수 있도록 돕기 위해 이곳에 왔노라고 되뇌었다. 그러나 날이 밝으면 창 밖으로 보이는 호텔의 아름다운 정원과 수영장 너머로 길게 늘어선 판잣집들을 보게 되리라는 걸 알고 있었다. 뿐만 아니라 먹을 음식과 마실 물이 없어서 아이들이 죽어 가고 있으며, 애어른 할 것 없이 끔찍한 질병과 최악의 생활 환경 속에서 고통 받고 있는 곳이 인도네시아라는 사실도 알게 될 터였다.

침대에서 몸부림을 치던 나는 찰리를 비롯한 우리 팀 모두가 이기적인 목적으로 이곳에 와 있다는 사실을 더 이상 부인할 수 없음을 깨달았다. 우리는 미국의 외교 정책과 미국 회사의 이익을 위해 일하는 사람들이었다. 우리는 대다수 인도네시아인들의 삶을 더 풍요롭게 만들기 위해서가 아니라 스스로의 욕심을 채우기 위해 이곳으로 왔다. 순간 '기업 정치'라는 말이 머리를 스쳐 지나갔다. 전에 그런 단어를 들어 본 적이 있는지 아니면 방금 내가 만들어 낸 말인지 분명하지 않았지만, 온 세상을 지배하기 위해 전력을 다하기로 결심한 새로운 지배 계층을 지칭하기에 딱 어울리는 말이라는 생각이 들었다.

공통된 목적을 갖고 있는 몇 사람들로 이루어진 그 모임 속에서 구성원들은 자유롭게 이동할 수 있으며, 기업의 이사회와 정부 고위직을 오가기도 한다. 문득 당시 세계은행 총재였던 로버트 맥나마라가 가장 적절한 예라는 생각이 들었다. 로버트 맥나마라는 포드 자동차에서 회장으로 일하다가 케네디 대통령과 존슨 대통령 시절 국방부 장관으로 재직했던 인물이다. 이후 그는 세계에서 가장 영향력이 큰 금융기관인 세계은행의 총재로 다시 직함을 바꾸었다.

문득 대학에서 강의하던 교수님은 거시 경제학의 진정한 본질을 이해하지 못한다는 생각이 들었다. 사실 한 나라가 경제 성장을 위해서 외부로부터 도움을 받으면 결국 극소수 지배층만 부유해질 뿐, 서민층은 더욱 가난해진다. 자본주의를 추구하다 보면 중세 봉건 사회와 비슷한 양상이 나타나는 경우가 있다. 만일 이 사실을 이미 아는 교수가 있었다면 그는 진실을 외면한 것이나 마찬가지였다. 어쩌면 대기업과 대기업을 운영하는 사람들이 학교에 재정 지원을 해 주기 때문인지도 몰랐다. 진실을 밝히면 더 이상 교수로서 강단에 설 수가 없었을 것이다. 물론 내가 진실을 밝히면 나도 일자리를 잃었을 테지만.

인터콘티넨털 호텔에 머무르는 동안 이런 생각들로 매일 밤 잠을 설쳤다. 결국 나는 지극히 개인적인 핑계들로 이루어진 변명거리들을 찾아냈다. 뉴햄프셔 마을과 고등학교, 그리고 징집으로부터 벗어나기 위해 투쟁을 벌인 것뿐이며 나 자신의 노력과 여러 우연들이 겹쳐 이런 멋진 삶의 기회를 얻게 된 것이라느니, 내 조국의 관점에서 본다면 올바른 일을 하고 있으므로 무척 편안하며, 성공적이고 존경받는 경제학자로 거듭나고 있다느니, 대학에서 배운 걸 잘 실천하고 있을 뿐 아니라 세계의 석학들이 좀 더 나은 세상을 위해 만들어 낸 개발 모델을 도입하도록 이 나라를 돕고 있다는 식으로 말이다.

그러나 밤이 깊어지면 언젠가는 진실을 폭로하겠다고 다짐하며 불안한 마음을 달랬다. 그러고는 서부 개척 시대의 총잡이들을 다룬 루이스 라무어의 소설을 읽다가 잠들곤 했다.

제5장 돈을 위해 영혼을 팔다

    우리 팀 열한 명은 엿새 동안 자카르타에 머무르면서 미 대사관에 신원을 등록하고 인도네시아 관료들을 만나거나, 마음의 준비를 하거나, 수영장에서 휴식을 취하기도 했다. 나는 인터콘티넨털 호텔에 미국인이 예상 외로 너무 많아서 깜짝 놀랐다. 특히 석유 회사나 건축 회사 중역들의 아내인 젊고 아름다운 여성들이 낮에는 수영장에서 시간을 보내고 밤이 되면 호텔 식당이나 호텔 주위의 근사한 레스토랑에서 저녁을 즐기는 모습을 지켜보는 것은 무척 흥미로운 일이었다.

    엿새가 지나자 찰리는 팀원 모두를 반둥이라는 산악 도시로 데려갔다. 반둥은 기후가 온화했고 자카르타만큼 빈곤한 면모가 두드러지지는 않았지만 화려하지도 않았다. 그곳에서 우리는 정부의 영빈관인 위스마에 머물렀다. 위스마에는 전용 매니저와 요리사, 정원사를 비롯하여 다양한 서비스를 제공할 직원들이 있었다. 넓은 베란다

바로 앞에는 거대한 차 재배지가 언덕과 가파른 화산 지대 위로 펼쳐져 있었다. 팀원들은 저마다 숙소 이외에 통역과 운전사가 딸린 도요타 자동차도 한 대씩 받았다. 뿐만 아니라 회원제로 운영되는 반둥 골프앤드라켓 클럽의 회원권도 생겼으며, 국영 전기 회사(PLN)의 지역 본사 건물에 있는 사무실에서 근무하게 되었다.

반둥에 도착한 이후 처음 며칠 동안 나는 찰리와 하워드 파커를 여러 번 만났다. 칠순 노인인 하워드는 전에 뉴잉글랜드 일렉트릭시스템의 전력 수요량 예측 전문가로 일하던 사람이었다. 이제 하워드는 향후 이십오 년 동안 자바 섬에 어느 정도의 에너지와 전기가 필요할지 예측하고 각 도시와 지역별로도 수요량을 예측하는 임무를 맡았다. 전기 수요는 경제 성장률과 밀접한 관계가 있기 때문에 하워드가 예측을 하기 위해서는 먼저 내가 경제 전망치를 산출해야 했다. 발전소, 송전 시설, 연료 운송 시스템을 어떤 곳에 어떻게 세울지 구체적인 계획을 마련한 다음, 하워드와 내가 제시한 예상치가 엄청난 경제적 파급 효과를 갖고 있는 것처럼 보이도록 하는 일은 나머지 팀원들의 몫이었다. 찰리는 항상 내 역할이 얼마나 중요한지 역설하면서 가능한 한 수치를 높게 제시해야 한다고 강조했다. 클로딘의 말이 옳았다. 내가 전체 계획에서 가장 중요한 부분을 담당하고 있었다.

찰리는 처음 몇 주 동안은 데이터를 모으는 작업을 해야 한다고 말했다.

어느 날, 우리 세 사람은 찰리의 호화로운 개인 사무실에 있는 커다란 등나무 의자에 앉아서 이야기를 나누고 있었다. 사무실 벽은 고대 인도의 힌두 서사시인 라마야나(산스크리트 어로 쓰인 고대 인도의 양대 서사시 가운데 하나—옮긴이)의 내용이 그려진 천으로 장식되어 있었다. 찰리는 굵은 시가를 한 모금 빨았다.

"기술자들은 전기 시스템과 항만 시설, 도로, 철도 등 모든 요소들의 현재 상황을 자세하게 조사할 거네."

찰리는 시가 끝으로 나를 가리켰다.

"자네가 재빠르게 움직여야 해. 한 달 정도 지나면 하워드는 모든 계획이 달성되었을 때 인도네시아 경제에 어떤 기적이 일어날지 알고 싶어할 거야. 두 번째 달이 끝날 무렵이면, 하워드는 각 지역별로 어떤 변화가 생길지 궁금해할 거네. 그 부분이 가장 중요해. 그때가 되면 우리는 모두 머리를 모아야 해. 그래서 필요한 정보를 모조리 수집한 후 다시 미국으로 돌아가는 거지. '추수감사절은 가족과 함께.' 그게 바로 내가 추구하는 거야. 다시 돌아올 필요 따위는 없지."

하워드는 할아버지 같은 인상을 풍기는 부드러운 사람으로 보였지만, 실은 일생 동안 사기를 당했다고 생각하는 고약한 노인이었다. 하워드는 평생 뉴잉글랜드 일렉트릭시스템의 최고 자리에 올라가지 못했고, 그 사실을 내내 못마땅해하는 듯했다. 하워드는 몇 번이고 말했다.

"기회를 놓친 거지, 뭐. 회사 정책을 따르지 않았거든."

하워드는 강제로 퇴직당한 후 하루 종일 아내와 함께 집에 머무르는 걸 견디다 못해 메인에서 일하게 되었다고 했다. 인도네시아에서의 프로젝트는 하워드가 두 번째로 맡은 임무였다. 나는 하워드를 만나기 전에 이미 에이너와 찰리로부터 하워드를 잘 감시하라는 지시를 받았다. 그들은 하워드가 고집스럽고 야비하며 복수심이 강한 사내라고 설명했다.

당시에는 알지 못했지만, 시간이 흐른 뒤에 생각해 보니 하워드는 진정한 내 스승이었다. 하워드는 클로딘 식의 훈련을 받아 본 경험이 없었다. 아마도 윗사람들은 하워드가 너무 늙고 고집스럽다고 생각했던 것 같다. 아니면 나처럼 다루기 쉬운 애송이가 걸려들 때까지만 하워드를 고용하려고 계획했던 것인지도 모른다. 어떤 경우든, 회사의 입장에서 보면 하워드는 골칫거리였다. 하워드는 상황을 명확하게 판단하고 회사에서 자신에게 어떤 역할을 기대하는지 정확하게 이해한 다음, 그들의 앞잡이 노릇을 하지는 않겠다고 다짐했다. 에이너와 찰리가 하워드에 관해 설명하며 사용했던 모든 수식어들이 실제로 그에게 잘 어울리기는 했지만, 어쩌면 하워드는 그들의 하수인 노릇을 하기 싫어서 더 고집스럽게 굴었는지도 모른다. 하워드가 과연 경제 저격수라는 말을 들어 보기나 했을까? 그렇지는 않다고 해도 자신이 결코 받아들일 수 없는 제국주의의 꿈을 이루기 위해 메인에서 그를 이용하고 있다는 사실은 알고 있었을 것이다.

어느 날 찰리와 함께한 회의가 끝나자 하워드가 나를 불렀다. 보청기를 끼고 있던 하워드는 셔츠 아래로 손을 넣어 보청기의 볼륨을 조절했다.

"이건 자네와 나만의 비밀일세."

하워드는 조용한 목소리로 말했다. 함께 사용했던 사무실 창가에서서 국영 전기 회사 건물을 끼고 있는 운하에 고인 물을 바라봤다. 그 더러운 물속에서 한 젊은 여자가 사롱으로 대충 몸을 가린 채 최대한 조심스러운 동작으로 몸을 씻고 있었다.

"사람들은 어떻게든 자네를 설득해서 인도네시아 경제가 급성장할 거라고 믿도록 만들 걸세. 찰리는 무자비해. 찰리와 너무 가까이 지내지 말게."

나는 하워드의 말을 들으며 기분이 착잡해졌다. 그러나 동시에 찰리가 옳다는 것을 알려 주고 싶다는 생각도 들었다. 결국, 상사를 얼마나 만족시킬 수 있느냐에 따라 내 위치가 달라질 수밖에 없다.

"물론 이 나라는 호황을 누리게 될 겁니다."

나는 운하에서 몸을 씻고 있는 여인에게 시선을 고정한 채 얘기를 이어 갔다.

"이제 어떤 일이 일어날지 잘 보십시오."

"그렇군."

눈앞의 광경을 전혀 이해하지 못한 채 하워드는 중얼거렸다.

"이미 그들에게 설득을 당한 게로군, 그렇지?"

운하 위의 또 다른 광경이 내 시선을 사로잡았다. 한 노인이 강둑을 내려가 바지를 내리고 변을 보려고 쪼그리고 앉았다. 몸을 씻고 있던 여자는 그 노인을 쳐다보고도 별 반응을 보이지 않은 채 계속 몸을 씻었다. 나는 창가에서 돌아서서 하워드를 똑바로 쳐다봤다.

"나는 여러 곳에서 일을 해 봤죠. 아직 어리지만 이미 삼 년 동안 남미에서 활동한 경험도 있고요. 석유를 발견하면 어떤 변화가 일어나는지 나는 똑똑히 지켜봤어요. 이곳에서도 모든 것이 빠르게 변할 겁니다."

하워드는 비웃듯이 말했다.

"그래? 나도 여러 곳에서 일해 봤다네, 참 오랫동안 일했지. 이봐 젊은 친구, 내가 하나만 얘기해 주지. 나는 자네나 자네 회사가 석유를 찾아 헤매는 데 별 관심이 없어. 나는 평생 동안 대공황이 있었을 때나 제2차 세계 대전이 일어났을 때, 경기가 호황과 불황을 오갈 때에도 오직 전력 수급량을 예측했을 뿐이라네. 128번 도로가 생겨나고 소위 매사추세츠 주의 기적이 나타났을 때 보스턴에 어떤 변화가 생기는지도 지켜보았어. 내가 장담하건데, 연간 전기 수요량이 7 내지 9퍼센트 이상 장기간 증가하는 경우는 없네. 그 정도 늘어나는 것도 대단한 거지. 6퍼센트 정도가 적정 증가율이라네."

나는 하워드를 똑바로 응시했다. 마음 한켠에서는 하워드가 옳을지도 모른다는 생각이 들었지만 무언가 항변해야겠다는 생각이 들었다. 하워드를 설득하고 싶어졌다. 아마도 스스로 하고자 하는 일을 정당화시킬 필요가 있었기 때문일 것이다.

"하워드, 여긴 보스턴이 아니잖아요. 인도네시아는 지금껏 아무도 전기를 사용해 본 적이 없는 나라예요. 상황이 다르죠."

하워드는 갑자기 획 돌아서서는 나를 쫓아 버리기라도 할 듯 손을 휘저었다. 그리고 버럭 소리를 질렀다.

"어디 잘해 봐라, 비겁한 놈아! 난 네놈 따위가 뭘 하든 관심 없어."

하워드는 책상 뒤쪽에 있는 의자를 획 당겨서 앉아 버렸다.

"나는 내 판단에 따라서 전기 수요를 예측해. 말도 안 되게 높이 부풀린 수치 따위는 필요 없어."

하워드는 그렇게 말하며 연필을 집어 들고 종이 위에다 뭔가를 긁적였다.

하워드의 행동은 무시할 수 없는 도전이었다. 나는 하워드에게 다가가서 책상 앞에 섰다.

"만약 내가 모든 사람들이 기대하는 것처럼 인도네시아의 전기 수요 증가율이 캘리포니아의 골드 러시 때와 맞먹을 거라고 예측했는데도 당신은 1960년대 보스턴과 비슷할 거라고 얘기하면, 당신은 완전히 바보가 될 거예요."

하워드는 연필을 팽개치고는 나를 노려봤다. 그는 팔을 거칠게 흔들어 대며 분을 참지 못했다.

"이런 양심도 없는 놈! 그건 양심도 없는 짓이야. 나쁜 놈들! 너희들은 영혼을 팔아먹고 있는 거야. 너희들은 모두 돈을 벌려고 이런 짓들을 하는 거라구!"

이윽고 하워드는 웃음을 지으려고 애쓰면서 셔츠 아래로 손을 넣으며 말했다.

"난 이제 보청기를 끄고 내 일을 할 거야."

하워드의 말은 내 마음을 흔들어 댔다. 나는 그 방을 빠져 나와 찰리의 사무실로 향했다. 무작정 발걸음을 옮기다 보니 문득 내가 왜 그곳으로 가고자 하는지 명확한 이유가 떠오르지 않았다. 가던 걸음을 멈춘 나는 계단을 내려가 건물 밖으로 나가서 오후의 햇살을 느꼈다. 좀 전에 목욕을 하고 있던 젊은 여자는 운하를 올라와 사롱으로 몸을 잘 감싸고 있었다. 변을 보던 노인은 이미 사라지고 없었다. 남자 아이들 몇 명이 운하에서 서로 물을 튀기고 소리를 지르며 놀고 있었다. 늙은 여자 한 명이 무릎 깊이의 물 속에 서서 양치질을 하고 있었고 그 옆에는 옷을 빨고 있는 사람도 있었다.

갑자기 목이 메어 왔다. 깨진 콘크리트 조각 위에 앉아서 운하에서 풍기는 곰팡이 냄새를 맡으며 아무렇지 않은 척하려고 애를 썼다. 눈물을 참기 위해 노력하면서 왜 그렇게 비참한 기분이 드는지 생각해 보았다.

'너희들은 모두 돈을 벌려고 이런 짓들을 하는 거라구.'

하워드의 목소리가 자꾸 귓전을 맴돌았다. 내가 그동안 애써 외면하려고 했던 진실을 그가 말해 버린 것이다.

아이들은 계속해서 서로 물을 튕기며 뛰어놀고 있었고, 그들의 명랑한 목소리가 대기를 가득 메우고 있었다. 나는 문득 내가 할 수 있는 일이 무엇인지 궁금해졌다. 어떻게 하면 나도 저 아이들처럼 걱정 없이 편안하게 지낼 수 있을까? 더러운 물 속에서 노는 것이 얼마나 위험한 일인지조차 모르는 채 아무런 걱정 없이 뛰어노는 아이들을 바라보며 앉아 있는 동안 이런 질문이 자꾸만 나를 괴롭혔다. 구부러진 지팡이를 손에 쥐고 있는 늙은 곱사등이 사내가 운하의 둑을 따라 절름거리며 걷고 있었다. 가던 길을 멈추고 물 속에서 뛰어노는 아이들을 쳐다보는 노인의 이 빠진 얼굴에 미소가 피어났다.

하워드라면 믿을 수 있을 것 같았다. 왠지 하워드와 함께라면 해결책을 찾아낼 수 있을 거란 생각이 들었다. 그러자 곧 안도감이 밀려왔다. 나는 조그만 돌멩이를 하나 집어 들고 운하를 향해 던졌다. 그러나 물결이 모두 사라지자 좀 전에 느꼈던 즐거운 기분도 함께 사라져 버렸다. 나는 스스로 다른 길을 찾을 수 없음을 알고 있었다. 하워드는 이미 늙어 버렸고 냉소적인 사람이었다. 그는 승진할 기회를 이미 모두 놓쳐 버린 상태였다. 지금이라고 해서 달라질 이유는 없었다. 당시 나는 젊었고, 일을 시작한 지 얼마 되지 않은 풋내기였다. 나는 주어진 기회를 모두 놓쳐 버리고 하워드처럼 늙고 싶지 않았다.

악취가 풍기는 강물을 바라보며, 나는 다른 아이들이 사교계에 등장하여 화려한 방학을 즐기는 동안 홀로 언덕 위의 학교에 남아 있었던 뉴햄프셔 시절을 떠올렸다. 갑자기 슬픈 기분이 몰려들었다. 또다시 그 누구에게도 내 마음을 털어놓을 수 없는 상황이 되어 버렸다.

나는 그날 밤 침대에 누워 하워드, 찰리, 클로딘, 앤, 에이너, 프랭크 아저씨 등, 살아오면서 만났던 많은 사람들을 생각하면서 만일 그들을 만나지 않았더라면 내 삶이 어떻게 되었을지 생각해 보았다. 찰리는 하워드와 내게 연간 17퍼센트 이상 성장할 수 있다는 보고서를 작성해 주기 바란다고 분명하게 이야기했다. 나는 과연 어떤 예상치를 내놓아야 할까?

갑자기 머릿속에 한 가지 생각이 떠오르자 마음이 편안해졌다. 왜 전에는 이런 생각을 하지 못했을까? 어차피 내가 만들어 내는 수치보다는 하워드의 예측이 더 중요하게 받아들여질 것이다. 하워드는 내가 어떤 결정을 내리든지 자신이 옳다고 생각하는 대로 보고서를 작성할 거라고 얘기했다. 나는 경제 성장 전망치를 높게 잡아서 상사를 기쁘게만 하면 되는 것이다. 그러면 상사는 알아서 결정을 내릴 테고, 결국 내가 제시한 수치가 최종 결정을 내리는 데에 별 영향을 주지 않을 거라는 생각이 들었다. 사람들은 내 역할이 얼마나 중요한지 끊임없이 강조했지만, 꼭 그런 것은 아니었다. 나는 순식간에 무거운 짐을 벗어 버린 듯한 편안함을 느끼며 깊은 잠에 빠져 들었다.

며칠 후, 하워드는 심각한 아메바성 이질에 걸렸다. 우리는 그를 급히 가톨릭 교회에서 운영하는 선교 병원으로 이송했으나, 의사는 처방을 내린 후 미국으로 돌아갈 것을 강력하게 권유했다. 하워드는 작업에 필요한 모든 데이터를 이미 가지고 있으며 미국으로 돌아가서 예상 성장률을 뽑아내는 데 아무런 문제가 없다고 했다. 하워드는 내게 전에 들려주었던 경고를 되풀이하고 미국으로 떠났다.

"숫자를 조작할 필요는 없네. 자네들이 경제 성장의 기적 운운하며 뭐라고 떠들어 대든, 나는 절대로 그 사기극에 가담하지 않을 걸세."

제2부 1971-1975

제6장

반둥의 미국인 조사관

메인이 인도네시아 정부, 아시아 개발 은행, 미국 국제 개발처 등과 맺은 계약을 보면 우리 팀원 중 한 명이 개발 지역 내의 주요 인구 밀집 지역을 모두 방문하도록 명시되어 있었다. 내게 그 역할을 맡긴 사람은 바로 찰리였다.

"자네는 아마존에서도 살아남았잖은가. 벌레나 뱀을 다루는 방법도 잘 알고, 오염된 물이 있을 때 어떻게 대처하는지도 알고 말이야."

나는 운전기사와 통역을 데리고 풍경이 아름다운 장소들을 여러 곳 방문했으며, 다소 쓸쓸한 숙소에 머무르면서 각 지역 사업가들과 정치 지도자들을 만나 경제 성장에 관한 의견을 들었다. 그러나 이들은 대부분 나와 함께 정보를 나누기를 꺼렸고, 내가 곁에 있다는 것만으로도 두려워하는 듯했다. 이들은 주로 상사나 정부 기관에 물어봐야 한다거나 자카르타에 있는 본사와 상의해야 한다고 얘기하곤 했다. 가끔 이들의 행동을 보면 어떤 음모가 숨어 있는 건 아닐까 하는 생각마저 들었다.

지방 출장은 보통 이삼 일을 넘지 않았고, 출장을 마친 후에는 항상 반둥에 있는 위스마로 돌아가 며칠간 지낸 다음 다시 다른 지역으로 출장을 가곤 했다. 위스마를 관리하는 지배인에게는 나보다 몇 살 어린 라스몬이라는 아들이 하나 있었다. 어머니를 제외한 모든 사람들이 그를 라스몬이라는 이름 대신 라시라고 불렀다. 지방 대학교 경제학과에 재학 중이던 라시는 내가 하는 일에 많은 관심을 보였다. 사실, 라시가 일자리를 얻기 위해 나에게 접근한 게 아닌가 하는 생각도 들었다. 라시는 나에게 인도네시아 공용어를 가르치기 시작했다.

인도네시아가 네덜란드로부터 독립한 후에 수카르노 대통령은 쉽게 배울 수 있는 언어를 만들어 내는 일을 최우선 과제로 삼았다. 인도네시아 전역에서 사용되는 언어와 방언을 모두 합치면 350개가 넘었다. 그래서 수카르노는 다양한 언어를 쓰는 국민들과 문화를 통합하려면 하나의 공용어를 만들어야 한다고 생각했다. 마침내 수카르노는 세계 각국의 언어학자들을 모아 팀을 만들어서 현재 사용되고 있는 인도네시아 공용어를 만들었고 그 결과는 가히 성공적이었다. 말레이 어를 바탕으로 하는 인도네시아 공용어에는 시제 변화나 불규칙 동사 변화 등 대다수 언어에서 나타나는 복잡한 문법적 특징이 별로 없다. 1970년대 초가 되자 인도네시아 국민들은 대개 지역 사회에서는 지방 방언을 쓰면서도 인도네시아 공용어를 사용할 수 있게 되었다. 라시는 재미있게 가르치는 재주가 있었고 슈아르 족 언어나 에스파냐 어보다 인도네시아 공용어가 훨씬 배우기 쉬웠다.

라시는 오토바이를 한 대 갖고 있었다. 그는 오토바이에 나를 태우고 시내 곳곳을 누비고 다니며 내게 지인들을 소개시켜 주려 했다.

"존, 지금까지 당신이 보지 못한 인도네시아의 모습을 보여 줄게요."

라시는 이렇게 약속했고, 어느 날 저녁 나더러 오토바이 뒤에 올라타라고 했다.

우리는 오토바이를 타고 달리며 인형극 연기자들, 전통 악기를 연주하는 악사, 입으로 불을 뿜는 차력사, 곡예사, 그리고 밀수된 미국산 카세트부터 귀한 인도네시아 전통 공예품까지 상상할 수 있는 모든 물건들을 파는 거리의 노점상 행렬을 지나쳤다. 도착한 곳은 젊은 남녀들로 가득 찬 작은 커피숍이었다. 이들은 1960년대 말 비틀스의 콘서트에서나 봤을 법한 옷과 모자, 그리고 머리 모양으로 한껏 뽐내고 있었지만 한눈에 인도네시아 사람임을 알 수 있었다. 라시는 테이블 하나를 차지하고 앉아 있는 젊은이들에게 나를 소개시켰고 우리는 그 테이블에 합석했다.

거기 앉아 있던 사람들은 저마다 수준이 다르기는 해도 모두 영어를 할 줄 알았다. 이들은 내가 인도네시아 공용어를 배우고자 노력한다는 사실을 칭찬하면서 계속 인도네시아 어로 말하도록 부추겼다. 그러다가 왜 미국인들은 인도네시아 어를 배우려고 하지 않는지에 관해 대놓고 얘기하기 시작하더니 내게 그 이유를 물었다. 나는 마땅히 들려줄 말이 없었다. 뿐만 아니라 스포츠 클럽이나 근사한 레스토랑, 극장, 고급 슈퍼마켓 등에는 외국인이 많은데 왜 그곳에는 나 말고 다른 미국인이나 유럽 인이 단 한 명도 없는지도 설명할 수 없었다.

그날 밤은 평생 잊지 못할 기억으로 남아 있다. 라시와 그의 친구들은 마치 내가 자기들 친구인 양 대해 주었다. 나는 그곳에 앉아서 그들과 함께 그들 도시와 음식, 음악을 공유했다. 그리고 정향 담배 냄새와 인도네시아 인들의 삶의 일부라고 할 수 있는 향내들을 맡으면서 그들과 함께 농담을 주고받고 웃고 떠들며 행복한 기분을 느꼈다. 다시 평화 봉사단 시절로 돌아간 듯한 기분이 들었다. 나는 그동안 왜 일등석만을 고집하면서 이런 사람들과 어울리지 않으려고 했는지 스스로에게 질문을 던졌다. 밤이 깊어 가면서 라시와 친구들은 내가 인도네시아를 어떻게 생각하는지, 또 베트남에서 미국이 벌이고 있는 전쟁은 어떻게 생각하고 있는지에 더욱 관심을 보였다. 그들은 베트남에서의 미국의 행보를 '불법 침략'이라고 얘기하면서 내가 어떤 반응을 보일지 두려워했지만, 나도 그들과 의견을 같이 한다는 것을 알고는 한결 편안하게 느끼는 듯했다.

라시와 나는 밤이 깊어져 주위가 모두 캄캄해진 후에 숙소로 돌아왔다. 나를 자신의 일상 속으로 초대해 준 라시에게 진심으로 감사했다. 라시도 친구들에게 솔직하게 의견을 이야기하고 자연스럽게 어울려 줘서 고맙다고 얘기했다. 우리는 다시 이런 자리를 갖기로 약속하고 가볍게 포옹한 후 각자 방으로 돌아갔다.

그날 라시와 함께 반둥 거리를 누빈 후에 메인 팀과 떨어져서 좀 더 많은 시간을 보내는 편이 좋겠다는 생각이 들었다. 다음날 아침, 나는 찰리와 회의를 하면서 현지 사람들로부터 정보를 얻기가 점점 어려워지고 있으니 자카르타에 있는 정부 기관을 찾아가야 경제 전망에 필요한 통계 자료를 얻어 올 수 있을 것 같다고 얘기했다. 찰리는 자카르타에서 이 주 정도 시간을 보내도 좋다고 허락해 주었다.

찰리는 무더운 자카르타로 가기 위해서 반둥에서의 안락한 생활을 포기해야 하는 나를 동정하는 듯했고, 나도 자카르타에 가기 싫은 척했다. 그러나 내심 혼자 시간을 보내며 자카르타를 돌아보고 근사한 인터콘티넨털 호텔에서 지낼 생각을 하니 기분이 들떴다. 그러나 자카르타에 도착한 나는 예전과 다른 관점에서 삶을 바라보는 자신을 발견했다. 인도네시아 곳곳을 돌아보고 라시와 그의 친구들과 함께 했던 시간 덕분에 나는 이전과 다른 사람이 되어 있었다. 동포인 미국인들에 대해서도 조금 다른 관점에서 생각하게 되었다. 호텔을 누비고 다니는 젊은 아내들은 더 이상 아름답게 느껴지지 않았다. 예전에는 그 자리에 있다는 것조차 느끼지 못했던, 체인으로 연결된 수영장 주위의 담장과 호텔 아래층의 객실 창마다 설치해 놓은 방범창이 눈에 거슬렸다. 호텔의 고급 레스토랑에서 나오는 음식도 예전처럼 맛있게 느껴지지 않았다.

다른 변화도 있었다. 정계 및 재계 인사들과 회의를 하면서 그들이 나를 대하는 방식에서 드러나는 미묘한 감정을 읽을 수 있게 되었다. 이전에는 전혀 느끼지 못했지만 많은 사람들이 내가 옆에 있다는 것만으로도 몹시 불편해 함을 느낄 수 있었다. 예를 들어 현지인들이 다른 사람에게 나를 소개시켜 줄 때 그들이 사용한 인도네시아 어 단어를 사전에서 찾아보면, 조사관 또는 감시관이라는 뜻인 경우가 많았다. 나는 일부러 내가 인도네시아 어를 안다는 사실을 밝히지 않았다. 내 전담 통역관조차 그저 내가 몇 마디 쉬운 말만 할 줄 안다고 생각했다. 나는 설명이 잘 되어 있는 인도네시아 어-영어 사전을 하나 구입하여 회의가 끝난 후에 그들이 사용한 단어가 무슨 뜻인지 찾아보곤 했다.

그냥 어쩌다 보니 그런 호칭을 사용했던 것일까? 아니면 내 사전에 문제가 있는 걸까? 그럴지도 모른다고 믿으려고 애썼지만, 나는 그들과 더 많은 시간을 함께 보낼수록 내가 그저 침입자일 뿐이며,

그들은 상부에서 협조하라는 명령이 떨어져서 어쩔 수 없이 나를 도울 뿐임을 느낄 수 있었다. 나는 이들에게 명령을 내리는 사람이 정부의 고위 관리인지, 은행원인지, 장군인지, 아니면 미국 대사관인지 알 길이 없었다. 내가 아는 사실은 그저 그들이 나를 사무실로 초대해서 차를 대접하고 내 질문에 공손하게 대답하고 환영하는 듯 행동하지만, 그들의 가슴속에는 적개심과 체념만이 자리하고 있다는 것뿐이었다.

내 질문에 대한 그들의 대답과 그들이 제시하는 데이터에 대해서도 의문이 생겼다. 통역관을 대동하고 사무실을 찾아가서 바로 담당자를 만날 수 있는 경우는 없었다. 어김없이 사전에 약속을 해야만 했다. 물론 비상식적일 만큼 시간이 오래 걸린다는 점만 빼면 약속을 잡는 것 자체는 이상한 관습이 아니었다. 다만 항상 전화가 제 기능을 못하는 탓에 고작 몇 블록 떨어진 건물에 약속을 잡으러 가려고 자동차로 꽉 찬 거친 도로 위에서 한 시간씩이나 낭비해야 한다는 것이 문제였다. 일단 도착하면 여러 가지 서류를 작성해야 했고, 서류를 다 쓰면 남자 비서가 나타났다. 자바 인들의 특징으로 잘 알려진 예의 바른 미소를 띤 남자 비서는 어떤 종류의 정보를 원하는지 물어본 다음 회의 시간을 예약해 주었다.

회의 시간은 항상 며칠 후로 정해졌고 일단 회의가 시작되면 미리 준비해 둔 서류들을 넘겨받았다. 사업가들은 5개년 및 10개년 계획표를 제시하고 은행원들은 차트와 그래프를 주었으며, 정부 관료들은 장차 경제 성장을 이끌어 나갈 원동력이 될 여러 프로젝트의 목록을 주었다. 정계 및 재계 인사들이 내미는 서류와 그들이 들려주는 이야기들은 한결같이 자바 섬이 그 어떤 나라나 지역보다 더 빠른 속도로 경제 성장을 이룩할 거라는 내용이었다. 단 한 사람도 그 가능성에 의문을 제기하거나 부정적인 견해를 표시하지 않았다.

그러나 반둥으로 돌아오면서 나는 회의를 느꼈다. 무언가 이해가 되지 않았다. 인도네시아에서 내가 하고 있는 일들을 생각하면 마치 현실이 아닌 게임 속에 들어와 있는 듯했다. 마치 포커라도 하고 있는 것 같은 기분이었다. 나와 상대방은 모두 자신의 패를 숨기고 있었다. 서로를 믿지도 않고 상대가 주는 정보가 신뢰할 만하다고 여기지도 않았다. 그러나 그 게임은 아주 중요했고, 그 결과가 향후 수십 년 동안 수백만 명의 삶에 영향을 주게 될지도 모를 일이었다.

제7장 시련 앞에 선 문명

어느 날 라시가 환하게 웃으며 말했다.

"오늘은 '달랑'에게 데려가 줄게요. 달랑은 인도네시아의 인형극 단들 중에서 가장 뛰어난 사람들예요."

라시는 내가 반둥으로 돌아온 걸 몹시 반기는 눈치였다.

"오늘 밤에 시내에서 매우 중요한 인형극이 열린답니다."

우리는 라시의 오토바이에 올라타고 자바의 전통 가옥인 캄퐁이 늘어선 지역을 지나갔다. 작은 타일로 지붕을 장식한 그 집들은 가난 한 사람들을 위한 사원처럼 보였다. 우리는 네덜란드 식민지 시대에 만들어진 웅장한 저택들과 내가 꿈꾸어 왔던 멋진 고층 건물들을 지 났다. 인도네시아 사람들은 가난했지만 자긍심이 있었다. 그들은 해 진 옷이라도 항상 깨끗하게 빨아서 입고 다녔으며, 밝은 색 블라우스 와 챙이 넓은 밀짚 모자로 한껏 멋을 부렸다. 사람들은 거리 곳곳에 서 환한 미소와 웃음으로 우리를 반겨 주었다. 오토바이가 멈추어 서자 어린아이들이 달려와서 나를 만져 보고 내 청바지가 신기한지 감촉을 느끼려고 문질러 댔다. 어린 소녀 하나가 내 머리에 향기로운 재스민 꽃을 한 송이 꽂아 주었다.

라시는 수백 명이 모여 있는 노천 극장 근처에 오토바이를 세웠다. 극장에는 서 있는 사람들도 있었고 간이 의자에 앉아 있는 사람들도 있었다. 달빛이 환한 아름다운 밤이었다. 극장은 반둥에서 가장 오래된 구역의 한복판에 있었지만 근처에는 가로등도 없었고, 머리 위로 수많은 별들만 반짝였다. 대기는 타오르는 장작과 땅콩과 정향나무 등의 향기로 가득했다.

라시는 군중 속으로 사라지더니 커피숍에서 만났던 젊은 친구들을 한 무리 이끌고 돌아왔다. 친구들은 커피와 케이크, 그리고 '사테'라고 하는 땅콩기름으로 요리한 고기 조각을 권했다. 라시의 친구 하나가 조그맣게 피워 놓은 불을 가리키며 "방금 요리한 아주 신선한 고기예요."라고 말하는 바람에 나는 고기 조각을 받아 들기 전에 조금 망설였다.

음악이 시작됐다. 절의 종소리를 떠올리게 하는 가마롱이라는 악기의 신비로운 소리가 들려왔다. 라시가 속삭였다.

"저 사람은 인형극을 할 때 모든 음악을 직접 연주하지요. 모든 인형을 직접 움직이고 인형 목소리도 직접 내면서 여러 나라 말로 이야기해요. 무슨 뜻인지 우리가 통역해 줄게요."

그 인형극은 오래전부터 전해 내려오는 전설과 최근의 사건들을 한데 묶어 구성한 뛰어난 작품이었다. 나는 나중에 그 인형극을 했던 사람은 무아지경에 빠져서 공연하는 무당이라는 이야기를 들었다. 그는 백 개가 넘는 인형을 갖고 있으며 각 인형에 맞춰 다양한 목소리를 낼 수 있다고 했다. 정말로 잊지 못할 밤이자 내 삶에 지대한 영향을 미친 밤이었다.

달랑은 고대 라마야나에서 전해져 내려오는 부분을 인형극으로 보여 준 후 코가 길고 턱이 축 늘어진 리처드 닉슨 인형을 출연시켰다. 닉슨 인형은 성조기를 본떠서 만든 모자를 쓰고 연미복을 입은 전형적인 미국인의 모습이었다. 닉슨 인형은 가는 세로줄 무늬 정장을 제대로 갖춰 입은 다른 인형과 함께 서 있었다. 한 손에 달러 기호가 표시된 통을 들고 다른 손에는 성조기를 든 그 인형은 주인에게 부채를 부쳐 주는 노예마냥 닉슨의 머리 위로 양손을 흔들어 대고 있었다.

두 인형 뒤로 중동과 극동 아시아의 지도가 나타났다. 각 나라의 자리에는 나라 이름이 붙은 고리가 걸려 있었다. 닉슨 인형은 지도에 가까이 다가가더니 베트남을 고리에서 빼서 입에 넣었다. 그러고는 "이런, 쓸잖아. 완전히 쓰레기야. 이런 건 이제 필요 없어!"라고 소리쳤다. 그런 다음 베트남이라고 적혀 있는 팻말을 통 속으로 던져 버린 후 다른 나라들도 똑같이 통 속으로 던져 버렸다.

그러나 놀랍게도, 닉슨 인형이 다음으로 고른 나라들은 동남아시아 국가들이 아니었다. 인형은 팔레스타인, 쿠웨이트, 사우디아라비아, 이라크, 시리아, 이란 등 중동 지역에 있는 국가들을 차례대로 골랐다. 그러고는 파키스탄과 아프가니스탄 쪽으로 가더니 욕설을 퍼붓고 나서 두 나라를 모두 통 속으로 처넣어 버렸다. 닉슨 인형이 지껄이는 말은 "이슬람의 개들"이니 "무함마드의 괴물", "이슬람의 악마들"처럼 반이슬람적인 것들이었다.

관중들은 모두 흥분했고 새로운 나라가 통 속으로 들어갈 때마다 긴장감이 더욱 고조되었다. 관중들은 웃음을 터뜨리기도 하고 충격에 휩싸이거나 분노를 표출하기도 했다. 나는 인형을 조종하는 사람의 대사를 들으며 관중들이 점점 공격적으로 변하는 걸 느꼈다. 왠지나 자신도 위협당하는 듯한 느낌이 들었다. 나는 관중들 속에 서 있었지만 다른 사람들보다 키가 훌쩍 커서 금방 눈에 띄었다. 관중들이 인형극에서 느낀 분노를 나에게 쏟아낼까 봐 두려워졌다. 계속 이어지는 닉슨 인형의 대사를 라시가 통역해 주었을 때에는 온몸이 오싹해졌다.

"이 나라를 세계은행에 주시오. 우리가 인도네시아에서 얼마나 돈을 뜯어낼 수 있는지 잘 지켜보시오."

그런 다음 닉슨 인형은 인도네시아를 지도에서 들어내 통 속으로 던지려고 움직였다. 그러나 그 순간 다른 인형이 구석에서 튀어나왔다. 문양이 새겨진 셔츠와 느슨한 카키색 바지를 입은 그 인형은 인도네시아 사람 역할을 하고 있었으며, 머리에는 인형이 연기하는 사람의 이름이 적혀 있었다.

"반둥의 유명한 정치가예요."

라시가 설명해 주었다.

인도네시아 인 인형은 닉슨과 통을 든 남자 사이로 그야말로 날아들어가 손을 높이 치켜들며 소리를 질렀다.

"멈춰! 인도네시아는 주권 국가야!"

관중 속에서 갈채가 터져 나왔다. 통을 들고 있던 인형은 기를 들어 올려 창을 휘두르듯 인도네시아 인 인형을 공격했고, 인도네시아인 인형은 비틀거리다가 장렬한 죽음을 맞이했다. 관중들은 큰 소리로 야유를 퍼부으며 주먹을 흔들어 댔다. 닉슨 인형과 통을 든 인형은 관중석을 향해 인사한 후 무대를 내려갔다.

"나도 가야겠어."

나는 라시에게 말했다.

라시는 내 어깨에 손을 올리며 불안해하지 말라고 얘기했다.

"괜찮아요. 이 사람들이 개인적으로 당신에게 나쁜 감정을 갖고 있는 건 아니예요."

그러나 라시의 말이 옳다고 확신할 수 없었다.

나는 라시의 친구들과 함께 커피숍으로 갔다. 라시와 친구들은 이번 인형극이 닉슨과 세계은행에 관한 것인 줄 몰랐다고 말했다.

"인형극이 시작되기 전까지는 그 사람이 어떤 이야기를 할지 아무도 몰라요." 한 친구가 얘기했다.

문득 나도 모르게 내가 그 자리에 있었기 때문에 그런 인형극을 한 것은 아니냐고 묻고 말았다. 갑자기 누군가 웃음을 터뜨리며 내가 무척 자기 중심적이라고 말했다.

"전형적인 미국인이로군요."

그 친구는 한 마디 덧붙이면서 내 등을 두드려 주었다.

내 옆에 앉아 있던 남학생이 말을 이었다.

"인도네시아 사람들은 정치에 관심이 많아요. 미국 사람들은 이런 쇼를 보러 다니지 않나 보죠?"

대학에서 영어를 전공한다는 아름다운 여학생은 내 맞은편에 앉아 있다가 이렇게 물었다.

"그렇지만 당신은 세계은행을 위해서 일하잖아요. 그렇지 않나요?"

나는 내가 아시아 개발 은행 및 미국 국제 개발처와 관련된 일을 하는 중이라고 대답했다.

"사실 다 똑같은 거 아닌가요?"

내 대답을 기다리지도 않고 여학생은 말을 이어 갔다.

"오늘 밤 인형극에서 본 내용과 다를 바가 있나요? 미국 정부는 그 저 인도네시아와 다른 나라들을, 뭐랄까……."

그녀는 적당한 단어를 찾고 있었다.

"포도?"

친구 중 하나가 거들었다.

"그래. 그저 포도 송이쯤으로 보고 있지 않나요? 포도란 건 따고 나서 고를 수 있잖아요. 영국은 계속 갖고 있고, 중국은 먹어 버리고, 인도네시아는 버리고. 뭐, 그런 식이잖아요."

"일단 인도네시아가 갖고 있는 석유를 모두 빼앗아 버린 후에 더 이상 가치가 없다고 여길 때 버리겠죠."

다른 학생 하나가 일침을 가했다.

나는 변명하려고 애썼지만 그럴 수 없었다. 내가 미국인임을 간파 한 달랑이 나를 당혹스럽게 하기 위해 준비한 듯한, 반미 정서가 물 씬 풍겨나는 연극을 보았다는 사실을 자랑하고 싶었다. 라시와 친구 들이 내가 용기를 내어 그 자리에 머물렀다는 것과, 우리 팀 중에서 유일하게 인도네시아 어를 배우고 그 문화를 배우려고 노력하는 사 람이며, 인형극을 본 사람 중에 유일한 외국인이었다는 사실을 인정 해 주었으면 했다. 그러나 아무 말도 하지 않는 편이 훨씬 현명하다 는 생각이 들었다. 대신 다시 대화에 집중하려고 노력했다. 나는 인 형극을 꾸민 사람이 없애 버린 나라가 왜 베트남만 빼고 모두 이슬람 국가인지 물었다.

영어를 전공한다는 여학생이 대답했다.

"그게 전략이죠."

한 남학생이 끼어들었다.

"베트남은 거점에 불과해요. 나치 독일이 네덜란드를 점령한 것과 마찬가지죠. 발판이 필요하거든요."

다시 그 여학생이 말을 이었다.

"진짜 목표는 이슬람 세계죠."

나는 이들의 말에 이의를 제기하지 않을 수 없었다.

그러자 여학생이 내게 되물었다.

"물론 미국이 반이슬람적이지 않다는 걸 믿을 수 없겠죠. 과연 그런가요? 언제부터요? 토인비라는 영국 학자의 책을 좀 읽어 보셔야겠네요. 1950년대에 토인비는 다음 세기의 진짜 전쟁은 공산주의자와 자본주의자 간의 전쟁이 아니라 기독교와 이슬람교 사이의 전쟁이라고 예언했어요."

"아널드 토인비가 그런 말을 했다고요?"

나는 깜짝 놀라서 물었다.

"네.『시련에 선 문명』과『세계와 서양 문명』을 읽어 보세요."

"그렇지만 왜 이슬람교와 기독교 사이에 그토록 큰 적개심이 존재하죠?"

내가 이렇게 묻자 테이블에 함께 앉아 있던 학생들이 서로 눈길을 주고받았다. 내가 그토록 바보 같은 질문을 했다고는 도무지 믿을 수 없다는 듯한 표정이었다.

여학생이 머리가 모자라거나 귀가 잘 들리지 않는 사람에게 설명하듯이 천천히 대답해 주었다.

"왜냐 하면 서구 문명, 특히 그 지도자 격인 미국이 전 세계를 지배하여 역사상 가장 큰 제국이 되려고 하기 때문이죠. 이미 그 목표에 거의 도달한 거나 다름없어요. 소련이 방해가 되고 있긴 하지만 그리 오래가지 못할 거예요. 토인비도 그 점을 알고 있었어요. 소련에는 종교도, 신념도, 그들의 이데올로기를 지탱해 줄 그 무엇도 없어요. 역사를 보면 영혼과 더 고귀한 존재를 향한 믿음이 얼마나 중요한지 알 수 있죠. 우리 이슬람 교도들은 그 믿음을 갖고 있어요. 우리는 세상 어떤 사람들보다 강한 믿음을 갖고 있죠. 기독교를 믿는 사람들보다도 더 강한 믿음을 갖고 있어요. 그래서 우리는 기다리죠. 우리는 점점 강해질 거예요."

한 남학생이 끼어들며 얘기했다.

"우리는 기다리는 것뿐이에요. 그러다가 뱀처럼 뒤통수를 칠 거라고요."

나는 거의 정신을 차릴 수조차 없었다.

"너무 끔찍한 생각이군요. 이런 상황을 바꾸기 위해서 우리가 할 수 있는 일이 뭘까요?"

여학생이 내 눈을 똑바로 쳐다보며 말했다.

"미국이 탐욕을 버려야 해요. 더 이상 이기심을 가져서도 안 되죠. 당신들을 위한 커다란 집과 멋진 상점들 말고도 무언가가 이 세상에 존재한다는 사실을 깨달아야 해요. 사람들이 굶어 죽어 가는데도 당신들은 차에 넣을 석유만 생각하고 있죠. 다른 나라 아이들은 목이 말라서 죽어 가고 있는데 당신네 미국인들은 최신 유행을 따라 하려고 패션 잡지나 뒤적이잖아요. 우리 같은 나라들은 가난에 허덕이며 고통스러워하는데, 미국 사람들은 도움을 바라는 신음 소리를 듣지도 않아요. 물론 그게 다가 아니죠. 이런 사실을 이야기하려는 사람들의 목소리가 들리면 귀를 막아 버리고, 그런 사람들을 급진주의자라거나 공산주의자라며 비난하죠. 당신네 미국인들은 가난하고 학대받는 사람들이 더욱 가난해지고 미국에 더욱 종속되도록 몰아붙이지 말고 그들을 향해 가슴을 열어야 해요. 이제 시간이 그리 많지 않아요. 아무것도 바뀌지 않는다면 미국은 멸망하고 말 거예요."

며칠 후, 닉슨에게 대항하다가 통을 든 인형에게 찔렸던 인형의 실제 모델이었던 반둥의 유명한 정치인이 뺑소니차에 치여 사망했다.

제8장
낯선 얼굴을 한 예수

　그날 밤의 인형극은 내 기억 속에 너무나 강렬하게 남았다. 아름다운 여학생의 말도 가슴에 남았다. 반둥에서의 그날 이후 새로운 생각과 느낌을 갖게 되었다. 인형극을 보기 전에도 인도네시아에서 내가 어떤 일을 하고 있는지 전혀 생각하지 않았던 것은 아니지만, 그때까지는 주로 감정적으로 반응했다. 감정이 들끓을 때면 역사 속의 사례나 생물학적 불가피성에 바탕을 둔 논리를 떠올려 마음을 가라앉히려고 애를 썼다. 그동안 우리 팀은 인도네시아를 인도적으로 지원해왔다고 합리화시켰고, 에이너와 찰리를 비롯한 우리 모두는 인류가 항상 그래왔듯 자신과 가족을 부양하기 위한 행동을 하고 있을 뿐이라고 스스로를 안심시켰다.

　그러나 인도네시아 젊은이들과 토론하고 나서 나는 이 문제를 새로운 관점에서 보게 되었다. 나는 그들 덕분에 외교 정책을 이기적으로 활용하면 아무에게도 도움이 되지 않으며 다음 세대에도 도움이 되지 않는다는 사실을 깨달았다. 프로젝트를 주도하는 기업들의 연간 보고서와 외교 정책을 만드는 정치인들의 선거 전략과 마찬가지로, 이런 일에 가담하는 것 자체가 매우 근시안적인 행동이었다.

이미 말했듯이 경제 성장률을 예측하는 데 필요한 데이터를 얻으려면 자카르타를 자주 방문해야 했다. 나는 자카르타에 홀로 머무는 동안 이런 문제들을 곰곰이 생각하고 신문에 기고하기로 했다. 자카르타 시내를 혼자 배회하면서 거지에게 돈을 건네주기도 하고 나병 환자나 창녀, 거리를 방황하는 아이들과 이야기를 나누어 보려고도 했다.

한편으로는 외국으로부터의 원조가 어떤 본질을 갖고 있는지 따져 보거나 선진국들이 개도국이나 후진국의 가난과 어려움을 돕기 위해서 어떤 역할을 해야 할지도 생각했다. 나는 어떤 상황에서 외국의 원조가 정말로 순수한지, 또 어떤 때에 외국의 원조가 이기적인지 생각했다. 또 어째서 도움을 받는 나라가 아니라 도움을 주는 나라에 모든 혜택이 돌아가게 되는지 생각하기 시작했다. 실제로 원조 자체가 남을 위한 배려에서 시작되는 것인지, 그렇지 않다면 과연 원조의 본질이 변할 수 있을지 의문이 들기 시작했다. 전 세계의 굶주리고 병든 사람들을 구하기 위해 미국 같은 나라들이 결단력을 가지고 모범을 보여야 한다는 생각이 들었다. 동시에 이런 결정이 결코 세계를 지배하기 위한 수단으로 남용되어서는 안 된다는 생각도 들었다.

여러 가지 생각들이 하나의 중요한 의문으로 귀결되곤 했다. 만일 외국 원조의 목적이 제국주의라면 원조 자체가 나쁜 것일까? 가끔은 현재의 시스템 자체에 대한 믿음이 확고한 나머지 다른 사람에게까지 그 시스템이 올바르다고 믿도록 강요하는 찰리 같은 사람들이 부러워지기도 했다. 미국에서만 수백만이나 되는 사람들이 가난 속에 허덕이고 있는데 한정된 자원으로 전 세계 사람들이 미국인들처럼 풍요롭게 살 수 있을까 하는 의문도 생겼다. 그보다 다른 나라 사람들이 과연 미국인들처럼 살고 싶어하는지도 확신할 수 없었다. 비록 미국이 역사상 가장 부유한 사회 중 하나이긴 했지만, 미국 사회의 폭력, 우울증, 약물 남용, 이혼, 범죄에 관한 통계를 보면 그 속에서 살아가는 미국인들은 오히려 가장 불행한 사람들의 대열에 낀다고 볼 수도 있었다. 과연 우리 미국 사람들은 다른 나라 사람들이 우리처럼 살아가기를 바라는가?

아마도 클로딘은 이런 모든 것들에 대해서 나에게 경고했던 것 같다. 나는 더 이상 클로딘이 나에게 하려고 했던 이야기들이 무엇인지 확신할 수 없었다. 어쨌든, 아무것도 모르던 시절이 이미 지나가 버렸다는 사실은 분명했다. 아래는 당시 내가 신문에 기고한 글이다.

미국 국민 중 단 한 명이라도 무죄인 사람이 있을까? 비록 높은 지위에 있는 사람들이 이익의 대부분을 차지한다고 해도, 미국 국민 중 수백만 명 이상이 직간접적으로 개도국이나 후진국을 착취하여 벌어들인 돈으로 생활하고 있다. 미국의 거의 모든 업계들을 먹여 살리는 자원과 저렴한 노동력은 인도네시아 같은 국가에서 나오기 때문이다. 그럼에도 이들 나라에 돌아가는 몫은 극히 일부에 불과하다. 이 나라의 어린아이들과 몇십 년 후에 태어날 이들의 손자들까지 지금의 어른들이 빌린 외채의 볼모가 되어 버린다. 이들은 부채를 상환하기 위해 미국 기업들이 자국의 천연 자원을 파헤치도록 허락하고 교육이나 건강, 기타 공공 서비스를 모두 포기해야만 한다. 외채로 빌려 준 돈의 대부분을 이미 발전소, 공항, 산업 공단 등을 짓는 미국 기업들이 회수해 갔다는 사실은 아예 계산에도 들어 있지 않다. 대다수 미국인들이 이 사실을 모른다고 해서 죄가 없다고 할 수 있을까? 미처 알지 못했다거나 모르는 척한다고 해서 이들이 무죄일까?

물론 그때는 나도 모르는 척하는 사람이 되어 버렸다는 사실을 인정해야만 했다.

이슬람교도들이 말하는 성전(聖戰)이 전 세계적 규모로 일어난다고 생각하면 마음이 불안했지만, 오랫동안 생각하면 할수록 그럴 가능성이 있다는 쪽으로 마음이 기울었다. 그러나 실제로 일어난다면 기독교와 이슬람교의 성전보다 이슬람교를 앞세운 개도국 및 후진국 대 선진국 사이의 성전이 될 거라는 생각이 들었다. 선진국에서 살아가는 우리는 자원을 낭비하며 살아가는 사람들이었고, 후진국과 개도국 사람들은 그 자원을 공급하는 이들이었다. 권력과 제한된 천연자원을 갖고 있는 사람들이 자원은 갖고 있지만 권력이 없는 사람들을 착취하려고 만들어 낸 식민지 시대의 중상주의 시스템이 다시 재현되고 있었다.

나는 토인비의 책을 갖고 있지는 않았지만, 오랫동안 착취당하며 자원을 공급하는 사람들은 결국 반역을 꾀하게 되어 있다는 사실을 이해할 정도의 역사적 지식은 지니고 있었다. 미국 독립 전쟁과 토머스 페인 장군만 보아도 알 수 있다. 식민지 시대에 영국은 자기들이 프랑스와 인디언으로부터 미국을 보호해 주고 있기 때문에, 미국으로부터 세금을 거둬들이는 것이 정당하다고 주장했다. 그러나 식민지 개척자들은 매우 다른 생각을 갖고 있었다.

토머스 페인이 자신의 저서 『상식』에서 미국 사람들에게 말하고자 했던 바가 바로 내가 만난 젊은 인도네시아 친구들이 언급한 '영혼'이라는 것이었다. 생각, 더 고귀한 존재에 대한 믿음, 영국의 군주제와 엘리트 위주의 사회 구조와 정반대로 자유와 평등을 중시하는 종교 같은 것들 말이다. 이슬람교도들의 주장도 이와 비슷했다. 이슬람교도들에게는 더 고귀한 존재에 대한 믿음이 있었으며, 그들은 아무리 선진국이라 하더라도 나머지 나라들을 정복하고 착취할 권리가 없다고 생각했다. 영국에게 점령당한 식민지 미국의 주민들이 민병대를 조직하여 대항했던 것처럼, 이슬람교도들도 자신들의 권리를 위해 싸우겠다고 위협하고 있었다. 1770년대에 영국이 그랬던 것처럼 미국은 이슬람교도들의 이러한 행동을 테러라고 낙인찍었다. 역사는 반복되고 있었다.

만약 미국과 미국의 동맹국들이 베트남 전쟁처럼 식민 정책의 일환으로 벌인 전쟁에 사용한 돈을, 전 세계의 기아를 없애는 데 사용하거나 미국 국민들을 포함한 전 세계인의 교육과 보건을 위해 사용했다면 어떤 결과가 나타났을지 궁금해졌다. 만일 고통의 근본이 되는 원인들을 없애고 깨끗한 물과 공기, 그리고 사람의 몸과 마음을 살찌울 수 있는 것들을 지켜 나가기 위해서 강과 숲, 천연 자원들을 보호하기 위해 노력한다면 우리 후손들에게 어떠한 영향을 미치게 될지도 궁금해졌다. 미국을 세운 선조들이 생명, 자유, 행복을 추구할 수 있는 권리가 미국인에게만 주어지기를 바라지는 않았을 것이다. 그렇다면 미국인들은 어째서 자신들이 한때 대항하여 싸웠던 제국주의적 가치를 추구하기 위해 노력하는가?

인도네시아에서의 마지막 날 밤, 나는 꿈에서 깨어나 침대에 앉아

불을 켰다. 마치 누군가가 방 안에 있는 듯한 느낌이 들었다. 나는 이미 익숙해진 인터콘티넨털 호텔의 가구와 천으로 만들어진 장식물, 벽에 걸린 액자 속에 들어 있는 인형극용 인형들을 바라보았다. 그런 다음 다시 꿈 속으로 빠져 들었다.

눈앞에 예수가 서 있었다. 예수는 내가 어릴 적 매일 밤 기도를 끝마치면 나와 함께 이야기를 나누며 생각을 공유하던 그 시절의 모습 그대로인 것 같았다. 그러나 내가 기억하던 어린 시절의 예수는 하얀 피부에 금발이었지만, 그날 밤 인터콘티넨털 호텔에서 본 예수는 검은 곱슬머리에 짙은 색 피부를 가지고 있었다. 예수는 몸을 숙여 무언가를 어깨까지 들어 올렸다. 나는 그것이 십자가일 거라고 생각했다. 그러나 그가 들어 올린 것은 차바퀴의 외륜이 붙어 있는 자동차 차축이었다. 예수의 머리 위로 솟아 있는 차바퀴는 금속으로 만들어진 후광 같았다. 마치 피가 흘러내리는 것처럼 예수의 이마 위로 윤활유가 흘러내렸다. 예수는 몸을 일으키더니 내 눈을 쳐다보면서 "만약 내가 지금 자네 눈앞에 나타난다면, 아마도 전과 다르게 보일 거야."라고 말했다. 내가 이유를 묻자 예수는 "왜냐 하면 세상이 바뀌었거든."이라고 대답했다.

시계를 쳐다보니 새벽녘이었다. 다시 잠들지 못할 거란 생각이 들어서 옷을 입고 엘리베이터를 타고 텅 빈 로비로 내려가 수영장 옆 정원에서 어슬렁거렸다. 달이 밝게 빛나고 난초의 은은한 향기가 대기를 가득 메운 밤이었다. 나는 의자에 앉아서 내가 이곳에서 무슨 일을 하고 있는지, 내 삶의 어떤 우연들이 모여 내가 이 길을 가고 있는지, 왜 하필 인도네시아인지 생각하기 시작했다. 나는 내 삶이 이미 변해 버렸음을 알게 되었다. 그러나 왜 그렇게 급격하게 변해 버렸는지 답을 찾을 수는 없었다.

나는 미국으로 돌아가는 길에 파리에서 앤을 만나 화해하려고 했다. 그러나 파리에서 지내는 동안에도 우리는 끊임없이 다투었다. 함께한 순간 중에는 특별하고 아름다운 시간들도 많았지만, 우리는 서로에게 실망하고 분노한 순간들을 극복하기에 너무 먼 길을 돌아와 버렸음을 깨달았다. 뿐만 아니라 앤에게 할 수 없는 얘기들이 너무 많았다. 내가 경험한 이 모든 것들을 공유할 수 있는 사람은 클로딘뿐이었고 내가 끊임없이 떠올린 사람도 클로딘이었다. 앤과 나는 보스턴의 로건 공항에 내려서 함께 택시를 타고 백베이에 내려 각자의 아파트로 돌아갔다.

제9장

일생일대의 기회

미국에 돌아와서 보니 인도네시아와 관련된 진짜 시험이 기다리고 있었다. 귀국한 다음날 아침, 나는 맨 먼저 푸르덴셜 센터에 있는 메인 본사를 찾아갔다. 직원 십여 명과 함께 엘리베이터를 타고 올라가면서, 카리스마 넘치는 팔순 노인인 메인의 회장이자 최고 경영자 맥 홀이 에이너를 오리건 주의 포틀랜드 지사 사장으로 승진시켰다는 사실을 알게 되었다. 그래서 나는 브루노 잠보티라는 새로운 상사에게 돌아왔다고 보고했다.

자신에게 도전하는 사람을 물리칠 수 있는 교활한 성격과 머리 색깔 때문에 '은빛 여우'라고 불리던 브루노는 영화배우 케어리 그랜트처럼 말쑥하고 온화한 인상이었다. 브루노는 달변가였으며 공대 졸업장과 경영 대학원 졸업장을 갖고 있었다. 계량 경제학에 관해 잘 알고 있던 그는 메인의 전력 부서 부사장을 역임했으며 대다수 국제 프로젝트를 담당하고 있었다. 나이든 선임자인 제이크 도버가 은퇴하면 사장직을 맡게 될 것이 거의 확실시되는 인물이었다. 다른 메인 직원들과 마찬가지로 나 역시 브루노에 대해 경외심과 두려움을 갖고 있었다.

나는 점심 식사 전에 브루노의 사무실로 불려 갔다. 인도네시아에 관해 자세히 이야기를 나눈 후에 브루노는 깜짝 놀랄 만한 이야기를 들려주었다.

"하워드 파커를 해고할 거라네. 뭐 별로 자세히 얘기하고 싶지는 않지만, 하워드가 현실성이 떨어지는 보고서를 제출했다는 사실만 알아 두게."

브루노는 대화 내용과 어울리지 않게 온화한 미소를 띤 채 책상 위에 놓인 서류 묶음을 손가락으로 두드렸다.

"1년에 8퍼센트라. 하워드는 인도네시아에서 연간 전력 수요량이 8퍼센트씩 증가할 거라고 보고했네. 자네는 믿을 수 있겠나? 인도네시아처럼 가능성이 넘치는 나라에서 고작 8퍼센트라고?"

얼굴에서 미소를 지운 브루노가 내 눈을 똑바로 응시했다.

"찰리 일링워드는 자네가 제시한 경제 성장률이 적당하다고 얘기하더군. 그 정도면 전력 수요량이 매년 17퍼센트에서 20퍼센트 정도 증가한다고 볼 수 있지. 안 그런가?"

내가 그렇다고 대답하자 브루노는 자리에서 일어서서 내게 악수를 청했다.

"축하하네. 자네를 승진시켜 주겠네."

당장 달려 나가 동료들과 함께 근사한 레스토랑에서 축배를 들어야 마땅한 일이었다. 아니면 혼자라도 마음껏 즐겨야 할 소식이었다. 그러나 내 마음은 클로딘을 향해 달려가고 있었다. 승진 소식과 인도네시아에서의 경험을 클로딘에게 얘기하고 싶어 죽을 지경이었다. 클로딘은 해외에서 전화를 걸면 안 된다고 경고했고 나는 그 말을 따랐다. 그러나 귀국해서 클로딘에게 전화를 걸어 보니 연결이 되지 않았고, 연락할 번호조차 남겨져 있지 않았다. 나는 클로딘을 찾아 나섰다.

클로딘의 아파트에는 젊은 부부가 살고 있었다. 점심 무렵이었지만 그 부부는 자다가 깨어난 듯했다. 그들은 짜증난 듯한 말투로 클로딘에 대해 아는 바가 없다고 했다. 클로딘에 관해 좀 더 알아보기 위해 부동산을 찾아가 사촌인 체하면서 이것저것 물어보았다. 그러나 부동산에 있는 계약서에는 클로딘의 이름이 적혀 있지 않았다. 지금 살고 있는 입주자 이전에 아파트를 빌렸던 사람은 익명을 요구한 남자라고 기록되어 있었다. 푸르덴셜 센터에 있는 메인 본사 인사부에서도 클로딘의 기록이 없다고 얘기했다. 그곳 담당자들은 필요도 없는 전문 컨설턴트 관련 자료만 보여 주었다.

오후가 되자 몸도 지치고 마음도 피곤했다. 무엇보다 시차로 인한 피로가 몰려왔다. 텅 빈 아파트로 돌아오니 외롭고 버려진 듯한 기분이 들었다. 승진도 아무 의미 없는 것처럼 느껴졌고 심지어 영혼을 판 대가로 승진한 것이라는 생각도 들었다. 나는 절망적인 기분이 들어 침대에 드러누웠다. 클로딘이 나를 이용하고 버린 것 같았다. 더 이상 고통을 느끼고 싶지 않아 감정을 다스렸다. 그렇게 침대에 누워 아무것도 없는 벽을 하염없이 바라봤다.

겨우 몸을 추스르고 일어나 맥주를 마시고 빈 병으로 탁자를 내리쳤다. 그리고 창 밖을 바라봤다. 텅 빈 거리를 내려다보다가 클로딘이 나를 향해 걸어오는 모습을 본 것 같았다. 나는 문을 향해 걸어가

다가 다시 창으로 되돌아왔다. 그녀가 점점 가까이 다가오고 있었다. 매력적인 모습의 그 여인은 클로딘과 걸음걸이가 많이 닮았지만 다른 사람이었다. 가슴이 내려앉았다. 분노와 혐오감이 두려움으로 변하면서 총탄을 맞고 쓰러지는 클로딘의 모습이 떠올랐다. 나는 그 생각을 떨쳐 버리려고 신경 안정제를 몇 알 먹고 다시 술을 마신 후 잠들었다.

다음날 아침 인사부에서 걸려온 전화가 나를 깨웠다. 인사부장 폴 모미노는 피곤한 줄 알지만 오후에 사무실로 들어와 달라고 했다. 폴 모미노는 "좋은 소식이 있습니다. 절호의 기회예요."라고 말했다. 나는 폴 모미노의 말대로 오후에 사무실에 들렀고, 브루노가 승진 운운한 것이 그냥 해 본 말이 아님을 알게 되었다. 나는 예전에 하워드가 있던 자리로 승진되었을 뿐 아니라 수석 경제 전문가라는 직함을 갖게 되었고 연봉도 올랐다. 기분이 조금 나아졌다.

오후에는 휴가를 내고 사무실을 나와서 맥주를 마시며 찰스 강을 따라 걸었다. 강변에 앉아 강을 떠다니는 보트를 바라보며 시차로 인한 피로와 숙취를 다스리는 동안, 클로딘은 맡은 일을 했을 뿐이고 새로운 일을 맡아 떠난 것뿐이라는 생각이 들었다. 클로딘은 내게 항상 비밀을 유지해야 한다고 강조했다. 아마도 클로딘이 나에게 다시 전화를 걸 것 같았다. 모미노의 말이 옳았다. 시차로 인한 피로와 분노가 사라졌다.

그 후 몇 주 동안 나는 클로딘에 관해 생각하지 않으려고 노력했다. 대신 인도네시아 경제에 관한 보고서를 작성하고 하워드가 작성한 전력 수요량 예상치를 수정하는 데 대부분 시간을 할애했다. 나는 회사 고위 간부들이 좋아할 만한 보고서를 작성했다. 보고서에서 인도네시아에 새로운 전력 공급 시스템이 도입되면 향후 12년 동안 연간 19퍼센트씩 전기 수요가 증가하고 이후 8년 동안 수요 증가분이 연간 17퍼센트로 줄어든 다음, 이후 25년간 15퍼센트씩 증가하는 수준을 유지할 것이라고 예측했다.

나는 국제 대출 기관과의 공식 회의에서 위와 같은 예측 결과를 발표했다. 전문가로 이루어진 여러 팀들이 내가 제시한 수치를 놓고 꼬치꼬치 캐물었다. 이들의 태도를 보고 있으려니 고등학교 시절 부모님에게 반항하느니 주위 친구들을 실력으로 눌러 버려야겠다고 다짐했던 기억이 어렴풋이 떠올랐다. 동시에 클로딘에 관한 기억들도 머릿속을 맴돌았다. 오후 내내 스스로 아시아 개발 은행에서 근무하고 있다고 소개한 건방진 젊은 경제학자가 던지는 골치 아픈 질문을 들으면서, 몇 달 전에 비컨 가에 있는 아파트에 나란히 앉아 클로딘이 들려준 충고가 생각났다.

"누가 25년 이후를 내다볼 수 있죠? 당신의 예상치가 다른 전문가들보다 정확하지 않을 이유가 없어요. 자신감만 있으면 돼요."

나는 회의를 하는 동안 내가 전문가라는 사실을 잊지 않으려고 노력하면서, 맞은편에 앉아 내 보고서를 평가하려는 사람들보다 내가 개발도상국에서 지낸 경험이 더 풍부하다는 사실을 생각했다. 몇몇은 나보다 나이가 두 배는 들어 보였지만 개발도상국에서의 경험은 나를 따라올 수 없을 거라는 확신이 들었다. 나는 아마존에서 산 적도 있고 자바 섬에서는 다른 사람들이 방문하기를 꺼리는 지역들도 찾아가 보았다. 뿐만 아니라 회사 중역들을 위한 고급 계량 경제학 수업을 받은 적도 있었다. 나는 포드 자동차 사장을 거쳐 케네디 행정부에서 국방부 장관을 역임한 깐깐한 세계은행 총재 로버트 맥나마라가 좋아하는 부류, 즉 통계를 잘 알고 계량 경제를 믿는 새로운 부류의 전문가이기도 했다. 숫자와 가능성 이론, 계량 모델, 자신에 대한 굉장한 자신감으로 명성을 얻은 사나이가 바로 나였다.

나는 나를 시험하려는 사람들 앞에서 맥나마라와 내 상사 브루노를 따라 하기 위해 노력했다. 맥나마라의 화법을 흉내내면서 브루노처럼 작은 서류 가방을 팔 옆에 끼고 걸었다. 돌아보면 다소 뻔뻔하고 대담하게 행동했던 점들이 주효했다. 사실 나는 별다른 전문 지식을 갖고 있지 않았지만 대담하고 자신감 넘치는 행동으로 그 부족함을 메우려고 노력했다.

내 작전은 정확하게 들어맞았다. 전문가들로 이루어진 평가 팀은 결국 내 보고서에 승인 도장을 찍어 주었다.

이후 몇 달 동안 나는 테헤란, 카라카스, 과테말라 시, 런던, 빈, 워싱턴 등지에서 열린 회의에 참석했다. 여러 도시를 다니면서 이란의 국왕과 다른 나라의 전직 대통령들, 그리고 로버트 맥나마라를 비롯한 저명 인사들을 만났다. 수석 경제 전문가라는 내 새로운 직함과 전문가들 앞에서 내가 보여 준 당당한 모습 덕분에 사람들이 나를 대하는 태도가 무척 달라져 있었다.

처음에는 주어진 일을 어떻게 잘 해낼지만 생각했다. 나 자신이 마법사 멀린이라도 된 것처럼, 말하자면 마법 지팡이를 휘둘러 온 나라에 갑자기 전기가 들어오게 하고 꽃을 피우듯이 모든 산업이 성장하게 만들 수 있는 재주라도 가진 양 의기양양해졌다. 그러나 점점 현실적인 생각들이 떠올랐다. 나 스스로 어떠한 동기를 가지고 있는지 질문하게 되었고 함께 일하는 사람들의 의도에 대해서도 고민하게 되었다. 명예로운 직위나 박사 학위는 자카르타의 오물 옆에서 힘겹게 살아가고 있는 나병환자의 삶을 이해하는 데 아무런 도움도 안 될 듯했고, 통계를 조작할 수 있는 능력을 가졌다고 해서 미래를 내다볼 수 있는 것도 아니었다. 나는 세상을 바꿀 수 있는 결정권을 가진 사람들을 더 잘 알수록 그들이 가진 능력과 목적을 의심하게 되었다. 회의에 참석한 사람들을 바라보고 있노라면 끓어오르는 분노를 주체하기가 어려웠다.

그러나 이런 생각들도 결국 바뀌었다. 사실 그 사람들은 대개 스스로 올바른 일을 하고 있다고 믿었다. 찰리와 마찬가지로 이들도 공산주의와 테러가 다름 아닌 자신과 선조들이 과거에 내렸던 결정들로 인해 나타난 결과라는 사실을 전혀 이해하지 못했다. 오히려 이들은 공산주의나 테러가 사악한 힘으로 인해 나타나며 자신들에게는 조국, 후손, 그리고 신을 위해 세상을 자본주의 사회로 바꾸어 나갈 의무가 있다고 확고하게 믿었다. 이들은 적자생존의 법칙에 대해서도 변함없는 신념을 갖고 있었다. 예를 들어 판잣집이 아닌 귀한 가문의 자손으로 태어났다면 후손에게도 그 특혜를 물려줄 의무가 있다고 믿는 식이다.

이런 사람들을 음모에 가담한 사람이라고 여겨야 할지, 전 세계를 지배하기 위해 빈틈없이 짜여 있는 조직이라고 여겨야 할지 헷갈렸다. 시간이 지날수록 이들이 남북 전쟁이 일어나기 전에 남부의 농장을 소유했던 농장주들과 비슷하다는 생각이 들었다. 남부의 농장주들은 특별히 나쁜 의도를 가지고 은밀하게 모인 사람들의 배타적인 조직이라기보다, 공통된 신념을 바탕으로 더 많은 이윤을 얻기 위해 결탁한 사람들이었다. 농장주들은 어릴 때부터 하인과 노예들을 거느리고 자랐고 신앙이 없는 이들을 거느리는 것이 자신의 권리이자

의무이며, 이들을 개종시켜 기독교를 믿도록 하고 자신과 같은 삶을 영위할 수 있도록 인도하는 것이 타고난 의무라고 믿었다. 노예제에 대한 반발이 일어났을 때 남부의 농장주들은 토머스 제퍼슨이 그랬던 것처럼, 노예제는 삶을 위해 꼭 필요한 요소이며 그 제도가 무너질 경우 사회적·경제적 혼란이 초래된다고 주장했다. 내가 생각하기에 기업 정치를 추구하는 현대 사회의 소수 지도자들은 예전 남부의 농장주들과 다를 바가 없었다.

이 무렵 나는 전쟁을 일으키고 대량 살상 무기를 만들어 내는 일이 누구에게 도움이 되는지, 또 강에 댐을 건설하고 토착 문화와 환경을 파괴하여 누가 이득을 볼 수 있는지 궁금해졌다. 나는 식량 부족, 물 오염, 불치병 등으로 수십만 명이 죽어 가는 동안 그런 변화로 이득을 얻는 이가 누구인지 생각해 보았다. 길게 보면 결국 누구에게도 이득이 되지 않겠지만, 단기적으로 보면 메인의 상사들과 나를 비롯하여 높은 자리를 차지하고 있는 사람들이 경제적으로 이득을 보게 된다는 사실을 깨달았다.

이런 결론에 도달하자 여러 의문들이 생겨났다. 왜 이런 상황이 지속되는 것일까? 왜 이토록 오랫동안 문제가 해결되지 않는 것일까? 오래 전부터 내려오는 "힘이 곧 정의다."라는 속담이 곧 권력을 가진 사람들의 욕심에 대한 답일까?

권력이나 힘만으로 같은 상황이 오랫동안 지속된다고 말하기에는 무언가 부족한 것 같았다. "힘이 곧 정의다."라는 속담이 여러 가지 문제의 해답이 될 수도 있지만, 그보다 더 강한 어떤 힘이 존재한다는 느낌이 들었다. 문득 대학 시절 경제학을 가르치던 교수가 떠올랐다. 북인도 출신인 그 교수는 한정된 자원, 점점 증가하는 사람의 욕구, 노예 노동의 원리에 관해 이야기했다. 그는 모든 성공적인 자본주의 사회에는 엄격한 명령으로 이루어진 위계질서가 존재한다고 설명했다. 그 위계질서의 꼭대기에는 하부로 내려가는 명령을 통제하는 소수의 지배자들이 있고 밑바닥에는 엄청난 수의 노동자들이 있으며, 경제학적으로 보면 이들 노동자들은 노예에 가깝다고 했다. 그의 강의를 들을 당시 나는 자본주의 사회 구조에서는 극소수만이 최고의 자리에 설 수 있으며, 우리는 미국의 이런 자본주의 시스템을 전 세계에 퍼뜨릴 권리를 신으로부터 부여받았다고 확신했으므로 이 시스템을 전 세계에 널리 알려야 한다고 믿었다.

물론 미국이 이런 지배 구조를 처음 만들어 낸 것은 아니다. 과거에 이런 지배 구조가 이미 존재했다는 기록은 북아프리카, 중동, 아시아 고대 제국에서도 찾아볼 수 있으며 페르시아, 그리스, 로마 제국의 건설이나 십자군 전쟁 과정에도 나타난다. 더불어 콜럼버스가 아메리카 대륙을 발견한 이후 제국을 이룩하기 위해 기울였던 유럽인들의 노력에서도 유사한 지배 구조를 찾아볼 수 있다. 이처럼 제국주의를 건설하기 위한 욕망은 먼 과거부터 존재해 왔으며 전쟁, 오염, 기아, 멸종, 학살 등의 주된 원인이 되어 왔다. 뿐만 아니라 제국의 울타리 안에서 살아가는 사람들의 양심과 행복에도 큰 영향을 끼친 나머지 인류 역사상 가장 부유한 사회가 유례없이 극심한 사회 불안과 높은 자살률, 약물 남용, 폭력 등으로 얼룩져 있다.

나는 스스로에게 던진 질문들을 폭넓게 생각하면서도, 이 시스템 속에서 내가 맡은 역할의 본질에 대해서는 생각하기를 회피했다. 나는 스스로 경제 저격수가 아니라 수석 경제 전문가일 뿐이라고 믿고 싶었다. 수석 경제 전문가라는 말은 굉장히 그럴듯하게 들렸다. 메인으로부터 받는 급여 명세서에도 내 직함은 수석 경제 전문가라고 적혀 있었다. 메인은 민간 기업이었고 국가 안전 보장국이나 정부 기관으로부터 받는 돈은 한 푼도 없었다. 스스로 그렇게 믿으려고 노력했고, 거의 의심하지 않게 되었다.

어느 날 오후 브루노로부터 사무실로 올라오라는 연락을 받았다. 브루노는 내가 앉아 있는 의자 뒤로 걸어와 내 어깨를 두드렸다. 그러고는 만족스러운 목소리로 말했다.

"존, 정말 잘했어. 자네의 공을 기리기 위해 일생에 한 번뿐일 기회를 주겠네. 이런 기회를 가질 수 있는 사람은 극히 일부에 불과하지. 게다가, 운 좋게 기회를 잡는 사람들도 대부분 자네보다 두 배는 더 나이가 많은 사람들이라네."

제10장
파나마의 영웅 토리호스

열대성 폭우가 쏟아지던 1972년 4월 어느 날 밤, 나는 파나마에 있는 토쿠멘 국제 공항에 도착했다. 여느 때와 마찬가지로 회사의 다른 중역들과 함께 택시를 탔고 에스파냐 어를 구사할 줄 안다는 이유로 운전석 옆에 앉았다. 나는 아무 생각 없이 차창 너머 풍경을 바라보았다. 떨어지는 빗방울 사이로 짙은 눈썹과 번뜩이는 눈매를 지닌 잘생긴 남자의 얼굴이 담긴 대형 간판이 보였다. 한쪽이 위로 접힌 챙넓은 모자를 쓴 사진 속의 남자는 현대 파나마의 영웅인 오마르 토리호스였다.

외국을 방문하기 전에 으레 그랬듯이 나는 파나마로 오기 전에 보스턴 공공 도서관을 찾아 파나마 관련 정보를 미리 알아 두었다. 토리호스가 국민들 사이에서 인기를 모으는 이유 중 하나는 파나마의 자치와 파나마 운하 통치권을 강하게 주장한다는 것이었다. 토리호스는 자신이 파나마를 통치하는 동안 부끄러운 역사를 되풀이하지 말아야겠다는 굳은 의지를 갖고 있었다.

수에즈 운하 건설을 감독했던 프랑스 기술자 레셉스가 중앙 아메리카 지협에 대서양과 태평양을 연결하는 수로를 건설하기로 결심했을 때, 파나마는 콜롬비아에 속해 있었다. 레셉스는 1881년 거대한 공사를 시작하면서 수많은 난관에 부딪쳤다. 1889년 마침내 엄청난 부채를 남긴 채 공사가 끝났다. 그러나 미국 대통령 시어도어 루스벨트에게 이것은 기회였다. 20세기에 들어서자 미국은 파나마 운하를 북아메리카 컨소시엄에 넘기는 조약을 체결하도록 콜롬비아 정부에 요구했다.

1903년, 루스벨트 대통령은 미국 군함 내슈빌 호를 파나마에 파견했다. 이곳에 도착한 미군은 국민의 인기를 얻고 있던 군 지도부를 잡아들여 처형하고 파나마의 독립을 선언했다. 파나마에는 괴뢰 정부가 들어섰고 첫 번째 운하 조약이 체결되었다. 이 조약에 따라 향후 생겨날 수로의 양쪽에 미국의 치외 법권을 인정하는 구역이 세워졌고 미군의 활동이 합법화되었으며, 파나마라는 신생 독립국의 통치권은 사실상 미국에 넘어갔다.

한 가지 흥미로운 사실은 미 국무장관 존 헤이와 파나마 운하 건설에 참여했던 프랑스 인 기술자 필리프 뷔노바리야가 이 조약을 승인했으며, 파나마 인은 단 한 사람도 조약에 서명한 적이 없다는 것이다. 따지고 보면 파나마는 미국인과 프랑스 인이 미국의 이익을 위해 맺은 조약 하나로 인해 콜롬비아로부터 강제로 독립하게 된 것이었다. 지금 와서 돌아보면, 이런 시작이 어떤 결말을 낳을지는 너무 뻔하지 않은가?

미국 정부와 깊이 연루된 부유한 몇몇 가문들이 오십 년이 넘도록 파나마를 통치했다. 이들은 미국의 이익에 도움이 되는 일이라면 물불을 가리지 않는 우파 독재자들이었다. 미 정부와 뜻을 같이하는 남아메리카 독재자들이 대개 그러하듯이, 파나마 정치가들도 사회주의 냄새가 풍겨 나는 대중의 움직임을 억압하는 편이 미국에 도움이 된다고 생각했다. 이들은 미 중앙 정보국과 국가 안전 보장국을 도와 남아메리카 전역에 사회주의가 퍼져 나가지 못하도록 했으며, 록펠러의 스탠더드오일이나 조지 H. W. 부시가 사들인 유나이티드프루트 컴퍼니 같은 미국 대기업들을 도왔다. 이들은 가난에 허덕이며 대농장이나 회사에서 거의 노예처럼 일하는 자국 국민의 생활 수준을 향상시키는 것은 미국의 국익에 아무런 도움이 되지 않는다고 생각했다.

파나마를 지배하는 몇몇 가문들은 이런 식으로 미국을 돕는 대가로 두둑한 보상을 받았다. 파나마가 독립한 이래 1968년까지 미군은 십여 차례 이상 파나마의 지배 가문을 위해 내정에 간섭했다. 그러나 내가 평화 봉사단의 일원으로 에콰도르에서 일하고 있을 때, 파나마의 역사는 큰 변화를 맞았다. 쿠데타가 일어나 아르눌포 아리아스라고 하는 마지막 독재자가 축출되었고, 쿠데타에 적극적으로 가담하지는 않았던 오마르 토리호스가 새로운 지도자로 떠올랐다. 토리호스는 파나마의 중산층과 서민층으로부터 전폭적인 지지를 받았다. 토리호스는 부모가 교사로 재직하고 있던 산티아고라는 시골 마을 출신이었다. 토리호스는 파나마에서 최초로 생겨난 군 조직이자 1960년대에 서민층으로부터 엄청난 지지를 받았던 국가 방위군에 입대하여 빠르게 부상했다. 토리호스는 가난한 사람들의 이야기에 귀를 기울인다는 평을 받았다. 토리호스는 변두리 지역을 거닐고 대다수 정치인들이 들어가기를 꺼리는 빈민촌에서 회의를 열었으며, 실업자들에게 일자리를 찾아 주었고 얼마 되지도 않는 자신의 재산을 가난하고 병든 사람들에게 기부하곤 했다.

토리호스의 생명에 대한 사랑과 국민에 대한 애정은 파나마 국경 너머까지 알려졌다. 토리호스는 파나마를 박해받고 도망쳐 온 사람들을 위한 안식처이자, 정치적 이념을 불문하고 칠레의 피노체트를 반대하는 좌파와 쿠바의 카스트로를 싫어하는 우파 게릴라를 모두 받아 줄 수 있는 나라로 만들고자 했다. 많은 사람들이 토리호스를 평화의 수호자로 여기기 시작했고 남미에서는 토리호스를 칭찬하는 목소리가 높아졌다. 게다가 토리호스는 온두라스, 과테말라, 엘살바도르, 니카라과, 쿠바, 콜롬비아, 페루, 아르헨티나, 칠레, 파라과이 등 수많은 남미 국가들을 분열시킨 계층 간 격차를 줄이기 위해 노력했다. 인구 200만 명에 불과한 파나마는 성공적인 사회 개혁 모델로서의 역할을 했을 뿐 아니라, 소련으로부터 독립하여 국가를 건설하려는 계획을 구상하고 있던 노동 조합 지도자부터 리비아의 무아마르 가다피 같은 이슬람 무장 단체 지도자에 이르기까지 전 세계의 수많은 국가 지도자들에게 희망을 불어넣었다.

파나마에 도착한 그날 밤, 신호를 기다리며 차가 멈추어 있는 동안 시끄럽게 소리를 내며 움직이는 앞유리의 와이퍼 너머로 토리호스가 보였다. 커다란 간판 속에서 미소를 지으며 나를 내려다보던 멋지고 용기 있으며 카리스마 넘치는 토리호스의 얼굴이 내 가슴에 남았다. 보스턴 공공 도서관에서 파나마 관련 정보를 수집하면서 알게 된 토리호스는 신념의 사나이였다. 국가 건립 이래 처음으로 파나마는 미국이나 다른 나라의 간섭을 받지 않게 되었다. 토리호스는 소련이나 중국의 유혹에도 굴하지 않았다. 그는 사회를 개혁하고 가난한 사람들을 구제하여 좀 더 살기 좋은 나라로 만들 수 있다는 믿음을 갖고 있었으면서도 공산주의를 주창하지 않았다. 쿠바의 카스트로와 달리 토리호스는 미국의 적국들과 동맹을 맺지 않음으로써 미국으로부터 자유로워지고자 했다.

나는 보스턴 공공 도서관에서 잘 알려지지 않은 신문을 보다가 토리호스를 칭송하는 기사를 발견했다. 그 기사는 토리호스가 아메리카 대륙의 역사를 바꿀 인물이자, 오랫동안 지속되어 온 미국의 지배력을 바꾸어 놓을 수 있는 인물이라고 했다. 저자는 미국인들이 오랫동안 믿어 온 '명백한 천명(Manifest Destiny)'을 설명하면서 글을 시작했다. 명백한 천명이란 1840년대에 미국인들 사이에서 널리 퍼졌던 설로서 북아메리카를 정복하는 것은 미국의 신성한 의무이며, 사람이 아니라 신이 인디언, 숲, 들소를 처치하도록 명령을 내렸으며 늪을 메우고 강의 흐름을 바꾸고 노동과 자연 자원을 착취할 수밖에 없는 경제 구조를 만들어 나가도록 지시한 이 또한 신이라는 믿음이다.

나는 이 기사를 읽으면서 내 조국이 다른 나라들에 대해 어떤 태도를 갖고 있는지 생각하게 되었다. 1823년 제임스 먼로 대통령이 선언한 먼로주의는 1850년대와 1860년대에 미국에 북아메리카 대륙 전체를 지배할 특권이 있으므로 미국의 정책에 반대하는 중남아메리카 국가를 침공할 권리도 있다는 주장을 뒷받침했다. 먼로주의는 시어도어 루스벨트 대통령이 도미니카 공화국과 베네수엘라의 내정에 간섭하고 콜롬비아에서 파나마를 독립시키는 근거로 사용되기도 했다. 수많은 미국 대통령들, 특히 태프트, 윌슨, 프랭클린 루스벨트 등이 제2차 세계 대전이 끝날 무렵 '하나의 아메리카' 정책을 펴 나가기 위해 먼로주의를 들먹였다. 결국 1950년대 이후 미국은 먼로주의를 확대 적용하여 베트남과 인도네시아 등에 간섭하면서 공산주의의 위협으로부터 보호하기 위한 노력이라고 미 정부의 정책을 정당화시켰다.

그런 미 정부의 정책을 가로막고 나선 남자가 있었다. 물론 카스트로와 아옌데 등이 토리호스보다 먼저 미국에 반기를 들고 일어섰다. 하지만 공산주의의 그늘 바깥에서 혁명을 주장하지 않으면서 미국에 저항한 사람은 토리호스뿐이었다. 토리호스는 단순하게 파나마는 자국의 국민, 국토, 그리고 국토를 둘로 갈라 놓는 수로에 대해서 주권을 갖고 있으며 이런 권리들은 미국이 가진 권리만큼이나 명확하고 신성한 것이라고 주장했다.

토리호스는 운하 구역에 세워진 미 육군 군사 학교와 미군 남방 사령부의 열대전 훈련소에 대해서도 반대 입장을 밝혔다. 미국은 이전 몇 년 동안 남미의 독재자와 대통령들을 설득하여 자녀들과 군사 지도자들을 북미 이외의 지역에서는 가장 규모가 크고 시설이 잘 갖춰져 있는 파나마 운하 부근의 군사 학교와 군 시설로 보내도록 했다. 이곳에서 남미의 인재들은 공산주의와 싸우고 자신들의 자산과 더불어 석유 회사와 다른 민간 기업들의 자산을 보호할 수 있는 군사 기술 및 비밀 작전 수행 요령, 취조 방법 등을 배웠다. 이런 과정은 동시에 미군의 고급 장교들과 유대를 맺을 수 있는 좋은 기회가 되기도 했다.

이런 시설을 이용하여 많은 혜택을 누리는 몇몇 부유한 가문을 제외하면, 대다수 남아메리카 사람들은 미군 시설을 혐오했다. 이런 시설들은 반체제 인사들을 처단하기 위한 극우 암살단과 여러 나라들을 독재 국가로 바꾸어 놓은 사람들을 길러 낸다고 알려져 있었다.

토리호스는 파나마 영토 내에 미군 훈련소가 자리하는 것을 원치 않는다는 뜻을 분명히 밝혔고 파나마 운하는 파나마 영토에 속한다고 주장했다.

대형 간판에서 웃고 있는 멋진 장군의 얼굴을 바라보다가 얼굴 바로 아래에 적혀 있는 글귀가 눈에 들어왔다.

"오마르의 이상은 자유다. 이상을 없앨 수 있는 미사일은 아직 개발되지 않았다."

글을 읽는 순간 등골이 오싹해졌다. 왠지 파나마 문제가 해결되려면 앞으로 긴 시간이 걸릴 거라는 예감이 들었고, 어쩌면 토리호스가 어려움에 직면하거나 비극을 초래할지도 모르는 기로에 서 있다는 생각도 들었다.

열대의 폭우가 차창을 두들겨 대는 동안 신호가 바뀌었고, 운전사는 앞차를 향해 경적을 울렸다. 나는 이곳에서의 내 입지에 관해 생각했다. 나는 진정한 의미에서는 어쩌면 처음이 될 수도 있는 메인의 종합 개발 계획과 관련된 계약을 성사시키기 위해 파나마로 왔다. 그 계획은 세계은행과 미주 개발 은행, 국제 개발처 등을 설득하여 수십억 달러나 되는 돈을 작지만 전략적으로 중요한 의미를 지닌 파나마의 에너지, 교통, 농경 부문에 투자하도록 하는 밑거름이 될 터였다. 물론 이것은 파나마가 영원히 부채를 갚지 못하도록 만들고 나아가 미국의 꼭두각시 노릇이나 하도록 만들려는 핑계에 지나지 않았다.

택시가 밤이 내려앉은 파나마를 질주하는 동안 마음속으로 죄책감이 몰려들었지만, 나는 감정을 억눌렀다. 무엇 때문에 신경을 쓰겠는가? 나는 이미 자바에서 경험을 쌓았고 영혼을 팔아 넘겼으며, 이제 일생에 딱 한 번뿐일지도 모르는 기회가 눈앞에 나타났다. 단박에 부

자가 되고 유명해질 수 있을 뿐 아니라 권력을 거머쥘 수 있는 기회
가 드디어 내게 찾아온 것이다.

제11장

파나마 운하의 약탈자

내가 도착한 다음날, 파나마 정부에서는 안내를 맡아 줄 남자를 한 명 보내주었다. 안내인의 이름은 피델이었고 나는 그에게 금방 호감을 느꼈다. 피델은 키가 크고 날씬했으며 조국에 자긍심을 갖고 있었다. 그의 고조할아버지는 에스파냐로부터 독립하기 위해 시몬 볼리바르(남아메리카의 독립 혁명 지도자——옮긴이)와 함께 싸웠다고 했다. 나는 내가 미국 독립을 위해 싸웠던 토머스 페인의 후손이라는 사실을 얘기했고 피델이 에스파냐 어로 번역된 토머스 페인의 저서 『상식』을 읽었다고 얘기하자 들뜬 기분이 되었다. 피델은 영어를 할 줄 알았지만 내가 에스파냐 어에 능통하다는 사실을 알고 몹시 기뻐했다. 피델은 "미국 사람들은 여러 해 동안 여기 살면서도 에스파냐 어를 배우려고 하지 않아요."라고 말했다.

피델은 뉴 파나마라고 불리는 놀랄 정도로 번화한 지역으로 나를 데려갔다. 유리와 철로 만들어진 현대적인 고층 건물을 지나면서 그는 리오그란데 강 남쪽에 있는 나라들 가운데 파나마에 은행이 가장 많다고 얘기했다.

"파나마는 전 아메리카 대륙의 스위스라고도 불려요. 이곳 은행들은 고객에게 거의 질문을 하지 않죠."

오후가 되어 해가 태평양 쪽으로 기울자 우리는 만을 따라 뻗은 거리로 갔다. 바다에는 수많은 배들이 줄을 지어 있었다. 나는 운하에 무슨 문제가 있느냐고 물었다. 피델은 웃으며 대답했다.

"항상 이런 식이에요. 줄을 서서 차례가 되길 기다리는 거죠. 이 중 절반은 일본으로 가거나 일본에서 오는 배래요. 미국으로 오가는 배보다 훨씬 더 많죠."

나는 전혀 몰랐던 사실이라고 얘기했다.

"별로 놀랍지 않아요. 미국 사람들은 다른 나라에 관해선 별로 아는 게 없잖아요."

피델은 부겐빌레아(분꽃과의 열대성 덩굴 식물——옮긴이)가 오래된 유적을 뒤덮고 있는 아름다운 공원에 차를 세웠다. 공원 입구의 표지판에는 영국 해적들로부터 도시를 지키기 위해 세워진 요새라는 설명이 적혀 있었다. 공원에는 소풍 나온 가족이 있었다. 아빠, 엄마, 딸과 아들, 그리고 아이들의 할아버지로 보이는 노인도 있었다. 나는 이 다섯 가족을 보듬어 줄 수 있는 평화와 고요가 계속 이어지기를 간절히 바랐다. 그들 곁을 지나쳐 걸어가는데 부부가 미소를 지으며 손을 흔들면서 내게 영어로 인사를 건넸다. 그들에게 관광객인지 물었더니 아이들 아버지로 보이는 남자가 웃으며 다가왔다. 그 남자는 자랑스레 설명하기 시작했다.

"저희는 이곳 운하 구역에서 삼대째 살아오고 있어요. 운하가 만들어진 지 삼 년이 지나서 할아버지가 이곳으로 들어오셨거든요. 저희 할아버지는 배가 운하에 있는 수문 사이로 들어올 수 있도록 끌어당기는 견인차를 운전하셨어요."

남자는 아이들이 자리를 펴도록 돕고 있는 노인을 가리켰다.

"제 아버지는 기술자이시고요. 저도 아버지를 따라 기술을 배우고 있지요."

아이들 엄마도 시아버지와 아이들을 돕고 있었다. 평화로운 풍경 너머로 태양이 푸른 바다 속으로 저물어가고 있었다. 마치 모네의 그림을 연상케 하는 전원적인 풍경이었다. 나는 그 남자에게 미국 시민이냐고 물었다. 그는 의심하는 듯한 눈초리를 던지면서 대답했다.

"당연하죠. 운하 구역은 미국 땅이니까요."

아들이 달려와서 저녁 준비가 끝났다고 얘기했다.

"그럼 이 아이는 사대째가 되는 건가요?"

남자는 기도하듯 손을 모으더니 하늘을 향해 두 손을 들어 올리고 말했다.

"저는 이 아이가 이곳에서 대를 지키며 살아갈 수 있도록 매일 전능하신 하느님께 기도한답니다. 이곳에서의 삶은 정말 멋지거든요."

말을 마친 남자는 손을 내린 다음 피델을 똑바로 쳐다봤다.

"내 아이들이 오십 년만 더 이곳에서 이렇게 살 수 있길 바라요. 그렇지만 독재자 토리호스가 문제를 너무 많이 일으키고 있어요. 그 사람은 아주 위험해요."

나는 순간적으로 울컥함을 느끼고 에스파냐 어로 말했다.

"아디오스(헤어질 때 하는 에스파냐 어 인사말──옮긴이). 나도 당신과 당신 가족이 이곳에서 멋진 시간을 보내길 바랍니다. 그리고 파나마의 문화도 많이 배우시고요."

그 남자는 역겹다는 듯한 표정을 지으며 "나는 에스파냐 어를 할 줄 몰라요."라고 말하고는, 갑자기 몸을 휙 돌려 가족들이 기다리고 있는 곳으로 돌아갔다.

피델이 다가와서 내 어깨에 손을 올려 꾹 누르며 고맙다고 말했다.

우리는 다시 도시로 돌아왔고, 피델은 빈민가로 운전해 갔다.

피델은 "가장 못사는 동네는 아니지만 대충 감을 잡으실 수 있을 거예요."라고 했다. 나무로 만들어진 판잣집과 물이 고인 시궁창이 거리를 가득 메우고 있었다. 마치 망가진 배가 구정물에 처박혀 있는 듯한 풍경이었다. 차 안은 메스꺼운 오물 냄새로 가득 찼고 배가 지나치게 부풀어 오른 아이들이 우리 차를 따라 달려왔다. 속력을 늦추자 아이들이 주위로 몰려들어 "삼촌"이라고 불러 대며 돈을 구걸했다. 자카르타에서의 광경이 떠올랐다.

벽은 온통 낙서투성이였다. 사랑하는 연인의 이름을 새겨 놓은 낙서도 있었지만 대개는 "백인놈들아, 꺼져 버려!", "우리 운하를 더 이상 이용해 먹지 마라", "미국놈들은 노예를 부리는 놈들", "닉슨에게 파나마는 베트남이 아니라고 전해다오" 등 미국에 대한 적대감을 드러내고 있었다. 그중 "자유를 위한 죽음은 예수에게로 가는 길"이라는 문구는 다른 어떤 글귀보다도 내 간담을 서늘하게 했다. 거리의 벽 곳곳에는 오마르 토리호스의 포스터가 붙어 있었다.

피델이 말했다. "이제 다른 쪽을 보여 드리죠. 저는 정부의 허가증을 갖고 있고 당신은 미국 시민이니까 괜찮아요."

하늘은 붉게 물들어 가고 있었고 피델은 운하 쪽으로 방향을 틀었다. 나는 미리 마음의 준비를 했지만, 운하 지역의 화려함은 상상했던 것 이상이었다. 건물 앞 잔디는 단정하게 손질되어 있었고 호화로운 집, 거대한 하얀 건물, 골프 코스, 상점, 극장 등이 늘어서 있었다.

"사실 이곳에 있는 것들은 모조리 미국 소유예요. 슈퍼마켓, 이발소, 미용실, 식당 등 모든 것이 파나마 법에 구속받지 않을 뿐 아니라 파나마에 세금을 낼 필요도 없어요. 18홀 골프 코스가 일곱 개나 있고 미국 우체국과 학교, 법원이 여기저기 흩어져 있어요. 정확히 말하면 나라 안에 또 다른 나라가 있는 거죠."

"정말 부끄러운 일이군."

피델은 어떻게 대답을 해야 할지 생각하면서 나를 뚫어지게 쳐다보다가 "그렇죠."라며 동의했다. 피델은 운하 바깥의 도시를 가리켰다.

"정말 딱 맞는 말이네요. 저기 봐요. 저곳 사람들의 일인당 평균 소득은 일 년에 천 달러가 채 되지 않아요. 실업률은 30퍼센트가 넘고요. 물론, 좀 전에 갔던 그런 빈민촌에서는 천 달러씩 버는 사람은 아예 없을 뿐더러 일자리를 가진 사람도 거의 없죠."

"도대체 어떻게 그럴 수가 있지?"

피델은 몸을 돌려서 나를 바라보았다. 분노로 가득 차 있던 피델의 표정이 슬픔으로 바뀌었다.

"우리가 할 수 있는 일이 뭘까?"

피델은 고개를 저었다.

"모르겠어요. 그렇지만 이거 하나만은 얘기할 수 있어요. 토리호스는 노력하고 있어요. 그러다가 죽게 될지도 모르지만, 토리호스는 죽어서라도 원하는 것을 모두 이루고 말 거예요. 그는 자신을 믿는 국민들을 위해 끝까지 싸울 사람이죠."

운하 지역을 빠져 나오면서 피델은 미소를 지으며 "춤추러 가실래요?"라고 묻더니, 대답할 틈도 주지 않고 연이어 말했다.

"일단 저녁을 먹죠. 그러고 나서 파나마의 또 다른 면모를 보여 드릴게요."

제12장

창녀와 군인

우리는 육즙이 배어나는 스테이크와 차가운 맥주로 저녁을 해결한 후 차를 타고 어두운 거리를 달렸다. 피델은 이곳에서 걸어 다니지 말라고 충고해 주었다.

"이곳에 오거든 무조건 택시를 타고 입구까지 가야 해요."

피델은 앞쪽을 가리키며 말했다.

"저기요. 저 담장 너머부터가 운하 구역이에요."

피델은 자동차로 가득 찬 주차장으로 들어가 빈 자리에 차를 세웠다. 한 노인이 절름거리며 다가왔다. 피델은 차에서 내려 노인의 등을 가볍게 두드렸다. 그런 다음 사랑스럽다는 듯 자동차를 쓰다듬었다.

"잘 부탁해요. 제 차예요."

피델은 노인에게 돈을 건넸다. 주차장을 빠져 나오자 휘황찬란한 네온사인이 번뜩이는 거리가 나왔다. 두 소년이 막대기로 서로를 겨누고 입으로 총소리를 내며 달려가고 있었다. 그중 한 아이가 피델의

다리에 부딪쳤다. 아이의 키는 겨우 피델의 허벅지에 닿을 정도였다.

"미안해요."

아이는 에스파냐 어로 말했다. 피델은 양손을 아이의 어깨에 올려 놓으며 물었다.

"괜찮다, 얘야. 그런데 너희들 지금 누구에게 총을 쏘는 거니?"

함께 총싸움 놀이를 하던 아이가 우리가 서 있는 쪽으로 다가왔 다. 나중에 온 아이는 자기보다 작은 아이를 보호하듯 팔로 감싸며 말했다.

"제 동생이에요. 죄송해요."

"괜찮아."

피델은 싱긋이 웃으며 말을 이었다.

"나는 괜찮아. 조금도 다치지 않았는걸. 그냥 너희들이 누구를 향 해 총을 쏘는 건지 궁금해서 물어본 것뿐이야. 나도 어렸을 때 그런 놀이를 했던 것 같아서 말이야."

형제가 서로 눈길을 교환하더니 형이 미소를 지으며 대답했다.

"운하 구역에 있는 미군 장교요. 그 사람이 우리 어머니를 강간하 려고 했어요. 나는 그 사람을 잡아서 원래 있던 곳으로 돌려보내고 싶어요."

피델은 나를 힐끗 쳐다본 다음 다시 아이들에게 물었다.

"원래 있던 곳이 어딘데?"

"미국에 있는 그 사람 집이오."

"엄마가 이곳에서 일하시니?"

"저기요."

두 아이는 저 멀리 네온이 반짝이는 곳을 가리켰다.

"바텐더예요."

"그래, 엄마한테 가렴."

피델은 아이들에게 동전을 하나씩 건네주었다.

"그렇지만 조심해야 해. 어두운 곳으로 가면 안 돼."

"알았어요. 고맙습니다."

아이들은 달려갔다.

걸어가면서 피델은 파나마에서는 여성들이 매춘을 하지 못하도록 법으로 명시하고 있다고 했다.

"바에서 일하거나 춤을 출 수는 있지만 몸을 팔 수는 없어요. 외국에서 들어온 여성들만 매춘을 할 수 있죠."

가까운 바 안으로 들어가니 미국 팝송이 시끄럽게 울려 퍼지고 있었다. 현란한 조명과 시끄러운 소리에 적응하는 데 시간이 걸렸다. 몇몇 건장한 미군들이 출입구 옆에 서 있었고 헌병 완장을 두른 군인들도 여기저기 눈에 띄었다.

피델을 따라 걸으면서 나는 무대를 올려다봤다. 어린 무용수 세 명이 머리를 제외하고 어느 부위에도 옷을 걸치지 않은 채 춤을 추고 있었다. 한 명은 해군 모자를 썼고 다른 한 명은 녹색 베레모를, 또 다른 한 명은 카우보이 모자를 쓰고 있었다. 모두 멋진 몸매를 갖고 있었고 즐겁게 웃어 댔다. 그들은 마치 댄스 경연 대회라도 나온 양 신나게 몸을 흔들어 댔다. 무용수들이 옷을 벗고 있다는 사실만 빼면 음악, 춤을 추는 모습, 무대가 모두 보스턴에 있는 디스코 클럽과 비슷했다.

우리는 영어로 대화를 나누고 있는 젊은 남자들 한 무리를 지나쳤다. 모두 티셔츠와 청바지를 입고 있었지만 짧게 깎은 머리 모양으로 보아 운하 구역에 있는 미군 기지의 군인들 같았다. 피델은 한 웨이트리스의 어깨를 두드렸다. 그녀는 몸을 돌려 피델을 보더니 기쁨을 주체하지 못하고 탄성을 지르면서 피델을 껴안았다. 영어로 대화를 나누던 무리가 그 장면을 보고 불쾌하다는 듯 눈길을 주고받았다. 나는 그 군인들이 명백한 천명에 따라 이 웨이트리스도 미국 군인들에게만 안길 수 있다고 생각하는 건지 궁금해졌다. 웨이트리스는 우리를 구석으로 데리고 가더니 어디에선가 작은 테이블과 의자 두 개를 구해다가 자리를 마련해 주었다.

자리를 잡고 앉은 후에 피델은 옆 테이블에 앉은 남자 두 명과 에스파냐 어로 대화를 주고받았다. 군인들과 달리 그들은 그림이 그려진 반소매 셔츠와 주름 잡힌 헐렁한 바지를 입고 있었다. 웨이트리스가 발보아 맥주 몇 병을 들고 왔다가 자리를 뜨려고 하자 피델이 엉덩이를 두드려 주었다. 웨이트리스는 미소를 짓고는 피델에게 키스했다. 주변을 돌아보았더니 바에 있는 젊은 무리가 더 이상 우리 쪽을 보고 있지 않아 마음이 놓였다. 그 무리는 무용수들에게 완전히 빠져 있었다.

손님들은 대부분 영어를 사용하는 군인들이었다. 그러나 옆 테이블의 두 남자 같은 파나마 인들도 간혹 보였다. 파나마 인들은 머리를 짧게 자르지 않고 티셔츠와 청바지가 아닌 다른 옷을 입고 있어서 눈에 띄었다. 그 중 몇몇은 테이블에 앉아 있었고 다른 몇몇은 벽에 기대어 있었다. 마치 양을 지키는 양몰이 개처럼 경계심을 늦추지 않는 모습이었다.

무용수들이 테이블 사이를 오갔다. 끊임없이 바 안을 돌아다니면서 손님 무릎 위에 앉기도 하고, 웨이트리스들에게 소리를 지르기도

하고, 춤을 추고 노래를 하면서 무대에서 쇼를 하기도 했다. 무용수들은 짧은 치마나 티셔츠, 청바지, 몸에 달라붙는 옷 등을 입고 굽이 높은 구두를 신고 있었다. 그중 한 명은 고풍스러운 가운을 입고 베일을 썼으며 비키니만 입고 있는 웨이트리스도 있었다. 가장 아름다운 여성만이 그곳에서 살아남을 수 있음이 분명했다. 나는 이렇게 많은 여성들이 파나마로 몰려든다는 사실에 놀랐고 도대체 무엇 때문에 이곳으로 오는 건지 궁금해졌다.

"이 여자들은 모두 다른 나라에서 왔나?"

나는 음악에 묻혀 들리지 않을까 봐 큰 소리로 물었다.

피델은 고개를 끄덕이고 웨이트리스들을 가리키며 말했다.

"저 여자들만 파나마 사람이에요."

"주로 어디서 오는 거지?"

"온두라스, 엘살바도르, 니카과라, 과테말라 등이죠."

"이웃 나라들이로군."

"꼭 그런 건 아니죠. 파나마에서 가장 가까운 나라는 코스타리카와 콜롬비아거든요."

우리에게 자리를 마련해 준 웨이트리스가 테이블 쪽으로 다가오더니 피델의 무릎에 앉았다. 피델은 웨이트리스의 등을 부드럽게 어루만졌다.

"클라리사예요."

피델은 웨이트리스를 소개했다.

"미국에서 온 내 친구야. 왜 저 여자들이 조국을 떠났는지 얘기 좀 해 줘."

피델은 무대 쪽을 향해 고개를 끄덕였다. 새로 등장한 소녀 세 명이 춤추던 여자들로부터 모자를 건네받았다. 무대에서 내려온 여자들은 옷을 입기 시작했다. 음악이 살사로 바뀌자 새로 무대에 올라간 소녀들이 춤을 추기 시작했다. 그들은 리듬에 맞춰 옷을 벗어 던졌다.

클라리사는 내게 오른손을 내밀며 "만나서 반가워요."라고 인사했다. 그런 다음 일어서서 테이블 위의 빈 병을 치우며 말했다.

"음, 피델의 질문에 대답해 볼까요? 여기서 일하는 애들은 모두 자기 나라의 잔혹한 생활을 더 이상 견디지 못해서 도망쳐 온 거예요. 가서 발보아 몇 병 더 들고 올게요."

클라리사가 자리를 뜬 다음 나는 피델에게 말했다.

"한마디로 저 여자들은 달러를 벌러 온 거잖아, 아닌가?"

"맞아요. 그런데 왜 저렇게 많은 여자 아이들이 파시스트 독재자가 판을 치는 나라에서 도망쳐 왔을까요?"

나는 다시 무대를 쳐다봤다. 소녀들은 낄낄거리면서 해군 모자를 벗어 공처럼 던져 올리며 춤추고 있었다. 나는 피델의 눈을 쳐다보며 물었다.

"농담하는 거야?"

피델은 진지하게 대답했다.

"아니요, 차라리 농담이면 좋겠어요. 여기서 일하는 아이들은 대개 아버지, 오빠, 남편, 남자 친구 같은 가족을 잃었어요. 이 아이들은 고문과 죽음을 경험하며 자랐죠. 그래서 여기서 돈을 벌어 어딘가에서 작은 가게나 카페를 열고 새로운 삶을 시작하고 싶어해요."

바 근처가 소란스러워져서 피델은 더 이상 말을 이을 수 없었다. 한 웨이트리스가 자신을 붙들어서 팔목을 꺾으려고 하는 군인에게 반항하고 있었다. 웨이트리스가 고통을 참지 못하고 소리를 지르며 바닥에 주저앉았다. 군인은 웃어 대며 함께 온 동료들에게 소리쳤다. 모두들 낄낄대며 웃었다. 웨이트리스는 반대쪽 손으로 군인을 치려고 했지만 군인은 팔목을 더 세게 비틀었다. 그녀의 얼굴은 고통으로 일그러졌다.

헌병들은 문 옆에 서서 가만히 지켜보고 있었다. 피델이 갑자기 일어서더니 곧바로 다가가려고 했다. 옆 테이블에 있던 남자 중 한 명이 손을 내밀어 피델을 저지하며 말했다.

"참아. 엔리케가 해결할 거야."

무대 근처 어두운 곳에서 키가 크고 날렵한 몸매를 가진 파나마 인이 걸어 나왔다. 그 남자는 고양이처럼 날쌔게 움직여서 순식간에 웨이트리스를 괴롭히는 군인 곁으로 다가갔다. 그는 한 손으로 군인의 목을 조르면서 다른 한 손으로 얼굴에 물을 끼얹어 버렸다. 웨이트리스는 가까스로 군인의 손아귀에서 벗어났다. 벽에 기대어 서 있던 파나마 인들이 미군을 제압한 그 키 큰 경비원을 보호하려고 가까이 모여들었다. 그가 군인을 들어 올려 뭐라고 얘기를 했는데 내 자리에서는 들리지 않았다. 그는 음악 소리만 들리는 고요한 바 안의 모든 사람이 들을 수 있도록 목소리를 높여 영어로 느릿느릿 말했다.

"저 웨이트리스들은 당신네들이 건드릴 수 없는 사람들이야. 돈을 내기 전에는 아무도 만지지 마."

두 헌병이 행동을 개시했다. 이들은 파나마 인들이 모여 있는 곳으로 다가갔다.

"엔리케, 우리가 저 사람을 데려갈게."

경비원은 멱살을 쥐고 있던 군인을 바닥에 내려놓으면서 그의 목에 일격을 가했다. 목이 뒤로 젖혀진 군인은 고통스러운 외마디 비명을 질렀다. 경비원이 말했다.

"내가 왜 이러는지 알겠나?"

군인은 기어들어 가는 듯한 신음 소리를 냈다. 그러자 경비원은 그를 헌병들에게 넘겨주며 말했다.

"됐어. 끌고 나가."

제13장
토리호스와의 대화

    나는 파나마에서 전혀 예기치 못한 초대를 받았다. 파나마에 머무르고 있던 1972년 어느 날 아침, 나는 파나마 국영 전기 회사 건물의 내 사무실에서 업무를 보고 있었다. 내가 통계 서류를 보고 있을 때 한 남자가 열려 있는 사무실 문 앞에 서서 문을 두드렸다. 나는 그 남자에게 사무실로 들어오라고 하며 숫자에서 잠깐이나마 눈을 뗄 수 있는 핑곗거리가 생겨 내심 기뻐했다. 남자는 토리호스 장군의 운전사라고 자신을 소개하며 장군의 별장 중 한 곳으로 나를 데려가려고 찾아왔다고 했다.

    한 시간 후, 나는 오마르 토리호스 장군과 마주 앉았다. 토리호스는 전형적인 파나마 인들처럼 편안해 보이는 카키색 바지에 하늘색과 은은한 녹색 무늬가 섞인 단추 달린 반소매 셔츠를 입고 있었다. 키가 크고 체격이 좋은 멋있는 사람이었다. 토리호스는 막중한 책임을 떠안고 있는 사람치고는 무척 편안해 보였다. 튀어나온 그의 이마 위로 검은 머리 한 가닥이 내려와 있었다.

　토리호스는 인도네시아, 과테말라, 이란 등지에서 내가 겪은 일들에 관해 질문했다. 세 나라 모두에 관심을 보였지만 특히 이란의 국왕 무하마드 리자 팔레비에 호기심을 보였다. 팔레비는 영국과 소련이 히틀러와 결탁했다는 혐의를 들어 그의 선친을 몰아낸 덕분에 1941년에 왕좌에 올랐다. 토리호스는 내게 "아버지를 몰아내기 위한 음모에 가담하는 걸 상상이나 할 수 있겠소?"라고 물었다.

　파나마의 지도자는 멀리 떨어져 있는 나라의 역사에 관해 많은 것을 알고 있었다. 우리는 1951년 이란에 어떤 변화가 일어났으며, 이란 총리 모하마드 모사데그가 어떻게 팔레비를 추방했는지 이야기했다. 대다수 세계 정상들과 마찬가지로 토리호스도 총리를 공산주의자로 몰아붙여 팔레비 국왕을 다시 복권시킨 것이 미 중앙 정보국의 계략이었음을 알고 있었다. 그러나 토리호스는 커미트 루스벨트의 뛰어난 책략과 그가 새로운 제국주의 시대를 열었다는 사실, 또 루스벨트의 활약을 기점으로 세계 제국을 만들어 내기 위한 거대한 움직임이 시작되었다는 사실은 모르는 듯했다. 어쩌면 알면서도 말하지 않았는지도 모른다.

　토리호스는 말을 이어 갔다.

　"팔레비 국왕은 왕권을 되찾은 후에 산업을 육성하여 이란을 근대화시키려고 여러 가지 개혁을 단행했지요."

　나는 토리호스에게 이란에 관해 어떻게 그토록 많이 알고 있는지 물었다.

　"나는 내 방식대로 일을 해결합니다. 팔레비 국왕의 결정은 이란 국민들에게 어느 정도 도움이 되는 것처럼 보이지만, 나는 그가 선친을 몰아내고 미 중앙 정보국의 꼭두각시 노릇이나 하고 있는 게 좋아 보이지 않아요. 나도 그로부터 무언가를 배울 수도 있겠지요. 그가 살아남는다면 말이에요."

"팔레비 국왕이 살아남지 못할 거라고 생각하십니까?"

"그는 적이 너무 많아요."

"그렇지만 세상에서 가장 뛰어난 경호원들을 두고 있잖습니까?"

토리호스는 냉소적인 눈길을 던졌다.

"이란의 비밀경찰인 사바크는 무자비한 사람들로 정평이 나 있어요. 그러면 친구를 만들 수가 없잖습니까? 팔레비 국왕은 그리 오래 왕좌에 머무르지 못할 거예요."

토리호스는 잠깐 말을 멈춘 다음 눈동자를 굴렸다.

"경호원이라. 하긴 나도 경호원이 있어요."

토리호스는 손을 흔들어 댔다.

"당신 나라가 나를 몰아내기로 결정해도 저들이 날 구해 줄 거라고 생각해요?"

나는 토리호스에게 자신이 쫓겨날 가능성이 있다고 생각하는지 물어보았다. 토리호스는 눈썹을 치켜올렸다. 마치 왜 그토록 바보 같은 질문을 하느냐고 되묻는 듯한 표정이었다.

"파나마에는 운하가 있어요. 운하는 유나이티드프루트가 과테말라에서 아르벤스를 몰아낸 것보다 더 중요한 이유가 되지요."

나는 과테말라에 관한 여러 가지 정보를 알고 있었기 때문에 토리호스의 말을 이해할 수 있었다. 파나마에 운하가 중요한 것만큼 유나이티드프루트 사는 과테말라에 중요한 회사였다. 1800년대 말에 세워진 이 회사는 중앙아메리카에서 가장 강력한 힘을 가진 세력 중 하나로 급성장했다. 1950년대 초에 중남아메리카의 민주적인 선거 모델로 칭송받았던 과테말라 대통령 선거에서 개혁을 지향하던 하코보 아르벤스가 대통령으로 선출되었다. 당시 과테말라에서는 3퍼센트도 안 되는 지배층이 전체 국토의 70퍼센트를 소유하고 있었다. 아르벤스는 가난한 사람들이 굶주림에서 벗어날 수 있도록 돕겠다고 공약했고 선거가 끝나자 종합 토지 개혁안을 제시했다.

"퍼킨스 씨, 남아메리카의 서민들과 중산층은 아르벤스를 칭송합니다. 나도 개인적으로는 아르벤스를 존경하고요. 하지만 문제가 있었어요. 유나이티드프루트는 아르벤스의 정책을 지지하지 않았던 겁니다. 사실 유나이티드프루트도 과테말라에서 가장 많은 땅을 보유한 집단 중 하나였지요. 이 회사는 콜롬비아, 코스타리카, 쿠바, 자메이카, 니카라과, 산토도밍고, 파나마 등지에 있는 거대한 농장들도 소유하고 있었어요. 그래서 아르벤스가 사람들을 선동하여 토지 개혁에 동의하게 만들도록 내버려둘 수 없었던 거예요."

그 뒷이야기는 나도 알고 있었다. 유나이티드프루트는 미국에서 대규모 홍보 운동을 벌여서 미국 국민들과 의회가 아르벤스는 공산주의자이며 과테말라는 소련의 위성 국가라고 믿게끔 만들었다. 1954년 미 중앙 정보국은 과테말라에서 쿠데타를 주동했다. 미군 폭격기들이 과테말라 시에 폭탄을 투하했고 민주적으로 선출된 아르벤스가 물러났으며, 그 자리에 무자비한 우익 독재자인 카를로스 카스틸로 아르마스 대령이 들어섰다.

과테말라의 신정부는 사실상 유나이티드프루트 덕분에 생겨났다. 그에 대한 감사의 표시로 신정부는 토지 개혁 계획을 무산시키고 외국인 투자자에게 주어지는 이익과 배당금에 붙는 세금을 폐지했으며, 비밀 투표제를 없애고 정부 방침을 비난하는 수천 명의 사람들을 잡아들였다. 카스틸로에 반대하는 사람들은 모두 처형되었다. 역사학자들은 유나이티드프루트, 미 중앙 정보국, 독재자 휘하의 과테말라 군이 결탁한 탓에 지난 반 세기 동안 과테말라에서 그토록 많은 폭력과 테러가 발생한 것으로 보고 있다.

토리호스는 계속 말했다.

"아르벤스는 암살당했습니다. 정치적 암살이자 인격에 대한 암살이었지요."

토리호스는 잠깐 말을 멈추더니 얼굴을 찌푸렸다.

"미국 사람들은 어떻게 미 중앙 정보국의 쓰레기 같은 짓들을 참아 내는 겁니까? 그래도 나를 그리 쉽게 처치하진 못할 겁니다. 여기 파나마 군대에 있는 사람들은 모두 파나마 국민이거든요. 정치적으로 나를 암살하는 일은 거의 불가능해요."

토리호스는 미소를 지었다.

"어쩌면 미 중앙 정보국이 직접 나를 죽일지도 모르지요."

우리는 입을 다문 채 각자 생각에 잠겼다. 토리호스가 먼저 입을 열었다.

"유나이티드프루트가 누구 소유인지 아세요?"

"사파타오일 소유 아닌가요? 유엔 주재 미국 대사인 조지 H. W. 부시의 회사잖습니까?."

"그래요, 그는 야심으로 가득 찬 남자이지요."

토리호스는 몸을 앞으로 숙이면서 목소리를 낮추었다.

"사실 나는 벡텔에 있는 부시의 측근들에 대항하고 있어요."

토리호스의 말을 들은 나는 깜짝 놀랐다. 벡텔은 전 세계에서 가장 영향력 있는 토목 회사로서 메인의 주요 협력 업체이기도 했다. 나는 파나마 종합 개발 계획을 세우는 일에서도 벡텔이 메인의 주요 경쟁자 중 하나일 거라고 예상하고 있었다.

"무슨 뜻입니까?"

"우리는 해수면과 높이가 같고 수문이 없는 운하를 새로 건설하려고 해요. 그러면 더 큰 배를 수용할 수 있지요. 아마 일본 업체들이 투자하려고 할 겁니다."

"일본인들은 운하를 운영하는 데 가장 중요한 고객이잖습니까?"

"바로 그렇습니다. 만일 일본 업체들이 돈을 투자하면 그들이 공사를 맡게 될 거예요."

너무나 충격적인 이야기였다.

"벡텔은 꼼짝못할 겁니다."

토리호스는 잠시 말을 멈추었다.

"벡텔 회장은 조지 슐츠라는 인물이지요. 그 사람은 닉슨 시절에 재무장관을 역임했던 사람이에요. 이제 조지 슐츠의 영향력이 어느 정도인지 이해가 되죠? 그 사람은 지독한 성격으로 악명이 높아요. 또 벡텔은 닉슨, 포드, 부시 등과 모두 엮여 있지요. 나는 벡텔 가문이 공화당을 움직이고 있다는 얘기도 들었어요."

토리호스와 대화를 나누는 동안 점점 마음이 불편해졌다. 나는 토리호스가 그토록 혐오하는 시스템이 무너지지 않도록 노력하는 사람들 가운데 하나였고 토리호스도 그 사실을 알고 있다고 생각했다. 토리호스가 차관을 얻도록 설득하고 그 대가로 미국의 토목 및 건설 업체에 공사를 맡기도록 하는 내 임무는 거의 불가능한 것처럼 느껴졌다. 나는 정면 승부를 걸기로 마음먹었다.

"토리호스 장군님, 왜 저를 이곳으로 초대하셨습니까?"

토리호스는 시계를 쳐다보더니 미소를 지었다.

"자, 이제 사업 얘기를 할 때가 되었군요. 파나마는 당신의 도움을 필요로 해요. 나도 당신의 도움이 필요합니다."

나는 깜짝 놀랐다.

"제 도움이라뇨? 제가 무슨 일을 할 수 있죠?"

"우리는 운하를 되찾을 겁니다. 그렇지만 그걸로 충분하지 않아요."

토리호스는 의자에 편히 기댔다.

"우리는 모범이 될 겁니다. 우리가 가난한 파나마 국민들을 보살피고 있다는 것을 보여 주고 러시아, 중국, 쿠바도 우리의 독립 의지를 꺾을 수 없음을 보여 줄 겁니다. 파나마는 합법적인 나라이며 미국에 대항하고 있는 것이 아니라 가난한 국민들의 권리를 지켜 주기 위해 노력한다는 것을 전 세계에 증명해 보여야 합니다."

토리호스는 다리를 꼬았다.

"그러려면 남미에 아직 존재하지 않는 경제 기반을 구축해야 해요. 전기도 물론 중요하지요. 그렇지만 극빈층에게도 전기를 공급하려면 보조금이 필요해요. 대중 교통이나 통신 시설도 마찬가지입니다. 농업은 특히 그렇습니다. 다 해내려면 돈이 필요해요. 미국의 돈, 세계은행과 미주 개발 은행의 돈이 필요하지요."

토리호스는 다시금 앞으로 몸을 숙이더니 내 눈을 응시했다.

"당신네 회사는 더 많은 일을 따 내고 싶어하고, 주로 프로젝트 규모를 부풀리는 방법으로 일을 따 내지요. 좀 더 넓은 고속도로를 만들고 좀 더 큰 발전소를 짓고 좀 더 깊은 항구를 만들어야 한다고 생각하니까요. 그러나 이제 시대가 달라졌어요. 부디 파나마 국민에게 가장 득이 되는 일이 무엇인지 알려 주시오. 그러면 당신네가 원하는 일을 드리리다."

토리호스의 제안은 전혀 예상치 못했던 것이었고, 나는 흥분과 충격을 동시에 느꼈다. 그동안 메인에서 배웠던 어떤 방법과도 완전히 다른 제안이었다. 물론, 토리호스는 외채를 끌어들이는 것 자체가 하나의 속임수임을 알고 있었다. 외채를 끌어들이면 토리호스 본인은 부유해지는 대신 파나마는 부채 속에 허덕이게 된다. 파나마는 영원히 미국과 기업 정치 시스템에 종속되고 남아메리카를 손아귀에 넣은 미국 정부와 미국 경제에 영원히 예속된다. 이런 시스템이 '권력을 가진 모든 사람은 부패하기 쉽다' 는 가정에 근거한다는 사실을 토리호스가 정확하게 알고 있다는 데에는 의심의 여지가 없었다. 그러나 토리호스가 이 시스템을 개인의 부귀영화를 위해서 사용하지 않기로 결정하자 나는 왠지 위협당하는 듯한 기분이 들었다. 마치 새로운 형태의 도미노가 나타나 연쇄 반응을 일으켜 전체 시스템을 무너뜨릴 것 같은 기분이 들었다.

나는 테이블 너머로 운하 덕분에 자신이 특별하고 독특한 권력을 누리고 있으며, 동시에 그 운하 때문에 위태로운 상황에 놓여 있다는 사실을 잘 알고 있는 한 남자를 쳐다봤다. 토리호스는 신중하게 행동해야 했다. 토리호스는 이미 저개발 국가 지도자들을 이끄는 사람으로 추앙받고 있었다. 만일 토리호스가 자신의 영웅 아르벤스와 같은 노선을 택한다면 전 세계가 그를 주목하게 될 터였다. 이 시스템이 어떻게 작동할 것인가? 더 구체적으로, 미국 정부는 어떤 반응을 보일 것인가? 남미의 역사 속에는 죽어 나간 영웅들이 수두룩했다.

내 앞에 앉아 있는 한 남자가 그동안 나 자신의 행동을 정당화시키기 위해 내가 만들어 낸 변명거리들을 모두 무색하게 만들고 있다는 사실도 깨달았다. 물론 토리호스도 개인적인 결함이 있는 한 인간에 불과하겠지만 적어도 약탈자는 아니었고, 영국의 국왕으로부터 받은 허가증을 내밀며 약탈 행위를 정당화하려던 허풍선이 모험가 헨리 모건이나 프랜시스 드레이크도 아니었다. 파나마에 도착한 첫날 밤 빗길에서 보았던 사진 속의 문구는 정치적인 목적을 위한 공허한 외침이 아니었다.

"오마르의 이상은 자유다. 이상을 없앨 수 있는 미사일은 아직 개발되지 않았다."

내가 알기로 토머스 페인은 그 비슷한 말도 남기지 못했다.

그러나 문득 의문이 생겼다. 이상은 죽지 않는다고 치자. 그렇더라도 이상을 추구하는 사람은 죽는다. 체 게바라, 아르벤스, 아옌데가 이미 목숨을 잃었다. 여기까지 생각이 미치자 또 다른 의문이 생겼다. 만일 토리호스도 이들처럼 희생된다면 나는 어떻게 해야 할까?

헤어질 무렵, 우리 둘은 메인이 파나마 개발 계획의 전권을 차지하는 대신 토리호스가 부탁한 대로 계획을 구상해야 한다는 점에 뜻을 같이했다.

제14장
세계 경제에 어둠이 드리우다

수석 경제 전문가가 된 나는 메인에서 한 부서를 담당하게 되었고, 세계 각지에서 우리 회사가 수행하는 프로젝트와 관련된 연구를 진행하면서 세계 경제의 동향과 이론에 관해서도 많은 정보가 필요해졌다. 1970년대 초에는 세계 경제에 많은 변화가 일어났다.

1960년대 들어 대형 석유 회사들에 대응하기 위해 산유국들이 모여 석유 수출국 기구를 구성했다. 이란도 이 기구에 가입했다. 이란의 팔레비 국왕은 모사데그 총리가 자신을 몰아냈을 때 은밀히 간섭했던 미국이 자신의 왕좌뿐 아니라 목숨까지도 구해 주었을 거라는 사실을 알고 있었지만, 동시에 언제든 상황이 바뀔 수 있다는 사실도 알고 있었다. 주요 산유국 지도자들은 모두 이러한 사실을 이해하고 이로 인한 두려움에 시달렸다. 뿐만 아니라 산유국 지도자들은 '일곱 자매'라고 불리는 대형 석유 회사들이 더 많은 이익을 얻기 위해서 원유 가격을 낮추기로 담합하고 산유국에 지불하는 비용마저 낮추어 버렸다는 사실도 알고 있었다. 그래서 그들은 대형 석유 회사들에 대항하기 위한 노력의 일환으로 석유 수출국 기구를 만들었다.

1970년대가 되자 이러한 대립 상황은 극에 치달았고, 마침내 대형 석유 회사들은 산유국들 앞에 무릎을 꿇었다. 산유국들은 여러 가지 통합적인 방안을 모색했고, 1973년에는 아예 석유 수출을 멈추어 버렸다. 이후 미국 전역의 주유소에서 차들이 줄지어 차례를 기다리는 모습이 더 이상 낯설지 않게 되었고 대공황에 맞먹는 경제적 충격이 닥칠 위기에 처했다. 당시 오일 쇼크는 선진 세계 전체의 경제에 엄청난 충격을 주었지만 그 중요성을 이해한 사람은 얼마 되지 않았다.

미국 입장에서 보면 오일 쇼크는 최악의 시기에 닥친 또 하나의 재앙이었다. 당시 미국은 베트남 전쟁에서의 치욕적인 패배와 닉슨 대통령의 불미스러운 사건으로 인해 온 나라가 두려움과 불신으로 가득 찬 혼란스러운 상황이었다. 닉슨의 문제는 비단 동남아시아나 워터게이트뿐만이 아니었다. 역사를 돌이켜 보면 닉슨은 세계 정치와 경제가 새로운 국면을 맞이하는 시점에 미국 대통령 자리를 맡은 인물이었다. 당시는 석유 수출국 기구 가입국을 비롯하여 미국이 아닌 다른 나라들이 유리한 입장에 서 있던 때였다.

나는 세계 무대에서 일어나는 여러 가지 일들에 무척 흥미를 느꼈다. 나는 세계 제국을 만들려는 미국 정부와 기업들의 노력에 가담하여 돈을 벌었지만, 고위급 인사들이 어려움에 처하는 모습을 보면서 내심 기쁨을 느꼈다. 아마도 내가 느끼던 죄책감이 어느 정도 완화되었기 때문인 것 같다. 나는 토머스 페인이라면 석유 수출국 기구를 응원할 거라고 생각하곤 했다.

그러나 그 누구도 석유 수출 중단이 얼마나 큰 영향을 끼칠지 알지 못했다. 우리는 나름대로 주장을 펼쳤지만, 상황이 어떻게 바뀔지는 아무도 알 수 없었다. 당시 경제 성장률은 오일 쇼크가 일어나기 전인 1950년대와 1960년대의 절반 수준에 그쳤다. 물가 상승 억제 정책이 원인이었다. 성장률 자체가 낮을 뿐 아니라 구조적인 차이가 나타났다. 경제가 성장하는데도 더 이상 일자리가 생겨나지 않았고 실업률이 급증했다. 그러나 무엇보다 큰 변화로 꼽을 수 있는 것은 세계 통화 시스템의 급변이었다. 제2차 세계 대전 이후 줄곧 사용되어 온 고정 환율 제도가 오일 쇼크로 인해 사실상 무너지고 말았다.

이 무렵 나는 자주 친구들과 어울려 점심을 먹거나 퇴근 후에 맥주를 마시면서 이런 문제에 관해 얘기를 나누었다. 이들 중에는 아주 똑똑하고 젊은 부하 직원들도 있었는데 대개는 자유주의 사상가들이었다. 적어도 고리타분한 기준으로 보면 그랬다. 이들 외에도 보스턴의 유명 인사들이나 인근 대학의 교수들, 어느 국회의원의 보좌관과도 자주 이야기를 나누었다. 이런 대화를 나눈 곳은 모두 비공식적인 자리였으며 단둘이 이야기를 나누는 경우도 있었고 열 명 남짓 모일 때도 있었다. 대화를 나눌 때는 한결같이 활기가 넘치고 떠들썩했다.

이때 나누었던 대화를 돌이켜보면 부끄럽게도 내가 우월감을 느끼곤 했던 것 같다. 나는 다른 사람들에게 얘기해 줄 수 없는 사실들을 많이 알고 있었다. 같이 이야기하던 친구들은 고위 관료나 교수 또는 박사들과의 관계에서 얻은 은밀한 정보를 자랑하듯 떠벌렸지만, 나는 항상 일등석을 타고 전 세계를 여행하는 일류 컨설팅 회사 수석 경제 전문가의 입장에서 대답했다. 나는 친구들에게 토리호스와 나누었던 대화나 우리 경제 저격수들이 세계의 흐름을 얼마나 바꾸어 놓고 있는지를 얘기할 수 없었다. 친구들에게 털어놓을 수 없는 정보를 갖고 있다는 것만으로도 오만한 마음이 생겨났지만, 한편으로는 좌절감을 느끼기도 했다.

미국이 아닌 다른 나라들이 세계 무대에서 얼마나 큰 영향력을 휘두르고 있는지에 관해 친구들과 이야기할 때면 말을 아끼기 위해 무척 노력했다. 나는 미국 정부와 기업들이 지닌 야심, 경제 저격수라는 존재, 경제 저격수가 실패할 경우를 대비하여 기다리고 있는 자칼이 다른 나라들이 세계를 주무르도록 내버려 두지 않을 거라는 사실 등을 알고 있었다. 그러나 이 모든 사실을 알려 줄 수는 없었으므로, 아르벤스와 모사데그와 관련된 이야기와 1973년 칠레에서 미 중앙정보국이 민주적으로 선출된 살바도르 아옌데를 몰아낸 일에 관해서만 얘기했다. 사실 석유 수출국 기구의 방해에도 아랑곳하지 않고 미국이라는 세계 제국의 지배력은 점점 강해지고 있었다. 그때껏 확인된 바는 없었지만 어쩌면 석유 수출국 기구의 도움으로 미국의 지배력이 더 강해졌는지도 모른다.

1970년대 초와 1930년대의 상황이 얼마나 비슷한지를 두고 대화를 나눈 적도 몇 번 있었다. 1930년대는 세계 경제에 있어서 중요한 분수령이었고 많은 사람들이 그 시대를 연구하고 분석하며 원인을 찾았다. 십여 년 동안 케인스 경제학이 각광을 받으면서 시장을 통제하고 보건, 실업 급여, 기타 다른 형태의 복지 등을 제공하는 데 정부가 중요한 역할을 해야 한다는 믿음이 생겨났다. 이 시기 동안 경제학은 시장이 보이지 않는 힘에 의해 자율적으로 움직이며 정부의 간섭은 최소화되어야 한다는 과거의 원칙에서 벗어날 수 있었다.

대공황이 몰아닥치자 미국 정부는 뉴딜 정책과 경제 제재, 정부의 금융 개입을 비롯한 광범위한 재정 정책을 추구했다. 뿐만 아니라 대공황과 제2차 세계 대전으로 인해 세계은행, 국제 통화 기금, 관세 및 무역에 관한 일반 협정 등이 탄생했다. 1960년대는 신고전주의 경제학에서 케인스 경제학의 시대로 넘어가는 중요한 시기였다. 당시 미국에서는 케네디 행정부와 존슨 행정부가 집권하고 있었으며 가장 큰 영향력을 미친 사람은 단연코 로버트 맥나마라였다.

맥나마라는 우리 대화에 자주 등장하는 소재였다. 우리는 모두 맥나마라가 혜성처럼 나타나 유명해진 사람임을 알고 있었다. 맥나마라는 1949년 포드 자동차 회사의 기획부장이었다가 1960년 사상 최초로 포드 가문 이외의 인물로서 포드 자동차 회사의 사장이 되었다. 그가 포드 자동차의 사장이 된 직후에 케네디 대통령은 그를 국방장관으로 임명했다.

맥나마라는 케인스 식 경제 정책에 강한 신념을 지닌 사람으로서 베트남 전쟁을 치를 당시 병력이나 예산 분배 등 기타 전략을 정할 때 수학 모델과 통계적인 접근 방식을 사용했다. 정부 관료들뿐 아니라 기업 중역들도 맥나마라의 공격적인 리더십을 모방했다. 맥나마라가 추구하는 리더십은 미국 최고의 경영 대학에서 경영학을 가르칠 때 사용하는 새로운 철학적 접근 방법의 바탕이 되었고, 세계 제국을 건설하는 데 앞장설 기업의 중역들을 길러 내는 데도 지대한 영향을 끼쳤다.

시사 현안들에 관해 대화를 나눌 때면 맥나마라가 장관 직을 떠난 직후에 세계은행 총재 직을 맡았다는 사실에 많은 사람들이 흥미를 보였다. 대개는 맥나마라가 군대와 기업을 모두 경험했다는 사실에 놀랐다. 맥나마라는 일류 기업의 최고 경영자이자 정부 각료였다가 세계에서 가장 영향력 있는 은행의 총재가 된 것이다. 권력 분산이라는 허울에 이토록 큰 결함이 있다는 사실에 모두가 깜짝 놀란 듯했다. 아마도 나만 별다른 충격을 받지 않은 듯했다.

지금 생각해 보면 세계 제국을 건설하는 데 세계은행을 끌어들여 유례없이 큰 역할을 하도록 만든 것은 로버트 맥나마라의 가장 큰 업적인 동시에, 세계 역사에 가장 큰 폐를 끼친 결정이기도 했다. 또한 맥나마라는 선례가 되기도 했다. 맥나마라의 뒤를 이은 사람들은 세계 제국 건설을 추구하는 여러 주체들이 의견 차이를 좁힐 수 있도록 기초를 닦은 맥나마라의 전략을 더욱 갈고 닦았다. 예를 들어, 조지 슐츠는 재무장관을 역임했고 닉슨 행정부에서는 경제 정책 자문 위원회 의장을 맡았으며, 벡텔의 회장이 되었다가 레이건 행정부가 들어서자 다시 국무장관이 되었다. 리처드 헬름스는 존슨 대통령 시절 미 중앙 정보국 국장이었고 닉슨 행정부가 들어서자 이란 대사에 임명되었다. 리처드 체니는 조지 H. W. 부시 행정부 시절 국방장관을 역임하고 할리버튼의 회장 직을 맡았으며 조지 W. 부시가 대통령이 되자 부통령 직을 맡았다. 전 미국 대통령 조지 H. W. 부시는 사파타 석유 회사의 창립자이자 닉슨과 포드 대통령 시절에는 미국의 유엔 대사였고, 포드 행정부 당시 미 중앙 정보국 국장을 맡기도 했다.

지금 와서 돌이켜보면 그 무렵 나는 너무나 순진했던 것 같다. 여러 면에서 우리는 여전히 제국을 건설하기 위한 오래된 접근 방법에서 벗어나지 못하고 있었다. 커미트 루스벨트는 민주주의를 지향하는 이란의 지도자를 몰아내고 독재자를 왕좌에 앉히면서 제국을 건설하기 위한 더 나은 방법을 보여 주었다. 우리 경제 저격수들은 인도네시아나 에콰도르 등지에서 목표를 달성하고 있었지만, 베트남에서의 실패는 세계 제국이 얼마나 쉽게 낡은 방식에 빠져 드는지를 보여 주었다.

　제국을 건설하기 위한 구태의연한 방법을 바꾸려면 석유 수출국 기구의 핵심 국가인 사우디아라비아가 필요했다.

제15장
사우디아라비아 돈세탁 프로젝트

1974년, 사우디아라비아의 한 외교관이 내게 자국의 수도 리야드의 사진을 보여 주었다. 염소 떼가 정부 청사 바깥의 쓰레기 더미를 뒤지고 있는 사진이었다. 외교관에게 염소들이 무얼 하고 있는지 물었다. 대답을 들은 나는 경악하지 않을 수 없었다. 그는 염소 떼가 바로 리야드의 주요 쓰레기 처리 시스템이라고 했다.

"사우디 사람들은 자존심이 강해서 쓰레기를 직접 치우지 않습니다. 대신 동물들에게 그런 일을 맡기죠."

세계 최대 산유국의 수도에서 염소가 쓰레기를 치우는 일을 하고 있다니! 믿을 수 없는 일이었다.

당시 나는 여러 컨설턴트들과 함께 오일 쇼크 해결 방안을 모색하고 있었다. 염소를 보는 순간, 어떤 해결책을 찾아야 할지 어렴풋이 답이 보이는 듯했다. 특히 사우디아라비아가 지난 삼백여 년 동안 발전해 온 과정을 이해한다면 답이 그리 멀리 있는 것 같지는 않았다.

사우디아라비아의 역사는 폭력과 종교에 대한 광적인 집착으로 가득 차 있다. 18세기에 사우디아라비아의 지역 군벌인 모하메드 이븐 사우드는 극우 와하비 파 근본주의자들과 연합을 형성했다. 모하메드 이븐사우드의 가문과 와하비 파 연합은 상당한 영향력을 갖게 되었고 이후 이백여 년 동안 이슬람 성지인 메카와 메디나를 포함하여 아라비아 반도 대부분을 장악하였다.

사우디 사회에는 나라를 처음 세운 선조들의 엄격한 이상주의가 여전히 남아 있었으며 지도층은 국민들에게 코란의 가르침을 그대로 따르도록 강요했다. 종교 경찰은 국민들이 반드시 하루에 다섯 번씩 기도하도록 강제했고 여성들은 머리부터 발끝까지 완전히 가리도록 요구받았다. 범죄자에 대한 처벌도 가혹했다. 공개 처형이나 돌을 던져서 죽이는 일은 흔히 볼 수 있었다. 나는 리야드를 처음 방문했을 때 운전사가 시장 옆에 차를 세우고 문을 잠그지 않고 내리면서 차 안 어디에나 카메라, 서류 가방, 지갑 등을 두고 내려도 된다고 말해서 깜짝 놀란 적이 있었다.

"사우디아라비아에서는 아무도 남의 물건을 훔칠 생각 따위는 하지 않아요. 도둑질을 하면 손이 잘리거든요."

그날 오후 운전사는 처형 광장이라고 불리는 곳으로 가서 사형수를 참수하는 장면을 보겠느냐고 물었다. 와하브주의자들은 보통 지나치게 극단적이라고 여겨지는 처벌을 가해야만 범죄를 막을 수 있다고 주장하며 법을 어긴 자에게는 가혹한 신체형을 내리도록 했다. 나는 운전사에게 처형 광장에 가고 싶지 않다고 했다.

서방 세계에 큰 충격을 가져 온 석유 수출 금지 조치가 내려진 이유도 사우디아라비아 정부가 종교를 정치와 경제의 중요한 요소 중 하나로 보기 때문이었다. 1973년, 유대교 휴일 가운데 가장 신성한 '속죄의 날'이었던 10월 6일에 이집트와 시리아는 이스라엘을 향해 동시 공격을 감행했다. 그날의 공격은 10월 전쟁의 시발점이었고 아랍과 이스라엘 사이의 네 번째 전쟁이자 가장 참혹했던 전쟁의 시작이었으며, 전 세계에 큰 충격을 안겨 준 사건이었다. 이집트의 사다트 대통령은 사우디아라비아의 파이잘 국왕에게 압력을 가하여 이스라엘을 돕는 미국에게 복수하도록 했다. 당시 사다트는 석유를 무기로 복수극을 펼치도록 사우디아라비아를 설득했다. 그해 10월 16일 사우디아라비아를 포함한 페르시아 만의 다섯 나라와 이란은 당시 석유 가격에서 70퍼센트를 인상한다고 공식 발표했다.

아랍 각국의 석유부 장관들은 쿠웨이트 시에서 회담을 열어 향후 어떤 정책을 시행할 것인지를 두고 방안을 모색했다. 이라크 대표는 미국을 표적으로 삼아야 한다고 강경론을 펼쳤다. 이라크 석유 장관은 회의에 참석한 다른 장관들에게 아랍권 내에 있는 미국 기업들을 모두 국유화하고 미국과 이스라엘을 옹호하는 나라들에 대해 석유 수출을 전면 중단하며 모든 미국계 은행에서 아랍권의 자금을 빼낼 것을 요구했다. 이라크 석유부 장관은 미국 은행에서 아랍의 자금이 차지하는 비중이 상당하므로 돈을 모두 인출할 경우 1929년의 대공황과 맞먹는 큰 혼란이 생길 거라고 했다.

다른 나라 장관들은 이런 급진적인 계획에 선뜻 동의하지 않았지만, 10월 17일에 제한된 범위 내에서 석유 수출을 줄여 나가기로 합의했다. 즉, 우선 생산량을 5퍼센트 줄인 후 정치적 목적을 달성할 때까지 매달 5퍼센트씩 줄여 나가는 것이 합의안의 골자였다. 이들은 그동안 이스라엘에 우호적인 태도를 취해 온 미국을 반드시 처벌해야 하며 석유 수출 중단으로 인해 가장 큰 충격을 받도록 해야 한다는 데 의견을 모았다. 회의에 참가한 나라들 중 일부는 5퍼센트 감산이 아니라 10퍼센트 감산을 택하기로 했다.

10월 19일, 닉슨 대통령은 이스라엘에 22억 달러에 이르는 차관을 원조해 줄 것을 의회에 요청했다. 다음날, 사우디아라비아와 다른 아랍 산유국들은 미국에 대해 전면적인 석유 수출 중단 조치를 감행했다.

석유 수출 중단 조치는 1974년 3월 18일에 철회되었다. 석유 수출이 중단되었던 기간은 길지 않았지만 그 영향은 실로 막대했다. 사우디아라비아의 석유 판매 가격은 1970년 1월 1일 배럴당 1달러 39센트에서 1974년 1월 1일 무려 8달러 32센트로 껑충 뛰었다. 정치인들과 대권을 꿈꾸는 사람들은 1970년대 초중반에 얻은 교훈을 결코 잊을 수 없었다. 장기적인 관점에서 볼 때, 이 몇 달간의 충격으로 기업과 정부 간의 결탁이 더욱 공고해졌다. 기업 정치의 세 축이 되는 대기업과 국제 은행들 그리고 정부는 그 어느 때보다 강하게 결속하기 시작했다. 이들의 결속은 이후 오랫동안 지속되었다.

아랍의 석유 수출 중단 조치로 인해 미국의 태도와 정책에 중대한 변화가 나타났다. 미국 정부와 재계는 아랍의 이런 조치를 더 이상 용인할 수 없다고 결의했다. 미국으로서는 원활한 석유 공급원을 확보하는 것이 급선무였다. 1973년 이후 미국은 안정적으로 석유를 확보하기 위해 갖은 노력을 기울였다. 석유 수출 중단 조치로 인해 세계 정치 무대에서 사우디아라비아의 위상이 높아졌고 미국은 사우디아라비아가 미국 경제에 끼치는 전략적 중요성을 무시할 수 없게 되었다. 게다가 사상 초유의 오일 쇼크 이후 미국 기업 정치의 필두였던 사람들은 석유를 사들이기 위해 지불한 달러를 미국으로 되가져올 방법을 찾기 위해 고심했고, 사우디아라비아 정부는 넘쳐 나는 돈을 관리할 행정적·제도적 장치가 부족하다는 사실을 깨달았다.

사우디아라비아의 입장에서 보면 석유 가격 인상으로 더 많은 돈을 벌어들이게 되는 것은 축복인 동시에 재앙이기도 했다. 국고에는 수십억 달러가 쌓여 갔지만 와하브주의의 엄격한 교리에는 맞지 않았다. 부유한 사우디아라비아 인들은 해외로 여행을 다니기 시작했고 유럽과 미국에 있는 학교로 자녀들을 유학 보냈다. 이들은 멋진 차를 구입하고 서양식 가구로 집을 채워 갔다. 보수적인 종교적 믿음이 새로운 형태의 물질만능주의로 바뀌었고 이로써 미국은 또다시 오일 쇼크가 일어날 거라는 두려움에서 벗어날 수 있게 되었다.

석유 수출 중단 조치가 철회되자마자 미국 정부는 사우디아라비아와 협상을 시작했다. 미국 정부는 기술 지원, 군 시설 설치, 군사 훈련 등을 통해 사우디아라비아가 20세기에 걸맞는 현대 국가로 거듭나도록 도와주는 대신 다시는 석유 수출을 중단하지 않겠다는 약속을 받아 냈다. 협상의 결과로 미국-사우디아라비아 합동 경제 위원회가 탄생했다. 이 조직은 전통적인 외채 조달 방법과 정반대인 새로운 방법을 도출했다. 사우디아라비아의 돈으로 미국 기업을 고용하여 사우디아라비아를 현대화시키기로 한 것이다.

미국 재무부가 전반적인 운영권과 재정 결정권을 갖고 있었지만 이 위원회는 독립적인 조직이었다. 사실상 의회의 감시 없이 25년 동안 수십억 달러에 달하는 돈을 사용할 수 있도록 구성된 것이다. 재무부가 운영을 담당하긴 하지만 미국의 돈이 전혀 들어가지 않았기 때문에 의회는 어떠한 권리도 없었다. 미국-사우디아라비아 합동 경제 위원회에 대해 심도 있는 조사를 실시한 데이비드 홀든과 리처드 존스는 "미국이 개발도상국과 맺은 그 어떤 조약보다도 광범위한 영향을 미칠 수 있는 조약이다. 상호 의존이라는 이름 아래 미국의 영향력을 사우디아라비아에까지 넓힐 수 있는 계기가 될 것이다."라고 말했다.

미 재무부는 일찍부터 메인을 끌어들여 컨설팅을 맡도록 했다. 나도 재무부의 부름을 받아 중요한 역할을 맡았다. 새로운 일을 하는 동안 알게 된 모든 정보는 절대로 발설해서는 안 되는 것들이었다. 당시 나는 참여하는 여러 회사들 가운데 메인이 가장 중요한 역할을 하는 업체라고 믿었지만, 나중에는 메인 또한 재무부에서 고용한 여러 업체들 중 하나에 불과함을 깨달았다.

모든 일이 은밀히 진행되었기 때문에 재무부 건과 관련하여 다른 전문가들과 의견을 교환할 수 없었다. 따라서 중요한 선례를 남기게 될 이 일에서 내 역할이 어느 정도인지 가늠할 수 없었다. 하지만 재무부와 일하는 동안 경제 저격수의 새로운 기준을 만들 뿐 아니라 제국의 이익을 추구하기 위한 전통적인 방법마저 바꾸어 놓을 혁신적인 방안이 생겨났다. 또한 내가 생각해 낸 시나리오가 거의 대부분 채택되었으며, 이로써 메인은 막대한 수익을 안겨다 줄 사우디아라비아 개발 계약을 최초로 체결한 주요 업체들 중 하나가 되었고 나도 엄청난 액수의 상여금을 받았다.

내 역할은 사우디아라비아의 사회 기반 시설에 어마어마한 금액의 돈을 쏟아 부으면 어떤 효과가 나타날지 예측하고 어떻게 돈을 쓸지 계획을 세우는 것이었다. 간단하게 말해서 미국의 토목 회사나 건설 회사가 사우디아라비아 개발 계획에 참여할 수 있도록 한다는 전제 아래 사우디아라비아에 수억 달러의 돈을 투입할 정당한 이유를 만들어 내는 것이었다. 나는 다른 직원들의 도움을 받지 않고 모든 보고서를 직접 작성해야 한다는 명령을 받았다. 따라서 내가 근무하던 팀의 사무실보다 몇 층 위에 따로 사무실을 마련하여 일했다. 내가 하는 일은 미국의 안보뿐 아니라 메인의 이익에도 상당히 큰 영향을 미치는 일이라는 말을 들었다.

물론 그 일의 주요한 목적은 평소에 하던 일과 달랐다. 전에는 표적이 된 나라가 갚을 수 없을 정도의 부채를 빌리도록 설득하는 것이 목표였지만, 이번에는 상당 금액의 석유 달러가 다시 미국으로 돌아올 방법을 찾는 것이 목표였다. 물론 이 과정에서 사우디아라비아의 경제가 어려움을 겪거나 미국 경제와의 관계가 더욱 복잡해져 미국 경제에 대한 의존성이 커질 수도 있었다. 또한 사우디아라비아가 점점 서구화되어 미국 경제와 비슷한 면이 늘어나 미국의 시스템 속에 동화될 수도 있었다.

일단 작업에 착수한 나는 리야드의 거리를 배회하던 염소가 상징적인 요소임을 깨달았다. 나는 쓰레기를 치우는 염소가 바로 전세계를 휘젓고 다니는 사우디아라비아 인들이 가장 감추고 싶어하는 모습이라는 사실에 착안했다. 근대화된 사회로 변모하고 싶어하는 이 사막 위에 세워진 왕국을 설득하여 염소 대신 좀 더 적절한 쓰레기 처리 시설을 들여놓아야겠다는 생각이 들었다. 그 무렵 석유 수출국 기구의 경제 전문가들은 산유국들이 석유를 이용해서 더욱 부가가치가 높은 제품을 만들어야 한다고 주장했다. 단순히 원유를 수출할 것이 아니라 석유를 이용해서 다른 제품을 만들어서 원유보다 비싼 가격으로 팔아야 한다는 것이었다.

이 두 가지 사실을 바탕으로 새로운 전략이 떠올랐다. 그 전략을 잘 활용하면 모든 사람에게 도움이 될 것이라는 확신이 들었다. 물론 염소는 단순한 시작에 불과했다. 석유를 통해 벌어들인 이익으로 미국 회사를 고용해 염소 대신 쓰레기를 모으고 처리할 최첨단 시설을 세우고, 사우디아라비아 사람들이 최첨단 기술에 자부심을 느끼도록 하는 것이 내 시나리오의 뼈대였다.

문득 염소에서 얻은 아이디어를 사우디아라비아 경제의 모든 분야에 적용하면 사우디아라비아의 왕가, 미국 재무부, 그리고 메인의 상사들까지 모두 만족시킬 만한 전략을 짜낼 수 있을 거라는 생각이 들었다. 내 계획은 책정된 예산을 사용해서 원유를 새로운 상품으로 탄생시켜 수출하는 산업을 일으키는 것이었다. 그러면 황량한 사막에 대형 석유 단지가 생기고 그 주변에 산업 공단이 형성될 터였다. 너무나 당연한 일이지만 그러기 위해서는 수천 메가와트의 전력이 필요했고 전력 공급 시스템, 고속도로, 송유관, 통신 시설, 공항, 좀 더 성능이 개선된 항구 등을 포함하는 교통 시스템, 다양한 서비스 산업, 그리고 이 모든 것들이 제대로 돌아갈 수 있도록 하는 기반 시설이 반드시 필요했다.

우리는 이 계획이 전 세계에 적용될 수 있는 새로운 모델로 발전해 갈 것이라는 큰 기대를 품고 있었다. 그래서 종횡무진 해외를 누비는 사우디아라비아 인들이 우리 계획을 칭찬하도록 만들고, 세계 각국 지도자들을 불러 사우디아라비아의 변화를 보여 주고 어떤 기적이 일어났는지 직접 눈으로 확인하도록 할 심산이었다. 그러면 그들은 다시 우리를 불러서 비슷한 계획을 짜 달라고 부탁할 테고 석유 수출국 기구에 가입되어 있지 않은 나라들은 자금을 조달하기 위해 세계 은행의 문을 두드릴 것이 분명했다. 결국 세계 제국은 더욱 번창할 수밖에 없었다.

이런 기획을 바탕으로 보고서를 작성하다가 염소가 떠올랐고 운전사가 했던 말이 내 귓전을 맴돌았다.

"사우디 사람들은 자존심이 강해서 쓰레기를 직접 치우지 않습니다."

나는 그의 말을 여러 각도에서 생각해 보았다. 사우디 왕가는 산업 시설에서의 노동이건 다른 프로젝트에서 실제로 건설 업무에 참여하는 형태이건, 사우디 국민들이 직접 그런 천한 일을 하도록 내버려두지 않을 것임이 분명해 보였다. 또한 사우디 왕가는 국민들에게 그런 노동과 어울리지 않는 높은 수준의 생활을 보장하고 교육을 시키겠노라고 공언했다. 사우디 사람들은 다른 사람들을 부리는 일은 하겠지만 직접 공장이나 건설 현장의 노동자로 일할 것처럼 보이지는 않았다. 따라서 임금이 저렴하고 일자리가 부족한 나라에서 노동력을 수입해야 했다. 가능하다면 이집트, 팔레스타인, 파키스탄, 예멘 같은 다른 중동 국가나 이슬람 국가에서 노동력을 공수하는 편이 나을 것 같았다.

여기까지 생각이 미치자 더 거대한 개발 전략이 떠올랐다. 현장 노동자를 위한 대규모 주택 단지와 쇼핑몰, 병원, 소방서, 경찰서, 식수 및 오수 관리 시설, 전기망, 교통망, 통신망 등을 구축하면, 사막이 있던 자리에 현대적인 도시가 들어설 거라는 생각이 들었다. 뿐만 아니라 담수화 공장, 초음파 통신 시스템, 건강 관리 단지, 컴퓨터 기술 등 새롭게 떠오르는 여러 기술을 시험할 수 있는 기회가 될 수도 있었다.

사우디아라비아는 계획안을 만든 사람의 꿈이 이루어질 수 있는 곳이자 토목 및 건축 사업가들의 신천지였다. 무한한 재정적 역량을 바탕으로 아주 빠른 속도와 거대한 규모로 근대적인 국가로 탈바꿈하고자 하는 나라가 바로 사우디아라비아였다. 역사상 그 어떤 프로젝트와도 견줄 수 없는 경제적 기회였다.

사실 나는 내가 하는 일이 무척 마음에 들었다. 보스턴 공공 도서관뿐 아니라 그 어느 곳에도 사우디아라비아와 관련된 구체적인 자료가 없었고, 이 나라에 적용할 만한 계량 경제 모델도 없었다. 사실 선례가 있다고 하더라도 유례없이 큰 규모로 나라 전체를 빠른 속도로 변화시키려는 계획에 견줄 수는 없었다.

당시 상황에서 이런 식의 분석이 가능할 거라고 기대하는 사람은 없었다. 나는 그저 상상력을 발휘하여 일을 진행해 나갔고 사우디아라비아에 영광스러운 역사가 기다리고 있다는 내용의 보고서를 작성했다. 우리는 전기 1메가와트를 생산하는 데 드는 비용과 도로 1마일을 건설하는 데 드는 비용, 그리고 노동자 한 명당 식수를 생산하고 하수를 처리하고 주택 단지를 건립하고 공공 서비스를 제공하는 데 드는 비용을 어림짐작으로 계산했다. 이 수치들을 정확하게 다듬거나 결론을 내리는 일은 내 몫이 아니었다. 실현 가능한 계획, 한마디로 비전을 제시하고 그 비전을 달성하기 위해 돈이 대략 얼마나 드는지 계산하는 일이 내 임무였다.

나는 항상 진정한 목적이 무엇인지 잊지 않았다. 내가 보고서를 쓰는 진짜 목적은 미국 회사에 가능한 한 많은 돈이 돌아가도록 하고 사우디아라비아가 미국에 점점 더 많이 의존하도록 만드는 것이었다. 이 두 가지 목적이 서로 긴밀하게 연결되어 있음을 깨닫는 데에는 그리 오랜 시간이 걸리지 않았다. 신규 개발 프로젝트를 거의 모두 달성하고 나면 지속적인 개선과 서비스가 필요하고 이를 위해서는 마찬가지로 고도의 기술이 필요하므로, 원래 개발을 담당했던 회사에 다시 유지 보수와 개선 작업을 맡기게 된다. 나는 실제로 보고서를 작성하면서 내가 구상하는 프로젝트와 관련된 목록을 두 개로 나누었다. 하나는 설계 및 건설 계약을 하는 업체들의 목록이고 다른 하나는 장기적인 서비스와 관리에 관련된 계약을 체결할 업체들의 목록이었다. 결국 메인, 벡텔, 브라운앤드루트, 할리버튼, 스톤앤드웹스터 및 미국의 다른 기업들이 수십 년 동안 엄청난 이윤을 얻게될 터였다.

단순한 경제 차원을 넘어서 사우디아라비아가 미국에 의존하도록 만드는 또 다른 요인이 있었다. 석유가 넘쳐나는 이 왕국이 현대화를 추진하면서 나타날 반작용을 경제적인 기회로 활용하는 것이었다. 보수적인 이슬람교도들은 사우디아라비아의 대외 개방 정책에 반발할 것이고 이스라엘을 비롯한 이웃 국가들은 위협을 느낄 터였다. 사우디아라비아의 경제가 발달하면 다른 산업, 즉 아라비아 반도를 수호하기 위한 군사적 역량도 커진다. 따라서 미군을 비롯한 미국의 방위 산업체들이 아라비아 반도를 지키기 위해 필요한 여러 가지 활동에 활발하게 참여하게 되고 사우디아라비아는 다시 한 번 미국과 서비스 및 운영 계약을 체결해야 한다. 이 단계에 이르면 또 다른 종류의 토목 및 건설 프로젝트가 필요해지고 공항, 미사일 기지, 인력 기지 등 다양한 부대 시설이 생겨난다.

나는 밀봉한 보고서를 사내 우편을 통해 미 재무부 프로젝트 담당자에게 제출했다. 또한 메인의 부사장단을 비롯한 상사들과 이따금씩 회의를 하곤 했다. 메인의 프로젝트는 여전히 연구 개발 단계였으며 미국−사우디아라비아 합동 경제 위원회가 정식으로 채택하기 전이었으므로 아직 공식적으로 프로젝트 이름이 정해지지 않은 상태여서, 메인 내부에서는 이것을 일명 '사마 프로젝트'라고 불렀다. 사우디아라비아 돈세탁 프로젝트(Saudi Arabian Money-laundering Affair)를 줄여서 사마(SAMA)라고 부른 것이었지만 일종의 말장난이기도 했다. 사실 사우디아라비아의 중앙은행도 사우디아라비아 통화위원회(Saudi Arabian Monetary Agency) 또는 사마라고 불렸기 때문이다.

가끔 미 재무부 대표가 회의에 참석하는 경우도 있었다. 회의를 하는 동안 나는 거의 질문을 하지 않았다. 주로 내가 하는 일을 설명하거나 그들의 대답을 듣고 의견을 이야기했으며 나에게 주어진 일은 무엇이든 하겠다고 대답했다. 메인의 부사장단과 재무부 대표들은 내가 제시한 장기 서비스와 운영 계약 아이디어를 높이 평가했다. 부사장 중 한 명은 내 계획을 듣더니 "사우디아라비아는 우리가 모두 은퇴하는 그날까지 우유를 짜낼 수 있는 젖소"라고 표현했다. 그 말을 들으면서 나는 젖소가 아니라 염소의 모습을 먼저 떠올렸다.

나는 내가 이런 종류의 회의를 하는 동안 메인의 경쟁자들 또한 비슷한 일을 하고 있으며, 노력의 대가로 모두들 수익이 짭짤한 계약을 맺을 수 있을 것임을 깨달았다. 아마도 메인과 다른 회사들은 단기간의 위험을 감수하고 초기 업무를 진행하기 위한 비용을 직접 지불해야 할 테지만 그 후에는 엄청난 대가를 돌려받을 거라고 생각했다. 개인 업무 일지에 일한 시간이 평소보다 훨씬 길게 기록되어 있는 것을 보면서 내 믿음은 더욱 확고해졌다. 연구 개발 업무를 진행하거나 대다수 프로젝트를 진행할 때 준비 제안 단계에서 흔한 일이기는 하지만, 당시에는 특히 초기 투자가 평균치를 훨씬 웃돌았다. 그러나 부사장단은 사우디아라비아로부터 훨씬 더 많은 돈을 받아 낼 수 있을 거라고 믿었다.

여러 경쟁자들이 동시에 프로젝트를 준비하고 있었지만 모두에게 돌아갈 만큼 일이 충분해 보였다. 나는 이런 일에 오랫동안 몸담아 왔기 때문에 재무부에서 우리가 준비한 계획을 얼마나 수용하느냐에 따라, 또 누가 제안한 계획이 가장 이윤이 많이 남는 계약으로 이어지느냐에 따라 주어지는 보상이 달라진다는 사실을 알고 있었다. 나는 이번 프로젝트를 개인적인 도전의 기회로 활용하기로 마음먹었다. 사실 메인에서 내 주가는 이미 상승하는 중이었다. 이번 사마 프로젝트에서 중요한 역할을 성공적으로 해낸다면 내 입지가 더욱 공고해질 터였다.

회의를 할 때면 사마 프로젝트와 미국-사우디아라비아 합동 경제위원회가 어떤 선례를 낳게 될지에 관해서도 토론이 이루어졌다. 이번 프로젝트는 국제 은행들로부터 부채를 얻을 필요가 없는 나라에서 이윤이 많이 남는 일을 만들어 내는 새로운 접근 방법을 보여 주었다. 사우디아라비아에서 성공한다면 이란과 이라크에도 똑같은 방식을 적용할 수 있을 거라는 생각이 들었다. 인간의 본성이라는 측면에서 생각하면, 굳이 우리가 부추기지 않더라도 이란과 이라크 등의 지도자들이 사우디아라비아를 모방할 거라는 생각이 들었다. 나는 처음에 미국에 부정적인 영향을 끼치는 것처럼 보였던 1973년의 석유 수출 금지 조치가 미국의 토목 및 건설 업체에 예기치 못한 엄청난 이득을 안겨 주고 나아가 세계 제국을 건설하는 지름길이 될 것이라고 믿어 의심치 않았다.

개인 사무실이나 보스턴 공원이 내려다보이는 집에 틀어박혀 며칠씩 집중해서 계획서를 작성하고 며칠간 휴식을 취하는 방식으로 약 8개월에 걸쳐 보고서를 마무리했다. 이 기간 동안 팀원들을 제대로 돌보지 못한 채 가끔씩 근무 상황을 점검하는 정도에 그쳤지만, 모두 맡은 바 임무를 완수하기 위해서 최선을 다하고 있었다. 내가 맡은 업무의 비밀을 유지해야 할 필요성도 점점 줄어들었다. 차츰 많은 직원들이 사우디아라비아와 관련된 엄청난 일이 벌어지고 있음을 눈치 챘다. 부사장단과 재무부 대표들도 이 프로젝트를 점점 공개적으로 이야기하기 시작했다. 내 생각엔 아마도 일찍이 전혀 접해 본 적 없는 계획의 세부 사항들이 나타나기 시작하면서 관계자들이 좀 더 많은 정보를 얻기 위해 일부러 정보를 흘렸던 것 같다.

계획을 진행하는 동안 미국 정부는 사우디아라비아에 석유 수급에 따라 가격이 변할 수는 있지만 항상 미국을 비롯한 동맹국에서 수용할 수 있는 수준의 가격으로 석유를 공급해 줄 것을 요구했다. 미국의 요구 사항은 이란이나 이라크, 인도네시아, 베네수엘라 등에서 석유를 수출하지 않겠다고 으름장을 놓을 경우, 가장 방대한 석유 매장량을 자랑하는 사우디아라비아가 부족분을 메워 주어야 한다는 것이었다. 장기적으로 보면, 이렇게 함으로써 사우디아라비아가 언제라도 미국과 동맹국들에게 안정적으로 석유를 공급해 줄 것을 알고 있는 산유국들이 석유 수출을 중단하겠다는 협박을 아예 시도조차 못하도록 만들 수도 있었다. 그 대가로 미국 정부는 사우디 왕가에 놀랄 만큼 구미가 당기는 제안을 내놓았다. 필요한 경우 언제라도 정치적·군사적 지원을 아끼지 않겠다고 약속함으로써 사우디 왕가의 안위를 보장한 것이다.

지리적 위치나 군사적 약세, 또 이란, 시리아, 이라크, 이스라엘 등 주변 국가로부터의 위협 등을 고려하면 사우디 왕가로서는 거절하기 힘든 제안이었다. 당연한 일이지만 미국 정부는 그 기회를 이용하여 또 다른 조건을 내걸었다. 세계 무대에서 경제 저격수의 역할을 재정의하게 된 그 조건은 다른 나라, 특히 이라크에 적용하게 되는 새로운 조건의 선례가 되었다. 지금 와서 돌이켜 보면 사우디아라비아에서 왜 그런 조건을 받아들였는지 도무지 이해할 수가 없다. 사실 그 조건의 실체와 사우디 왕가가 미국 정부의 요구 사항에 어떻게 굴복을 했는지가 알려졌을 때 나머지 아랍 국가들과 석유 수출국 기구, 그리고 그 밖의 이슬람 국가들은 모두 경악하고 말았다.

그 조건이란 바로 사우디아라비아가 석유 수출을 통해 벌어들인 달러를 이용해 미국 정부에서 발행하는 채권을 구입하고, 미 재무부는 채권을 팔아서 벌어들인 수익으로 사우디아라비아가 중세 사회의 면모를 벗어던지고 근대화된 산업 사회로 거듭날 수 있도록 도와주는 것이었다. 다시 말해, 사우디아라비아가 석유를 팔아서 벌어들인 수십억 달러에 복리로 붙는 이자가, 나와 다른 컨설턴트들이 제시한 비전을 달성하기 위해 일하는 미국 회사에 돈을 지불하고 사우디아라비아를 근대적인 산업 국가로 탈바꿈시키는 데 사용된 것이다. 미 재무부는 아라비아 반도 전역에 사회 기반 시설과 도시를 세우기 위해 우리를 고용했지만 정작 그 비용을 부담한 쪽은 사우디아라비아 정부였다.

물론 이 프로젝트의 본질을 고려하면 사우디아라비아는 기본적으로 필요한 자금을 지불할 뿐이었지만, 이슬람교도의 시각으로 본다면 사실상 불경하기 짝이 없는 외국인들의 손에 아라비아 반도의 경제와 미래를 맡기는 일이었다. 게다가 보수적인 와하브주의 원칙에 따라 건국되어 수세기 동안 그 원칙을 고수해 온 왕국에서 유례없는 일이 벌어질 참이었다. 사우디아라비아의 입장에서 보면 그동안 지켜 온 믿음에서 벗어나는 일이었지만 미국 정부의 정치적·군사적 압력 때문에 사우디 왕가로서는 별다른 대안이 없었을 것이다.

미국 입장에서는 엄청난 돈을 벌 수 있는 기회였다. 사우디아라비아에서의 계획을 성공적으로 마무리하기만 한다면 깜짝 놀랄 만한 선례를 세울 수 있는 대단한 프로젝트였다. 미국 정부의 구미를 한층 당기게 한 것은 어느 것 하나 의회로부터 승인받을 필요가 없다는 사실이었다. 의회의 승인을 받기란 기업들, 특히 장부를 공개하거나 기밀을 알리고 싶어하지 않는 벡텔이나 메인 같은 민간 기업들이 가장 싫어하는 일이었다. 중동 재단 소속 학자이자 전직 기자인 토머스 W. 리프먼은 이 거래에서 특기할 만한 사항을 다음과 같이 기록했다.

돈이 넘쳐나는 사우디아라비아는 미 재무부에 수억 달러를 갖다 바칠 것이다. 그러면 재무부는 그 돈을 갖고 있다가 계약 업체들과 일꾼들에게 나누어 줄 것이다. 결국 이로써 사우디의 돈이 미국 경제로 들어와 재활용된다. 게다가 이런 구조 덕분에 위원회 담당자들과 사우디 왕가는 의회의 허락 없이 어떤 프로젝트라도 시행할 수 있다.

그러나 곧 이 역사적인 사업에 변수가 나타났다. 나는 이제 이 변수에 어떻게 대응할지 방법을 찾아야 했다. 계획이 제대로 굴러가도록 하기 위해서 미국 정부는 비밀 임무를 맡은 정부 고위 인사를 사우디아라비아에 파견해야 했다. 확실치는 않지만, 특사로 파견된 인물은 헨리 키신저였던 것 같다.

특사가 누구였든 간에 첫 번째 임무는 사우디 왕가에게 이웃 국가인 이란에서 모사데그 총리가 브리티시페롤리엄을 몰아내려고 했을 때 어떤 일이 일어났는지 상기시키는 것이었다. 다음 임무는 사우디 왕가가 거절하기 힘들 만큼 구미가 당기는 계획을 제시하고는 사실상 별다른 대안이 없다는 사실을 넌지시 알려 주는 것이었다. 사우디 왕가 입장에서는 미국의 제안을 받아들여서 미국의 보호 아래 권력을 지켜 나가든지, 아니면 미국의 제안을 거절하고 모사데그와 같은 길을 가든지 둘 중 하나를 선택할 수밖에 없었다. 미국으로 돌아온 특사는 사우디아라비아가 미국의 제안을 따를 것으로 보인다는 의견을 전했다.

다만 사소한 장애물이 하나 있었다. 사우디 정부 내의 중요 인사들을 설득해야만 했다. 사우디 왕가에는 일종의 가족 문제 같은 것이 있었다. 사우디아라비아는 민주주의 국가가 아니었으므로 프로젝트를 시행하기 위해서는 왕가 일원들이 모두 계획에 동의해야만 했다.

1975년, 나는 사우디 왕가의 주요 인물 중 한 명을 설득하는 일을 맡게 되었다. 실제로 그가 사우디아라비아의 왕세자인지 확인하지는 못했지만 어쨌든 내가 설득해야 할 사람은 W 왕자였다. W 왕자를 설득하여 사마 프로젝트가 W 왕자뿐 아니라 사우디아라비아에도 도움이 된다고 믿게 만드는 것이 내 임무였다.

그러나 생각처럼 쉬운 일이 아니었다. W 왕자는 스스로 와하브주의를 신봉하는 사람이라고 자신을 소개하면서 조국이 서방의 상업주의에 물드는 꼴을 보고 싶지 않다고 했다. 뿐만 아니라 우리가 제안하는 프로젝트의 교활한 본질을 이미 알고 있다고 말하며 우리 목적은 아랍 세계를 기독교화하고자 했던 천여 년 전의 십자군과 다를 바가 없다고 했다. 사실 W 왕자의 말도 어느 정도 일리가 있었다. 십자군과 우리 프로젝트에는 정도의 차이가 있을 뿐이었다. 중세 유럽 교회는 이슬람교도들을 지옥으로부터 구해 내는 것을 목표로 삼았다. 우리 목표는 사우디아라비아를 현대화시키는 것이었다. 사실 미국 기업 정치의 주요 세력들과 마찬가지로 십자군도 자신들의 제국을 더욱 키워 나가는 게 주목적이었을 것이다.

그러나 W 왕자는 한 가지 약점을 갖고 있었다. 바로 금발 미녀를 보면 정신을 못 차린다는 점이었다. 잘못된 고정관념을 언급한다는 게 우습기는 하지만 W 왕자는 내가 만났던 사우디아라비아 인 중에서 유일하게 금발 미녀에 대한 동경을 갖고 있는 사람이었다. 아니면 유일하게 금발 미녀를 좋아한다는 사실을 나에게 고백한 사람일 수도 있다. 그러나 W 왕자의 이런 성향은 역사적인 거래를 성사시키는 데 중요한 역할을 하였으며 내가 임무를 완수하는 데에도 큰 도움이 되었다.

제16장
왕자, 뚱쟁이, 그리고 오사마 빈라덴

    W 왕자는 처음부터 내게 보스턴에 올 때마다 이상형의 여성과 함께 지내고 싶다는 의사를 밝혔으며, 그 여성이 단순한 안내 역할 이상의 무언가를 해 주기 바란다고 했다. 그러나 왕자는 길거리나 파티장에서 흔히 마주치는 직업 매춘 여성은 싫어했다. W 왕자와의 만남은 비밀리에 이루어졌기 때문에 나도 왕자의 부탁을 들어주기가 한결 수월했다.

    샐리는 보스턴에 살고 있는 푸른 눈의 금발 미인이었다. 샐리의 남편은 유나이티드 항공사의 조종사로서 업무뿐 아니라 업무 이외의 일로도 자주 집을 비웠다. 사실 샐리의 남편은 바람을 피우고 있다는 사실을 거의 숨기려고 하지 않았다. 샐리 또한 남편의 행동에 개의치 않았다. 그녀는 남편이 벌어 오는 월급과 보스턴의 호화로운 아파트, 그리고 조종사 아내에게 주어지는 여러 혜택을 즐기며 살아가고 있었다. 십여 년 전까지 방탕한 섹스를 즐기는 히피족이었던 샐리는 왕자와의 은밀한 관계를 통해 부수입이 생긴다는 사실을 무척 마음에 들어 했다. 샐리는 한 가지 조건을 걸고 왕자와 만나기 시작했다. 왕자와의 관계는 왕자가 샐리에게 어떤 행동과 태도를 보이느냐에 따라 달라질 수 있다는 것이 그 조건이었다.

나로서는 다행스럽게도 양측의 조건이 맞아떨어졌다.

프로젝트의 일환으로 W 왕자와 샐리의 관계를 주선하게 되었지만 사실 마음이 편하지는 않았다. 메인에서는 직원의 범법 행위를 엄격하게 금했다. 샐리와 왕자를 엮어 준 것은 일종의 매춘 알선 행위로서 매사추세츠 주에서 법으로 금하는 일이었다. 따라서 나는 샐리에게 합법적으로 돈을 지불할 방법을 생각해 내야 했다. 다행히도 메인의 회계 부서에서는 비용 계정을 재량껏 사용할 수 있도록 해 주었다. 나는 마치 레스토랑에서 팁을 많이 준 것처럼 보이도록 하려고 보스턴에 있는 호화로운 식당의 웨이터에게 부탁하여 백지 영수증을 얻었다. 당시는 컴퓨터가 아니라 사람이 직접 영수증에 금액을 기입하던 시절이었다.

시간이 흐를수록 W 왕자는 더욱 용감해졌다. 결국 왕자는 샐리를 사우디아라비아로 불러 개인 별장에 머무르도록 해 달라고 부탁했다. 사실 당시로서는 그리 드문 일도 아니었다. 그 무렵 유럽과 중동 사이에 젊은 여자를 대상으로 하는 거래가 활발하게 이루어지고 있었다. 젊은 여자들이 일정 기간 계약을 맺고 중동 지역으로 갔다가 계약이 끝나면 엄청난 돈을 받고 다시 고향으로 돌아가곤 했다. 이십여 년 동안 미 중앙 정보국 작전실에서 근무한 작전관이자 중동 전문가인 로버트 베어는 다음과 같은 말을 남겼다.

"1970년대 초에는 석유 달러가 넘쳐나기 시작해서 레바논 인들이 사우디아라비아의 왕자들을 위해 매춘부들을 몰래 들여왔다. 사우디 왕가에는 회계를 할 줄 아는 사람이 없었기 때문에 레바논 인들은 엄청난 돈을 벌어 들였다."

나도 이런 상황을 잘 알고 있었고 누가 이런 계약을 성사시키는지도 알고 있었다. 그러나 두 가지 문제가 있었다. 하나는 샐리를 설득하는 일이었고 두 번째는 비용 지불 문제였다. 샐리가 보스턴을 떠나서 중동에 있는 외딴 별장으로 갈 것 같지는 않았다. 또한 아무리 레스토랑에서 백지 영수증을 받아 온다 해도 필요한 금액을 다 메울 수 있을 것 같지는 않았다.

왕자는 샐리를 데려오기만 하면 비용은 직접 지불하겠다고 했다. 뿐만 아니라 굳이 미국에서 즐겼던 사람을 다시 데려올 필요는 없다고 했다. 나는 런던과 암스테르담에 있는 레바논 인 중개인에게 연락했다. 몇 주가 지나지 않아 왕자를 즐겁게 해 줄 여자가 나타났다.

W 왕자는 복잡한 사람이었다. 샐리는 왕자의 육체적인 욕구를 충족시켜 주었고 이 일로 왕자는 나를 신뢰하게 되었다. 그렇지만 사마 프로젝트가 사우디아라비아에 도움이 될 거라고 왕자를 설득시키기는 쉬운 일이 아니었다. 나는 왕자를 설득하기 위해 여러모로 준비해야 했다. 몇 시간에 걸쳐 왕자에게 통계 자료를 보여 주기도 하고, 인도네시아로 떠나기 전 몇 달 동안 클로딘으로부터 훈련을 받으면서 개발한 쿠웨이트를 위한 계량 경제 모델을 비롯하여, 메인 팀이 수행해 온 연구 자료를 분석할 수 있도록 도와주기도 했다. 결국 왕자는 흔들리기 시작했다.

나는 동료 경제 저격수들과 다른 사우디 주요 인사들 사이에서 어떤 일이 일어났는지 자세히 알지 못한다. 내가 아는 사실은 사우디 왕가 전체가 우리가 제시한 조건을 모두 받아들였다는 것뿐이다. 메인은 미 재무부에서 주관하는 수익성이 높은 계약을 따 냈다. 우리는 낡고 체계 없는 사우디아라비아의 전력 공급 시스템을 철저하게 분석하여 미국에 맞먹을 새로운 시스템을 설계하라는 명령을 받았다.

항상 그래왔듯이 나는 사전 조사 팀을 파견해서 지역별 전력 수요량 및 경제 성장률을 예측하는 일을 맡았다. 상부로부터 몇 주 내로 리야드에 장비와 설비가 완전히 갖추어진 사무실을 열어서 업무에 임해야 한다는 명령을 받고, 국제 프로젝트를 수행해 본 경험이 있는 세 명의 전문가로 이루어진 팀이 리야드로 떠날 채비를 했다. 재무부와 맺은 계약서에는 프로젝트를 진행하기 위해 필요한 모든 장비를 사우디아라비아나 미국에서 제조해야 한다고 명시되어 있었다. 그러나 사우디아라비아에는 그럴 만한 공장이 없었기 때문에 모든 장비를 미국에서 공수해야 했다. 그러나 배에 물건을 싣고 아라비아 반도에 도착해서 보니 수많은 유조선들이 항구로 들어가기 위해 줄을 서 있었다. 미국에서 싣고 온 물건들을 모두 사우디아라비아까지 들여가려면 여러 달이 걸릴 것 같았다.

메인은 사무실 집기를 제때 들여오지 못해서 기껏 잡은 소중한 기회를 놓칠 회사가 아니었다. 관련된 파트너들이 모두 모여 여러 시간에 걸쳐 회의를 했다. 우리의 결론은 필요한 집기를 보스턴 지역의 상점에서 구매한 다음 보잉 747기를 빌려서 사우디아라비아로 실어보내는 것이었다. 그러고 보니 당시 유나이티드 항공사의 비행기를 빌려서 사우디 왕가의 동의를 얻어 내는 데 결정적 역할을 했던 바로 그 여자의 남편이 전세기를 조종하도록 하면 되겠다고 생각했던 기억이 난다.

미국과 사우디왕가 사이의 거래 덕분에 사우디아라비아는 말 그대로 하룻밤 사이에 다시 태어났다. 염소가 사라지고 밝은 노란색 미국산 쓰레기 처리 차량 200대가 그 역할을 대신하게 되었다. 우리는 폐기물 처리 업체인 웨이스트매니지먼트와 2억 달러 규모의 계약을 맺고 쓰레기 처리 차량을 구입했다. 이와 유사한 방식으로 농업, 에너지, 교육, 통신 등 사우디 경제의 모든 분야가 현대화되었다. 2003년에 토머스 리프먼은 다음과 같은 글을 썼다.

미국인들은 유목민들의 천막과 농부들의 흙 오두막으로 가득 찬 광활하고 황량한 땅을 자신들이 바라는 대로 바꾸어 놓았다. 거리 곳곳에 스타벅스가 생겨나고 새로 지어진 공공 건물에는 휠체어 전용 경사로가 만들어졌다. 오늘날 사우디아라비아는 고속도로와 컴퓨터, 부유한 미국의 도시 근교에서나 찾아볼 수 있는 냉방 시설이 잘된 쇼핑몰, 품격 높은 호텔, 패스트푸드 체인점, 위성 텔레비전, 최신 시설의 병원, 고층 건물, 놀이기구를 갖춘 공원이 있는 나라가 되었다.

1974년에 우리가 생각해 낸 계획은 이후 산유국과 협상을 할 때 사용하는 근거가 되었다. 어찌 보면 커미트 루스벨트가 이란에서 최초로 선례를 세운 이래 사우디아라비아에서의 프로젝트가 두 번째 발판을 마련한 것이었다. 이 프로젝트는 세계 제국을 건설할 새로운 부류의 병사들에게 정치적 · 경제적 무기를 정교하게 사용할 방법을 제시했다고 해도 과언이 아니다.

사우디아라비아 돈세탁 프로젝트와 합동 위원회는 국제법 체계와 관련하여 새로운 선례가 되었다. 이디 아민을 보면 이를 좀 더 확실히 이해할 수 있다. 우간다의 악명 높은 독재자였던 이디 아민은 1979년 조국에서 쫓겨나 사우디아라비아로 망명했다. 이디 아민은 10만 명에서 30만 명에 이르는 우간다 국민의 목숨을 빼앗은 잔인한 독재자였지만, 망명을 떠나 사우디아라비아 왕가에서 제공하는 자동차를 타고 하인을 부리면서 호화로운 생활을 즐길 수 있었다. 아민은 낚시를 하고 사우디 해변을 거닐면서 말년을 보낸 후, 여든 살이 되던 2003년 신장 질환으로 홍해 연안의 지다에서 사망했다.

사우디아라비아가 국제 테러 조직을 재정적으로 지원한 일은 매우 민감한 사안이었으며, 결국 치명적인 결과를 낳았다. 1980년대에 아프가니스탄 전쟁이 일어나자 미국은 오사마 빈라덴이 소련에 대항하여 싸울 수 있도록 사우디아라비아 왕가가 재정 지원을 해 주기를 원했고, 사우디 왕가와 미국 정부는 이슬람 게릴라에게 35억 달러를 제공했다. 그러나 이것이 전부가 아니었다.

2003년 말《유에스 뉴스 앤드 월드 리포트》는「사우디와의 결탁」이라는 제목의 심층 보도 기사를 실었다. 이 잡지는 수천 페이지나 되는 법정 기록뿐 아니라 미국과 해외 정보기관의 보고서 및 기타 문서를 조사했고, 정부 관료와 테러 전문가 및 중동 전문가 수십 명을 인터뷰했다. 조사 결과는 다음과 같았다.

증거는 너무나 명백했다. 한 재무부 고위 관계자의 말처럼 미국의 오랜 동맹국이자 세계 최대 산유국인 사우디아라비아는 그동안 테러 지원의 근원지였다. 이란 혁명과 소련의 아프가니스탄 침공이라는 두 가지 충격적인 사건이 일어난 이후, 1980년대 말부터 사우디아라비아에서 생겨난 공식 자선 단체들은 급격히 확대되는 성전(聖戰)에 재원을 조달하는 주요 공급처였다. 사우디아라비아에서 마련한 돈은 이십여 개국에서 준군사 훈련 시설을 운영하고 무기를 사들이고 모병하는 데 사용되었다.

몇몇 중앙 정보국 고위 관계자들은 사우디아라비아의 재력이 엄청났기 때문에 미국 측 관계자들이 이 사실을 알면서도 모르는 척했다고 증언했다. 계약, 보조금, 월급 등의 형태로 수십억 달러나 되는 돈이 미국 대사, 미 중앙 정보국 국장, 심지어 장관을 지내고 사우디아라비아와 관련된 일을 하는 전직 미국 관료들에게까지 흘러 들어갔다.

또한 도청으로 얻은 정보에 따라 사우디아라비아 왕가가 알카에다뿐 아니라 다른 테러 조직에도 자금을 지원했다는 사실이 밝혀졌다.

2001년 9월 11일 세계 무역 센터와 펜타곤이 공격당하고 나서 미국 정부와 사우디아라비아 왕가 사이의 은밀한 관계를 밝히는 증거들이 속속 드러나기 시작했다. 2003년 10월, 《배니티 페어》는 그때까지 알려지지 않았던 정보를 공개하면서 「사우디아라비아 구하기」라는 제목의 심층 보고서를 실었다. 나는 부시 일가와 사우디 왕가, 빈라덴 일가의 관계를 폭로한 그 기사를 보고도 전혀 놀라지 않았다. 이들의 유착 관계는 사우디아라비아 돈세탁 프로젝트가 시작되었던 1974년, 조지 H. W. 부시가 미국 유엔 대사(1971년~1973년) 및 미 중앙 정보국 국장으로 재직했던 기간(1976년~1977년)으로 거슬러 올라간다. 나는 그 사실 자체가 아니라 정작 그 사실이 마침내 폭로되었다는 점에 놀랐다. 《배니티 페어》는 다음과 같이 결론을 내렸다.

세계에서 가장 영향력이 큰 두 가문, 즉 부시 일가와 사우디 왕가는 이십 년이 넘도록 사적으로나 사업적으로, 또 정치적으로도 관계를 맺어 오고 있다. 민간 분야를 살펴보면 사우디 왕가는 조지 W. 부시가 투자한 석유 회사인 하켄에너지가 어려움을 겪을 때 도움을 주었다. 좀 더 최근의 일을 보면, 전 대통령 조지 H. W. 부시와 그의 오랜 동지인 전 국무장관 제임스 A. 베이커 3세는 세계에서 가장 규모가 큰 개인 자산 회사로 알려진 칼라일그룹의 모금 행사에 나란히 참석했다. 테러 조직과의 유착 관계로 비난받고 있는 사우디아라비아가 칼라일그룹의 주요 투자자라는 의혹이 제기되고 있지만 부시 전 대통령은 계속해서 칼라일그룹의 고문으로 활동하고 있다.

9·11 테러 사건이 발생하고 며칠이 지난 후, 빈라덴 일가와 부유한 사우디아라비아 인들은 전용 비행기를 타고 미국을 떠났다. 아무도 비행기의 이륙을 허가했다는 사실을 자백하지 않을 테고 탑승객들도 전혀 심문을 받지 않았다. 부시 일가와 사우디 왕가가 오랜 세월 동안 유착 관계를 맺어 왔기 때문에 이런 일이 가능하지 않았을까?

제3부 **1975-1981**

제17장
파나마 운하 협상과 그레이엄 그린

    사우디아라비아에서의 활약은 내 경력에 여러모로 도움이 되었다. 나는 이미 적잖은 경력을 쌓았지만 사우디아라비아에서의 성공으로 경력이 더욱 화려해졌다. 1977년, 보스턴에 있는 메인 본사에 근무하는 전문가 이십여 명과 메인 본사의 다른 부서 및 전 세계에 흩어져서 근무 중인 컨설턴트들로 이루어진 나만의 작은 제국이 생겨났다. 나는 메인의 백 년 역사에서 가장 젊은 나이에 파트너로 승진한 기록을 세웠다. 수석 경제 전문가라는 직함 이외에도 경제 및 지역 개발 계획 팀을 맡게 되었다. 하버드 대학교를 비롯한 여러 단체에서 강의 요청이 들어왔고 신문에서는 시사에 관한 글을 기고해 달라고 부탁해 왔다. 나는 요트도 한 대 사서 보스턴 항에 배치된 콘스티튜션 호 옆에 세워 두었다. 콘스티튜션 호는 독립 전쟁 직후 바버리의 해적을 무찌른 공으로 유명해진 역사적인 전함으로서 '늙은 철갑선(Old Ironside)'이라고도 불렸다. 나는 거액의 월급을 받고 있었고 그대로

만 간다면 채 마흔 살이 되기도 전에 백만장자 대열에 들어 설 것 같았다. 결혼 생활은 파탄에 이르고 말았지만 나는 여러 대륙의 아름답고 매력적인 여성들과 많은 시간을 함께 즐겼다.

브루노는 좀 더 혁신적인 예측 기법을 도입해 보는 게 어떻겠냐고 제안했다. 그것은 19세기에서 20세기로 넘어갈 무렵 러시아의 수학자 마르코프가 발표한 논문을 바탕으로 만든 이론으로서, 한 나라의 경제에서 특정 분야가 어느 정도 성장할지를 두고 예측치에 주관적인 의견을 반영할 수 있는 모델이었다. 차관 규모를 늘리기 위해 성장률을 부풀릴 때 적절하게 사용할 수 있을 듯했다. 브루노는 내게 그 방법을 도입할 수 있겠느냐고 물었다.

나는 매사추세츠 공과 대학에서 수학을 전공한 나디푸람 프라사드 박사를 고용하여 브루노가 지시한 일을 맡겼다. 나디푸람은 업무를 시작한 지 여섯 달이 지나서 계량 경제 모델을 만드는 데 사용할 마르코프 모델을 개발했다. 나디푸람과 나는 머리를 맞대고서, 사회 기반 시설에 대한 투자가 경제 발전에 어떠한 영향을 미치는지 예측하기에 가장 적합한 수단이 바로 마르코프 모델임을 증명하기 위한 세부 보고서를 작성했다.

마르코프 모델이야말로 우리가 원해 온 것이었다. 즉, 다른 나라에 갚지 못할 빚을 떠안기면서 우리가 그 나라에 얼마나 도움이 되는지 과학적으로 증명해 보일 수 있게 된 것이다. 뿐만 아니라 이 모델은 시간과 돈, 그리고 뛰어난 전문 지식을 갖고 있는 경제학자만이 복잡한 과정을 이해하고 그 결론에 의문을 제기할 수 있도록 만들어져 있었다. 권위 있는 여러 기관에서 우리가 작성한 보고서를 출판했고 우리는 여러 나라의 회의와 대학에서 공식 발표회를 갖기도 했다. 우리가 만들어 낸 보고서는 업계에서 점차 유명해졌고 우리도 덩달아서 유명해졌다.

오마르 토리호스와 나는 우리가 맺은 은밀한 약속을 잊지 않았다. 나는 정직하게 보고서를 작성했고 약속대로 파나마의 가난한 사람들을 배려하는 계획안을 내놓았다. 상부에서는 평소와 달리 전망을 부풀려서 내놓지 않는다고 볼멘소리를 하면서 사회주의 냄새가 난다고 했지만, 메인은 토리호스 정부로부터 계속 계약을 따냈다. 이번 계약에는 전례없이 사회 기간 시설 구축 이외에 농업 분야도 포함되어 있었다. 또한 토리호스와 지미 카터 미 대통령은 메인의 프로젝트와 별도로 운하 조약을 다시 협상하기 시작했다.

운하 조약 재협상은 전 세계의 이목을 집중시켰다. 세상 사람들은 과연 미국이 전 세계의 대다수 사람들이 옳다고 생각하는 바를 따라 파나마 인들에게 운하 통제권을 넘겨줄 것인지, 아니면 베트남에서의 대패로 인해 이미 흔들리고 있던 명백한 천명을 재건하려 시도할 것인지 지켜보았다. 당시 많은 사람들이 합리적이고 인정 많은 대통령이 적시에 당선되었다고 생각했다. 그러나 분노한 워싱턴 정가의 보수파와 우파 종교 단체들은 격렬한 반대 운동을 펼쳤다. 미국 국방의 보루이자 미국의 독창성의 상징이며 남미의 돈이 미국으로 흘러들어오도록 하는 길인 파나마 운하를 미국인들이 어떻게 포기할 수 있겠는가?

나는 파나마에 갈 때마다 콘티넨털 호텔에 머무르곤 했다. 그러나 다섯 번째로 파나마를 방문했을 때 콘티넨털 호텔은 보수 공사 중이었다. 공사 소음이 대단했기 때문에 나는 건너편에 있는 파나마 호텔에 묵었다. 그동안 콘티넨털 호텔이 마치 내 집 같은 편안함을 주었기에 파나마 호텔이 너무나 불편하게 느껴졌다. 그러나 나무로 만들어진 커다란 팬이 천장에서 돌아가는 파나마 호텔의 널찍한 로비에서 등나무 의자에 앉아 보내는 시간이 점점 흥미로워졌다. 나는 마치 「카사블랑카」의 배경처럼 느껴지는 호텔 로비에 앉아서 《뉴욕 리뷰 오브 북스》에 실린 파나마에 관해 쓴 그레이엄 그린의 글을 읽었다. 그러고는 천장의 팬을 바라보다가, 문득 이 년 전 어느 날 저녁의 일이 떠올랐다.

1975년 오마르 토리호스는 영향력 있는 파나마 인들 앞에서 다음과 같이 예언했다.

"포드는 나약한 대통령입니다. 그는 재선되지 못할 거예요."

빠르게 돌아가는 팬이 천장에 붙어 있는 고풍스러운 클럽에서 토리호스가 그 얘기를 할 때 그 자리에는 외국인도 몇 명 있었고 나도 그중 한 명이었다.

"그게 바로 내가 운하에 관한 결정을 서두르려는 이유 중 하나입니다. 지금이야말로 전면적인 정치적 도전을 통해 운하를 되찾아야 할 때죠."

나는 그 연설을 듣고 감명을 받았다. 호텔로 돌아와 편지를 써서 《보스턴 글로브》로 부쳤다. 보스턴으로 돌아오니 《보스턴 글로브》의 편집자 한 명이 전화를 걸어서 사설란에 기고해 달라고 부탁했다. 「1975년 파나마에는 식민주의가 설 자리가 없다」라는 제목의 내 글은 1975년 9월 19일자 《보스턴 글로브》 사설란의 절반 이상을 차지했다.

나는 사설에서 미국이 운하를 파나마에 넘겨주어야 하는 이유 세 가지를 제시했다. "현재 상황은 몹시 부당하다. 부당하다는 것은 어떤 결정을 내리기 위한 가장 좋은 근거가 된다."라는 것이 첫 번째 이유였다. 두 번째 이유는 "현 상태의 조약을 유지하느니 차라리 파나마 인들의 운하 관리 참여권을 확대시키는 편이 미국의 안보에 훨씬 득이 된다."라는 것이었다. 나는 양 대양 운하 위원회에서 실시한 연구 결과를 언급했다. 그 연구를 보면 운하 근처에 있는 가툰 댐 부근에 폭탄을 하나만 터뜨려도 파나마 운하로 들어오려는 선박들은 이 년을 기다려야 한다. 토리호스도 공개적으로 이런 일이 일어날 수 있다는 사실을 강조해 왔다. 내가 제시한 세 번째 이유는 "현 상황으로 인해 이미 문제가 산적해 있는 미국과 남아메리카 관계가 더욱 복잡해진다."라는 것이었다. 나는 다음과 같이 글을 마무리지었다.

파나마 운하를 계속해서 효과적으로 운영해 나가기 위한 최상의 방법은 파나마 인들에게 운하 통제와 관련된 모든 책임과 권리를 넘겨주는 것이다. 그렇게 함으로써 우리는 이백여 년 전 스스로 다짐했던 민족 자결이라는 대의 명분을 지켜 나갈 수 있다.

1775년과 마찬가지로 20세기 초에도 식민주의가 유행했다. 미국이 파나마 운하 조약을 조인한 것은 일종의 시대적 흐름을 타고 이루어진 일이라고 이해할 수 있다. 그러나 오늘날은 이러한 주장이 정당화될 수 없다. 1975년에는 더 이상 식민주의가 설 자리가 없다. 건국 200주년을 맞은 우리 미국인들은 이 사실을 깨달아야만 하고 그 깨달음에 걸맞게 행동해야 한다.

이 글을 쓰는 데에는 상당한 용기가 필요했다. 특히 시기상 메인의 파트너로 승진한 지 얼마 되지 않은 때였기 때문에 더욱 큰 모험이었다. 메인에서는 파트너들이 언론과의 접촉을 피하고 뉴잉글랜드 지역에서 인지도가 높은 신문의 사설에 정치적인 기사를 싣지 못하도록 했다. 사내 우편을 통해서 내가 쓴 기사 위에 욕설을 적어 놓은 익명의 쪽지들이 붙어 있는 편지를 받았다. 그중 하나는 찰리 일링워드의 필체였다. 나는 오 년 만에 파트너로 승진했지만 내가 처음 참여했던 프로젝트 관리자였던 찰리 일링워드는 메인에서 근무한 지 십 년이 넘도록 여전히 파트너로 승진하지 못했다. 해골 밑에 뼈를 교차시켜 경고 표시를 그려 놓은 찰리의 쪽지에는 "너 같은 빨갱이 자식이 정말 우리 회사의 파트너란 말이냐?"라고 적혀 있었다.

브루노는 나를 사무실로 불러들였다.

"존, 참 유감이네. 메인은 아주 보수적인 조직이야. 그러나 나는 자네가 참 똑똑하다고 생각하네. 토리호스는 아마도 자네의 행동을 무척 마음에 들어 할 거야. 토리호스한테도 자네의 사설이 실린 신문을 한 부 보내 주게. 자넨 잘했어. 뭐, 파나마 정부로부터 일이 계속 들어오는 한은 토리호스가 사회주의자라고 생각하는 놈들이나 입방아 찧기 좋아하는 놈들도 군말하지 않을 걸세."

항상 그랬듯이 브루노의 말이 옳았다. 1977년이 되어 카터가 대통령에 취임한 후에도 운하 협상은 진지하게 진행되고 있었다. 메인의 주요 경쟁사들 중 상당수는 판단 착오 탓에 파나마 정부로부터 계약을 따 내지 못했지만, 메인의 일은 점점 늘어났다. 그리고 나는 파나마 호텔에 앉아 《뉴욕 리뷰 오브 북스》에 실린 그레이엄 그린의 글을 막 읽고 있던 참이었다.

「다섯 개의 국경이 있는 나라」라는 제목이 달린 그 글은 파나마 국가 방위군 소속 고위 관계자들의 부패를 신랄한 논조로 비난하고 있었다. 그린은 토리호스가 자기 부하들에게 근사한 저택을 나누어 주는 등 특권을 누리도록 한다는 사실을 인정했다고 주장했다. 그린은 토리호스가 "만일 내가 이들에게 이런 혜택을 주지 않는다면 미 중앙 정보국에서 대신 줄 겁니다."라고 직접 시인했다고 말했다. 미국 정보기관들은 지미 카터 대통령의 의지에 흠집을 내고 운하 조약 재협상을 방해하기 위해서, 필요하다면 파나마의 군 장성들에게 뇌물이라도 줄 태세를 갖추고 있음이 명백해 보였다. 내가 어떤 도움을 줄 수 있는 건 아니었지만 자칼이 토리호스 주변을 맴돌기 시작한 건 아닌지 궁금해졌다.

《타임》 또는 《뉴스위크》의 인물란에서 토리호스와 그린이 함께 앉아 있는 사진을 본 기억이 났다. 사진 밑에는 그린이 토리호스의 좋은 친구가 된 특별한 손님이라고 적혀 있었다. 토리호스가 자신이 그토록 신뢰하고 있는 그린이 이런 비난조로 쓴 글을 본다면 뭐라고 할지 궁금해졌다.

그 기사를 읽으면서 토리호스와 대화를 나누었던 1972년 어느 날과 관련된 또 다른 의문이 생겼다. 당시 토리호스는 외국의 원조를 받으면 자신은 부유해지지만, 자기 조국은 빚더미에 올라앉게 된다는 사실을 알고 있는 듯했다. 뿐만 아니라 토리호스는 권력을 가진 사람들은 쉽게 부패하기 때문에 개인의 사리사욕을 뒤로 하고 외채를 이용해 국민들을 진정으로 돕겠다는 그의 생각을, 미국 입장에서는 전체 시스템을 무너뜨릴 수 있는 위협으로 받아들일 수 있다는 것도 알고 있는 듯했다. 세상이 지켜보고 있는 가운데 토리호스의 행동은 파나마를 넘어 전 세계에 엄청난 파급 효과를 가져올 수 있었다. 따라서 아무도 토리호스의 행동 하나하나를 가볍게 넘기지 않았다.

만일 파나마가 빌린 외채가 갚을 수 없는 부채로 둔갑하여 유용되지 않고 가난한 사람들을 돕기 위해 쓰인다면, 미국의 기업 정치를 지탱하는 사람들이 어떤 반응을 보일지 궁금했다. 그러나 곧이어 토리호스가 나와의 거래를 후회하는지 궁금해졌고 나 스스로 그 거래를 어떻게 생각하는지도 확실치 않았다. 사실 파나마 건에서 나는 경제 저격수의 역할에서 한 발 물러서 있었다. 나는 스스로 게임을 주도하는 대신 토리호스가 주도하는 게임을 하면서 메인이 더 많은 계약을 따내는 조건으로 토리호스가 주장하는 대로 정직한 보고서를 작성했다. 경제적 가치로만 본다면 메인에게는 훌륭한 사업 기회였다. 그럼에도 불구하고 클로딘이 나에게 가르쳐 준 원칙과는 맞지 않았다. 파나마와의 거래는 세계 제국을 넓혀 가는 데 도움이 되지 않았기 때문이다. 이제 자칼이 행동을 개시할 때인 듯싶었다.

몇 년 전 토리호스의 방갈로를 떠나면서 남아메리카의 역사에는 죽어 나간 영웅들이 수두룩하다는 얘기를 나누었던 기억이 떠올랐다. 고위 관계자들을 부패하게 만들어야 시스템이 작동하는 법이었다. 그들이 부패해지기를 거부한다면 미국이 곱게 봐 줄 리 없었다.

이런 생각을 하던 중에 문득 내가 사람을 잘못 본 게 아닌가 하는 생각이 들었다. 낯익은 얼굴이 로비를 천천히 가로질러 걸어갔던 것이다. 처음에는 험프리 보가트라고 생각했지만, 험프리 보가트는 이미 세상을 떠난 지 오래였다. 그 다음에야 천천히 내 곁을 지나가는 사람이 현대 영문학계에서 가장 뛰어난 인물 중 한 명이자 『권력과 영광』, 『코미디언』, 『아바나의 남자』를 쓴 저자이며 내가 방금 읽은 기사를 쓴 그레이엄 그린임을 깨달았다. 한동안 망설이며 주위를 돌아본 그레이엄 그린은 커피숍으로 향했다.

순간 그린을 부르거나 뒤쫓아 가고 싶다는 충동을 느꼈지만 자제

했다. 그린도 사생활이 필요하다는 생각이 들기도 했고 한편으로는 그 사람이 날 피할 거라는 생각도 들었다. 그러나 나도 모르게 잡지를 든 채 커피숍으로 향했다.

아침 일찍 식사를 하고도 다시 커피숍으로 들어가는 나를 급사가 이상한 눈으로 쳐다봤다. 주변을 돌아보니 그레이엄 그린이 벽 근처에 있는 테이블에 홀로 앉아 있었다. 나는 그 옆 테이블을 가리키며 급사에게 말했다.

"저기가 좋겠군. 아침 식사 한 번 더 준비해 주겠나?"

나는 항상 팁을 두둑하게 주었다. 급사는 알았다는 듯 미소를 짓고서 테이블로 안내했다.

그린은 신문 기사에 푹 빠져 있었다. 나는 커피와 꿀을 바른 크루아상을 주문했다. 파나마와 토리호스, 그리고 운하와 관련하여 그가 무슨 생각을 하는지 알아내고 싶었지만 어떻게 대화를 시작해야 할지 엄두가 나지 않았다. 그러던 중 그가 컵에 들어 있는 무언가를 한 모금 마시려고 고개를 들었다. 나는 "실례합니다."라며 말을 꺼냈다.

그린이 나를 쳐다보았다. 어쩌면 나 혼자 그가 쳐다본다고 생각한 건지도 모른다.

"예."

"방해해서 죄송합니다만, 그레이엄 그린 씨 아닌가요?"

"예, 그렇습니다만."

그린은 부드럽게 웃었다.

"파나마에서는 사람들이 대개 저를 알아보지 못해요."

나는 그의 소설을 좋아한다고 말하고는 메인에서 내가 맡고 있는 일, 토리호스와의 만남 등을 얘기하며 내가 어떤 사람인지 알려 주었다. 그린은 내가 바로 미국이 파나마에서 철수해야 한다는 글을 쓴 그 컨설턴트냐고 물었다.

"아마《보스턴 글로브》에 기사가 실렸죠?"

나는 그가 내 글을 읽었다는 사실에 깜짝 놀랐다.

"당신의 위치를 생각하면 상당히 용감한 행동이로군요. 함께 앉으시겠소?"

나는 자리를 옮겨 그린과 한 시간 반 가량 대화를 나누었다. 대화를 나누는 동안 그린이 토리호스와 얼마나 친한 사이인지 알게 되었다. 그린은 가끔씩 토리호스가 마치 자신의 아들이라도 되는 양 얘기했다.

"토리호스는 내게 파나마에 관한 책을 써 달라고 했어요. 그 일을 하고 있는 것뿐이에요. 이건 소설이 아니죠. 소설가인 나로서는 본업에서 약간 벗어나는 셈이지만 말입니다."

나는 그린에게 왜 항상 소설만 쓰는지 물었다.

"소설이 더 안전해요. 거의 모든 소재에 논란의 여지가 있거든요. 아이티, 베트남, 멕시코 혁명. 이런 문제들에 관해서 논픽션을 쓰면 출판업자들은 대개 출판을 꺼리지요."

그는 내가 테이블 위에 내려놓은《뉴욕 리뷰 오브 북스》를 가리키며 말했다.

"이런 글들은 엄청난 피해를 가져올 수도 있어요."

그러고는 미소를 지으며 말을 이었다.

"게다가 난 소설 쓰는 게 좋아요. 훨씬 더 자유롭잖아요. 중요한 건 의미 있는 일에 관해 쓰는 거죠. 당신이《보스턴 글로브》에 기고한 글처럼 말이에요."

그린은 토리호스를 존경하고 있었다. 파나마를 이끄는 토리호스는 가난하고 소외된 사람들뿐 아니라 한 소설가에게까지 깊은 감동을 주었던 것이다. 그린은 친구의 목숨에 대한 걱정을 큰 소리로 늘어놓았다.

"이건 엄청난 시도예요. 북쪽의 거대한 제국에 대항하는 셈이죠. 토리호스의 안전이 걱정돼요."

얘기를 나누다 보니 그린이 떠나야 할 시간이 된 것 같았다. 그린은 프랑스행 비행기를 타야 한다고 했다.

그린은 천천히 일어나서 악수를 하며 내 눈을 쳐다봤다.

"책을 써 보지 그래요? 당신에게는 글을 쓸 수 있는 재능이 있는 것 같아요. 하지만 기억하세요. 항상 의미 있는 일에 관한 글을 써야 합니다."

그린은 나를 격려하듯 고개를 끄덕이며 말한 후에 몸을 돌려 걸어가다가, 갑자기 멈춰 서더니 다시 커피숍 안으로 돌아왔다.

"걱정 마세요. 토리호스는 괜찮을 거예요. 운하도 되찾을 테고 말이죠."

말을 마친 그린은 커피숍을 떠났다.

실제로 토리호스는 운하를 되찾았다. 1977년 토리호스는 카터 대통령과 성공리에 신협정을 체결하고 운하 구역과 운하를 되찾았다. 그리고 백악관은 신협정을 비준해 줄 것을 의회에 요구했다. 길고 지루한 싸움이 시작되었다. 신협정은 마지막에 가서 한 표 차이로 의회의 승인을 얻었다. 보수주의자들은 복수의 칼날을 갈았다.

몇 년 후에 그레이엄 그린이 『토리호스는 어떤 사람인가』라는 논픽션을 발표했을 때 책에는 "니카라과와 엘살바도르, 그리고 파나마

에 있는 내 친구 오마르 토리호스의 벗들에게 바칩니다."라는 문구가
적혀 있었다.

제18장
이란의 왕중왕

나는 1975년과 1978년 사이에 이란을 자주 방문했다. 남미나 인도네시아와 테헤란을 오간 적도 몇 번 있었지만, '왕중왕(Shah of Shahs)'이라고 불리는 이란 국왕이 제시한 상황은 그동안 우리가 일해 왔던 나라들과 너무나 달랐다.

이란은 사우디아라비아와 마찬가지로 산유국이었으므로 야심 찬 프로젝트들을 실행하기 위해서 외채를 빌릴 필요가 없었다. 그러나 사우디아라비아와 달리 이란 국민의 상당수는 아랍 계가 아니라 중동 출신 이슬람교도들이었다. 게다가 이란의 역사는 나라 안팎의 정치적 혼란으로 점철되어 있었다. 따라서 여느 때와 다른 접근 방식이 필요했다. 미국 정부와 재계는 힘을 모아서 이란의 국왕을 진보의 상징으로 변모시키기로 했다.

우리는 미국의 정치적 · 경제적 이익을 수호하는 동시에 민주적이고 강인한 한 사람이 얼마나 많은 것을 이루어 내는지 세상에 널리 알리기 위한 계획을 세웠다. 사실 왕중왕이라는 칭호에서 벌써 비민주적인 성향이 뻔히 드러나는 데다, 미 중앙 정보국이 당시 국왕을 왕좌에 앉히기 위해 민주적인 방식으로 선출된 총리를 몰아내고 쿠데타를 일으킨 것만 보더라도 이란 국왕이 민주적이라고 믿어지지는 않았다. 하지만 당시로선 이런 사실들이 그리 문제시되지 않았다. 미국과 유럽의 동맹국들은 강한 반미 기류가 나타나고 있는 한국, 중국, 리비아, 이라크 등지에 이란이 어떻게 변모해 가는지 보여 주기로 했다.

겉으로 보기에 이란 국왕은 소외 계층을 지지하는 진보주의자처럼 보였다. 1962년, 국왕은 대지주들로부터 땅을 빼앗아 농부들에게 나누어 주었다. 그 다음 해에는 '백색 혁명'이라고 불리는 광범위한 사회·경제 개혁을 단행했다. 1970년대에는 석유 수출국 기구의 위상이 점점 높아지면서 세계 무대에서 이란 국왕의 영향력도 점점 커져 갔다. 그 무렵 이란은 중동에 있는 이슬람 국가들 중에서 가장 강력한 군사력을 보유한 나라 중 하나가 되었다.

메인은 북쪽 카스피 해 연안 관광지부터 남쪽 호르무즈 해협 주위의 군사 기밀 시설에 이르기까지 이란 전역에서 진행되는 수많은 프로젝트를 담당하고 있었다. 여느 때와 마찬가지로 우리가 맡은 일은 지역별 개발 가능성을 예측한 다음, 그 가능성을 실현하는 데 밑거름이 되는 산업 발달과 경제 성장을 위해 필요한 전기를 만들어 내고 운송하는 시스템을 고안하는 것이었다.

나는 이란의 주요 지역을 대부분 직접 방문했다. 과거 대상들의 이동 경로였던 사막을 따라 커만에서 반다르아바스까지 가기도 했고, 고대 왕들의 전설적인 궁전과 고대 세계의 신비로움이 남아 있는 페르세폴리스 유적을 돌아보기도 했다. 사실 이란에서 유명하고 볼거리가 많은 지역은 거의 모두 가 보았다고 해도 과언이 아니다. 시라즈, 이스파한은 물론 국왕 즉위식이 거행되었던 페르세폴리스 근처의 화려한 유목민 도시도 여행했다. 나는 이란 방방곡곡을 돌아다니면서 그 나라와 다양한 계층의 국민들에 대해 진정한 애정을 갖게 되었다.

1977년 어느 날 밤, 호텔로 돌아와 보니 방문 아래에 쪽지가 한 장 끼워져 있었다. 나는 쪽지에 적힌 야민이라는 이름을 보고 깜짝 놀라고 말았다. 직접 만난 적은 없었지만 정부와의 간담회에서 야민은 유명 인사이며 가장 과격한 급진주의자라는 설명을 들은 적이 있었다. 아름다운 글씨체의 영어로 적혀 있는 그 쪽지는 정해진 레스토랑으로 야민을 만나러 오라는 초대장이었다. 그러나 경고도 함께 들어 있었다. 나와 비슷한 일을 하는 사람들이 거의 알지 못하는 이란의 또 다른 면모를 보겠다는 각오가 되어 있을 때만 찾아오라는 것이었다. 나는 과연 내 진짜 역할이 무엇인지 야민이 알고 있는지 궁금했지만, 야민을 만나는 것은 상당히 위험한 일이라는 생각도 들었다. 그러나 베일에 가려진 인물을 만날 수 있다는 유혹을 떨쳐 버릴 수가 없었다. 나는 택시를 타고 그를 만나러 갔다.

높은 담 아래에 있는 작은 문 앞에 차가 멈췄다. 담이 너무 높아서 그 너머에 어떤 건물이 있는지 보이지 않았다. 검은 가운을 입은 아름다운 이란 여인을 따라 안으로 들어가니 천장이 낮은 복도가 나타났다. 천장에 매달린 화려한 석유램프가 주위를 밝히고 있었다. 복도 끝에는 마치 다이아몬드로 장식된 듯 눈부시게 빛나는 방이 있었다. 주변이 온통 번쩍거려서 눈을 뜰 수조차 없었다. 정신을 차리고 주위를 돌아보니 벽이 온통 보석류와 자개로 장식되어 있었다. 정교한 조각이 새겨진 청동 샹들리에에 꽂힌 하얀 양초의 불빛이 실내를 훤히 밝히고 있었다.

　큰 키에 검은 머리를 길게 기른 짙은 남색 정장 차림의 남자가 다가와 악수를 청했다. 그 남자는 자신을 야민이라고 소개했다. 억양으로 보아 영국식 학교에서 공부한 듯했다. 야민은 겉으로는 전혀 과격한 급진주의자처럼 보이지 않았다. 그는 쌍쌍이 조용히 식사를 하고 있는 테이블을 몇 개 지나 작은 방으로 안내했다. 그리고 우리가 나누는 대화는 완벽하게 비밀로 남는다고 안심시켜 주었다. 직감적으로 그 레스토랑이 은밀한 만남을 위해 만들어진 곳임을 알 수 있었다. 아마도 그날 밤 그 식당에서 사랑하는 사이가 아닌 사람들은 나와 야민뿐인 것 같았다.

　야민은 매우 따뜻한 사람이었다. 그와 이야기하는 동안 야민이 나를 그저 경제 전문가로만 보고 있으며, 또 다른 목적이 있음을 전혀 알아차리지 못했다는 생각이 들었다. 야민이 나를 고른 이유는 내가 평화 봉사단에 자원한 적이 있고 이란을 좀 더 배워서 이란 사람들과 어울리기 위해 노력한다는 얘기를 들었기 때문이라고 했다.

　"당신은 비슷한 일을 하는 사람들에 비해 참 젊군요. 그리고 이란의 역사와 현 상황에 대해 불순한 의도 없이 많은 관심을 갖고 있다고 들었소. 당신 같은 사람이야말로 우리의 희망입니다."

　장소, 야민의 외모, 그리고 주위에 사람들이 많다는 사실 말고도 야민의 이 한마디가 내 마음을 편하게 해 주었다. 나는 그전에도 자바의 라시나 파나마의 피델처럼 나를 친구로 대하려는 사람들을 많이 보아 왔고, 그럴 때마다 그들의 호의를 감사하게 받아들였다. 나 스스로 다른 미국 사람들과 무척 달라 보인다는 사실을 알고 있었다. 나는 내가 방문하는 모든 나라들에 진정으로 매료되었다. 내 경험에 비추어 보면 새로운 문화를 향해 눈과 귀와 마음을 열면 그 나라 사람들의 태도도 금방 따뜻하게 바뀐다.

야민은 내게 '푸른 사막 프로젝트'를 알고 있는지 물었다.

"국왕은 이란에 있는 사막도 한때는 비옥한 평야와 울창한 숲이었다고 믿고 있습니다. 뭐, 진짜 그렇게 믿고 있는지는 모르지만 어쨌든 그렇게 주장하고 있어요. 알렉산더 대왕 시절 엄청난 숫자의 군대가 수백만 마리의 염소와 양을 이끌고 이 땅을 지나갔죠. 그 때 염소와 양들이 풀이란 풀은 모조리 뜯어 먹어 버렸다는군요. 풀이 사라져 버리자 가뭄이 왔고, 결국 이 지역이 모두 사막으로 변했답니다. 이게 왕의 주장이죠. 그래서 우리가 나무 수십억 그루를 심어야 한다고 얘기합니다. 나무를 심으면 다시 비가 내릴 거고 사막에 꽃이 피겠죠. 물론 나무를 심으려면 수억 달러를 써야겠지만."

야민은 공손한 말투로 얘기를 이어 가며 미소를 지었다.

"당신네 회사 같은 데서 엄청난 이득을 보게 되겠죠."

"당신은 그 말을 믿지 않는 것 같은데요."

"사막은 그저 상징적인 겁니다. 사막을 숲으로 바꾸는 건 땅을 갈아 농사를 짓는 것보다 더 힘든 일이지요."

웨이터들이 아름답게 장식된 이란 요리가 담긴 접시들을 우리 앞에 내려놓았다. 야민은 먼저 내 의사를 물어본 후에 음식을 골랐다. 그런 다음 다시 얘기를 시작했다.

"퍼킨스 씨, 좀 건방지게 들릴지도 모르지만 한 가지 여쭤 볼 게 있습니다. 도대체 무엇이 북아메리카 원주민들의 문화를 파괴한 걸까요?"

나는 인간의 탐욕이나 더 뛰어난 무기 등, 다양한 원인이 있을 거라고 대답했다.

"그래요. 맞습니다. 모두 정답이죠. 그러나 무엇보다도 환경이 파괴된 것이 가장 큰 이유가 아닐까요?"

야민은 버팔로를 비롯한 동물들과 숲이 어떻게 파괴되었는지, 원주민들을 어떻게 보호 구역으로 강제 이주시켰는지, 그들 문화의 근간이 어떻게 무너졌는지 설명해 나갔다.

"여기도 마찬가집니다. 사막은 우리의 환경이죠. 푸른 사막 프로젝트는 우리 모두의 파멸을 초래할 겁니다. 어떻게 이런 일이 벌어지도록 가만히 내버려 둘 수 있겠습니까?"

나는 야민에게 이 프로젝트는 이란 국민들의 염원에서 시작된 게 아니냐고 반문했다. 야민은 찬웃음을 띠고 그 계획은 내 조국인 미국의 정부가 만들어 낸 것으로서, 국왕이 미국의 설득에 넘어가서 꼭두각시 노릇을 하는 것뿐이라고 했다.

"진정한 페르시아 사람이라면 이런 일이 일어나도록 가만히 보고 있지 않을 겁니다."

야민은 이란 민족인 베두인 족과 사막의 관계를 길게 설명하기 시작했다. 야민은 도시에서 생활하는 이란 인들 중 상당수가 사막에서 휴가를 보낸다고 했다. 이들은 가족 전체가 함께 들어갈 수 있을 정도로 커다란 천막을 세우고 그 안에서 일주일 이상 생활한다고 했다.

"이란 인과 사막은 떼려야 뗄 수 없는 관계입니다. 국왕이 마음대로 지배하려고 하는 우리 이란 국민들이 사막에서 태어나고 자란 사람들이기 때문만은 아닙니다. 우리 이란 인이 바로 사막입니다."

야민은 사막에서의 개인적인 경험에 관해 들려 주었다. 대화를 끝맺은 다음, 야민은 커다란 담 한켠에 있는 작은 문으로 안내했다. 택시가 문 밖 거리에서 대기하고 있었다. 야민은 나와 악수를 한 후 와줘서 고맙다고 했다. 그런 다음 내가 얼마나 젊고 얼마나 열린 마음으로 대화하는지 다시 한 번 강조하면서 내가 그런 위치에 있다는 것이 얼마나 큰 희망인지 모른다고 얘기했다.

"당신 같은 사람과 얘기를 나눌 수 있어서 무척 기뻤습니다."

야민은 계속해서 손을 붙들고 있었다.

"하나 더 부탁해도 될까요? 그냥 생각난 김에 하는 말이 아닙니다. 오늘 저녁 시간을 함께 보내는 동안 제가 이런 부탁을 하면 당신에게도 무척 의미 있는 일이 될 거라는 믿음이 생겼기 때문입니다. 당신도 많은 걸 얻을 수 있을 겁니다."

"그게 뭐죠?"

"내 절친한 친구를 소개해 주고 싶어요. 그 사람은 이란의 왕중왕을 잘 알고 있어요. 어쩌면 그를 만나고 충격을 받을지도 모르지만, 시간을 내서 만나 볼 가치가 있을 겁니다."

제19장
고문당한 남자의 고백

  며칠 후, 야민은 나를 차에 태우고 테헤란을 벗어났다. 우리가 탄 차는 지저분하고 가난한 변두리를 지나 오래 전에 만들어진 낙타가 다니는 길을 따라 달렸다. 도시 너머로 태양이 내려앉기 시작할 무렵 사막이 끝나는 곳에 도착했다. 야민이 차를 세운 곳에는 흙으로 지어진 허름한 집들 주위로 야자수가 늘어서 있었다.

  "아주 오래된 오아시스죠. 마르코 폴로가 이곳을 찾기 몇 백 년 전부터 존재하던 곳이에요."

  야민이 설명하면서 낡은 오두막으로 나를 이끌고 갔다.

  "저 안에 있는 분은 미국의 가장 좋은 대학에서 박사 학위를 받으셨어요. 안에 들어가 보면 이유를 알 테지만, 그분의 성함을 밝힐 수는 없습니다. 그냥 박사라고 부르시면 됩니다."

  야민이 나무로 만들어진 문을 두드리자 코 막힌 듯한 답답한 목소리로 누군가가 대답했다. 야민이 문을 열고 안으로 안내했다. 집 안으로 들어가니 창문이 없는 작은 방이 나타났다. 조명이라고는 한쪽 구석에 있는 낮은 탁자 위의 석유램프가 전부였다. 어두운 조명에 눈이 익숙해지자 흙을 깐 바닥 위에 페르시아 융단이 깔려 있는 모습이 보였다. 그리고 한 남자의 희미한 윤곽이 보였다. 그 남자는 램프 바로 앞에 앉아 있어서 형상이 뚜렷하게 보이지 않았다. 내가 구별할 수 있는 거라곤 남자가 담요로 몸을 둘러싸고 있다는 것과 머리 위에 무언가를 쓰고 있다는 것뿐이었다. 남자는 휠체어에 앉아 있었다. 사실 그 방에는 램프가 놓여 있는 작은 테이블과 휠체어 외에 달리 가구라고 할 만한 것이 없었다. 야민은 융단 위에 앉으라는 시늉을 하더니 일어서서 남자를 끌어안고 그의 귀에 몇 마디 속삭인 후 다시 내 옆으로 돌아와 앉았다.

야민이 나를 소개했다.

"선생님, 일전에 제가 말씀드린 퍼킨스 씨입니다. 이렇게 찾아 뵙게 되어서 영광입니다."

"퍼킨스 씨, 환영합니다."

특별한 억양이 없는 낮고 쉰 듯한 목소리였다.

"당신은 지금 망가진 사람의 모습을 보고 있습니다. 제 모습이 전에도 이랬던 건 아닙니다. 나도 한때는 당신처럼 건강했어요. 나는 이란 국왕의 측근이자 신뢰받는 조언자였습니다."

나는 남자가 말을 이어 가는 동안 나도 모르게 몸을 앞으로 기울여 조금이라도 가까이 다가가려고 했다. 남자는 한참 동안 말을 잇지 않았다.

"왕중왕."

분노보다 슬픔이 묻어나는 목소리였다.

"나는 세계의 수많은 지도자들과 개인적으로 친분이 있어요. 아이젠하워, 닉슨, 드골과도 아는 사이지요. 그 사람들은 이란을 자본주의 국가로 변모시키는 데 내가 중요한 역할을 할 거라고 믿었어요. 물론 국왕도 나를 신뢰했습니다."

남자의 입에서 새어 나온 기침 소리가 마치 웃음소리처럼 들렸다.

"나도 왕을 믿었어요. 왕이 하는 말을 믿었습니다. 이슬람 세계가 새로운 전성기를 맞는 데 이란이 지도적인 역할을 할 거라고 믿었어요. 내 조국이 약속을 지켜 나갈 거라고 믿었던 겁니다. 국왕과 나, 우리 모두 그 약속을 지켜 나가야만 하는 운명이라고 믿었어요."

남자가 담요로 뒤덮인 몸을 뒤척였다. 휠체어가 소리를 내며 천천히 움직였다. 남자의 얼굴이 서서히 보이기 시작했다. 그의 덥수룩한 수염을 보다가 시선을 올리자 평평한 얼굴이 보였다. 남자의 얼굴에는 코가 없었다. 나는 온몸이 오싹해지면서 숨이 막혔다.

"보기 좋은 모습은 아니죠, 퍼킨스 씨? 환한 곳에서 이 모습을 보여 주지 못해서 유감이군요. 정말 기괴한 꼴일 텐데."

다시 답답한 웃음소리가 들렸다.

"그러나 당신은 내가 신분을 드러내지 않는 걸 오히려 고마워할 거예요. 내가 누군지 절대 밝혀져서는 안 됩니다. 물론 마음만 먹으면 내가 누군지 알아낼 수 있겠지요. 아마도 나는 기록상으로 이미 죽은 사람일 겁니다. 공식적으로는 더 이상 존재하지 않는 사람이거든요. 하지만 당신이 그런 어리석은 일에 노력을 기울이지 않을 거라고 믿어요. 당신도, 당신 가족도 모르는 편이 낫습니다. 이란 국왕과 비밀경찰 사바크는 정말로 무서운 사람들이거든요."

휠체어가 소리를 내며 원래 있던 곳으로 되돌아가자, 마치 그 얼굴을 보지 않으면 폭력의 흔적이 지워지기라도 하듯 안도감이 밀려왔다. 나는 당시 이슬람에 자신이 속한 사회나 지도자의 명예를 실추시키면 그 형벌로 코를 베어 버리는 관습이 있다는 걸 몰랐다. 그 남자의 얼굴을 통해서 분명히 알 수 있는 것처럼 일생 동안 죄인이라는 낙인이 찍히는 것이다.

"퍼킨스 씨, 우리가 왜 당신을 이곳으로 데려왔는지 궁금하시지요?"

휠체어에 앉은 남자는 대답할 겨를도 없이 말을 이어 갔다.

"스스로 왕중왕이라고 부르는 이란의 국왕은 정말 악마 같은 사람입니다. 국왕의 아버지는 당신네 중앙 정보국이 몰아냈죠. 말하기 싫은 사실이긴 하지만 나도 그 공작에 참여했습니다. 그때 전 국왕이 나치 협력자라는 말이 돌았죠. 그런 다음 모사데그가 등장했다 사라졌고, 지금 국왕은 히틀러를 능가할 정도의 악마적인 소행을 벌이고 있어요. 당신네 정부는 이 모든 사실을 알고 있을 뿐 아니라 국왕을 돕고 있습니다."

"어떻게 그럴 수가 있죠?"

"아주 간단합니다. 이란은 중동 국가들 가운데 하나뿐인 미국의 진정한 동맹국이고 서방 산업 세계는 중동의 석유를 중심으로 돌아갑니다. 물론 이스라엘도 미국에 협조적이죠. 그렇지만 이스라엘은 따지고 보면 오히려 미국에 해가 됩니다. 뿐만 아니라 석유도 없어요. 미국 정치인들은 유대인의 표를 필요로 하고 선거 유세를 할 때에도 유대인의 돈을 끌어다 씁니다. 그래서 미국이 이스라엘을 버리지 못하는 겁니다. 그러나 이란은 달라요. 유대인보다 더 강력한 힘을 지닌 당신네 석유 회사들이 우리를 필요로 해요. 그래서 미국에게는 이란 국왕이 필요해요. 아니면 그냥 그렇다고 믿고 있는지도 모르고요. 어쨌든 당신네 나라가 월남의 부패한 지도자들을 필요로 했던 것과 같은 일이에요."

"그런가요? 이란이 베트남과 비슷한가요?"

"훨씬 더 위험합니다. 국왕은 그리 오래 버티지 못할 거요. 전 이슬람 세계가 국왕을 싫어합니다. 아랍인들뿐 아니라 인도네시아, 미국을 비롯한 전 세계 모든 이슬람교도들과 심지어 이란 사람들까지도 국왕을 싫어합니다."

둔탁한 소리가 들려왔다. 휠체어에 앉아 있던 남자가 의자 한 쪽을 내리치는 소리였다.

"국왕은 악마요! 우리 이란 인들 모두 국왕을 혐오해요."

다시 침묵이 흘렀다. 분노를 표출하고 나니 힘이 빠지는지 힘겨운 숨소리가 들려왔다.

야민이 낮고 조용한 목소리로 내게 말했다.

"박사는 율법 학자들과 매우 친합니다. 종교계 내에서 거대한 움직임이 일어나고 있어요. 국왕이 추구하는 자본주의 덕분에 엄청난 이익을 벌어들이는 몇몇을 제외하고 모든 사람들 사이에서 이 움직임이 퍼져 나가고 있습니다."

"야민 씨, 물론 당신이 하는 말을 의심하진 않습니다. 그렇지만 저는 이란을 여러 번 방문했어도 그런 움직임을 전혀 느낄 수가 없었어요. 저와 얘기를 나누었던 사람들은 한결같이 국왕을 사랑한다며 경제 성장 정책을 높이 평가했어요."

"하지만 퍼킨스 씨는 페르시아 어를 못 하시잖습니까? 지금까지 당신이 대화를 나누었던 이들은 모두 국왕의 정책을 통해 이득을 본 사람들뿐입니다. 영국이나 미국에서 교육받고 돌아와서 국왕을 위해 일하는 사람들 말입니다. 여기 이 박사는 예외죠. 음, 당신네 미국 언론들과 비슷하겠군요. 언론은 가까운 사람들이나 같은 범주 안의 사람들 이야기만 듣죠. 물론 미국 언론들은 대개 석유 자본의 영향력에 좌우되고, 그래서 듣고 싶은 것만 쓰고 광고주들이 읽고 싶어할 만한 기삿거리만 쓰죠."

뒤이어 박사가 입을 열었다.

"퍼킨스 씨, 우리가 왜 당신에게 이런 이야기를 하는 것 같소?"

이 시간을 위해 힘겹게 비축해 둔 에너지가 말을 하고 감정을 표현하느라 모두 분출되어 버렸는지 박사의 목소리는 더욱 힘겨워졌다.

"나는 당신이 이곳을 빠져 나가서 당신네 회사가 이 나라에서 손을 떼도록 설득하기 바라오. 이 나라에서 엄청난 돈을 벌어들일 수 있을 것처럼 보이겠지만, 그건 모두 환상이라는 걸 알려 주고 싶소. 현 정부는 오래가지 못해요."

다시 의자를 치는 소리가 들렸다.

"현 정부가 무너지고 새 정부가 들어서면 당신이나 당신네 회사 따위는 가차없이 버려질 거요."

"돈을 받지 못할 거란 말씀입니까?"

박사는 경련을 일으키듯 기침을 해 댔다. 야민이 다가가서 등을 문질러 주었다. 기침이 끝나자 야민은 박사에게 페르시아 어로 몇 마디 얘기한 후 돌아왔다.

"이제 얘기를 끝내야겠군요. 당신의 질문에 대한 대답은 '맞습니다.' 입니다. 돈을 받지 못할 겁니다. 모든 일을 마친 후 돈을 받을 때가 되면 국왕이 사라지고 없을 테니까요."

나는 돌아오는 동안 야민에게 박사가 무엇 때문에 메인이 곧 일어
날 재정적 재앙의 희생자가 되지 않도록 미리 경고해 주는지 물었다.

"물론 당신네 회사가 망하는 걸 보고 싶습니다. 그러나 그것보다
는 당신네 회사가 이 나라를 떠나는 편이 더 좋아요. 일단 메인 같은
회사가 이 나라를 떠나기 시작하면 다른 회사들도 따라서 떠날 수도
있으니까요. 그게 바로 우리가 바라는 거죠. 이곳에서 대학살이 일어
나는 걸 보고 싶지 않습니다. 그러나 국왕은 물러나야 합니다. 우리
는 국왕을 좀 더 쉽게 몰아낼 수 있는 일이라면 뭐든지 할 겁니다. 그
래서 우리는 아직 시간이 있을 때 당신이 상사인 잠보티를 설득해서
빨리 이 나라에서 철수하기를 알라께 기도합니다."

"왜 하필 나를 골랐나요?"

"함께 저녁을 먹으면서 푸른 사막 프로젝트에 대해 얘기하는 동안
당신은 진실을 외면하지 않을 사람이라는 걸 깨달았죠. 우리가 당신
에 대해 들었던 얘기들이 모두 사실이라는 생각이 들었습니다. 당신
은 두 세계 사이, 그 중간에 서 있는 사람이에요."

야민의 말을 들으면서 과연 그가 나를 얼마나 알고 있는지 궁금해
졌다.

제20장

왕중왕의 몰락

1978년 어느 저녁, 테헤란에 있는 인터콘티넨털 호텔 로비의 고급스러운 바에 앉아서 시간을 보내고 있는데 누군가 다가와서 내 어깨를 두드렸다. 고개를 돌리니 정장을 입은 건장한 이란 사람이 서 있었다.

"존 퍼킨스! 나 기억하나?"

미들베리 대학을 같이 다녔던 파라드였다. 축구 선수 생활을 했던 파라드는 예전보다 덩치가 커졌지만 목소리는 그대로였다. 십여 년만의 만남이었다. 우리는 서로 포옹하고 자리에 함께 앉았다. 파라드는 이미 내가 하는 일을 훤히 알고 있었다. 그러나 자신이 하고 있는 일에 대해서는 알려 주고 싶어하지 않는 눈치였다.

"단도직입적으로 얘기할게."

맥주를 두 잔째 주문하면서 파라드가 말을 꺼냈다.

"나는 내일 비행기를 타고 로마로 갈 거야. 우리 부모님이 거기 계시거든. 네 탑승권도 준비해 뒀어. 존, 이란 국내 상황이 복잡해지고 있어. 여기를 떠나야 해."

파라드는 내게 비행기 탑승권을 건넸다. 나는 그가 하는 얘기에 전혀 토를 달지 않았다.

나는 로마에 도착하여 파라드의 부모님과 함께 식사를 했다. 이란의 퇴역 장군인 파라드의 아버지는 한때 암살자가 쏜 것으로 추정되는 총탄이 날아들자 국왕의 목숨을 구하기 위해 자기 몸을 던진 적도 있는 사람이었다. 그랬던 파라드의 아버지가 국왕에게 느낀 환멸을 얘기하기 시작했다. 그에 따르면 지난 몇 년 동안 국왕은 자신의 본성과 오만, 욕심을 드러냈다고 했다. 파라드의 아버지는 중동에서 그토록 많은 이들이 반감을 갖게 된 것은 미국의 정책 탓이라고 말했다. 특히 이스라엘에 대한 지지와 미국 내의 부패한 지도자들, 다른 나라의 정권을 몰아내는 일 등에 대해 비난의 목소리를 높였다. 파라드의 아버지는 몇 개월 이내에 국왕이 물러나게 될 거라고 장담했다.

"알잖소. 지난 1950년대에 미국이 모사데그를 몰아내면서 이 폭동의 씨앗을 뿌린 거요. 당시 미국은 무척 현명하게 굴고 있다고 생각했겠지. 물론 나도 내가 올바른 일을 하고 있다고 믿었지만 말이오. 그러나 그 모든 것이 결국 미국, 아니 우리 모두에게 되돌아올 거요."

퇴역 장군의 말을 듣고 나는 무척 놀라고 말았다. 야민과 익명의 박사도 비슷한 얘기를 해 주었지만 파라드의 아버지로부터 그런 얘기를 들으니 여느 때와 비교할 수 없을 정도로 충격이 컸다. 그 무렵 이슬람 근본주의 세력이 생겨나고 있다는 건 누구나 알고 있었지만 국왕은 이란 국민들 사이에서 무척 인기가 높았고, 따라서 정치적으로는 아무런 문제가 없다고 믿었다. 그러나 장군은 진지한 목소리로 단호하게 말을 이어 갔다.

"내 말을 기억해요. 국왕의 몰락은 시작에 불과하오. 이슬람 세계가 어떻게 움직일지 암시하는 서막에 불과하단 말이오. 이란 사람들의 분노는 너무 오랫동안 사막에 묻혀 쌓여 가기만 했소. 이제 곧 폭발할 거요."

저녁 식사를 하면서 아야톨라 호메이니에 관한 이야기를 많이 들었다. 파라드와 그의 아버지는 호메이니가 광적으로 신봉하는 시아 파 교리를 지지하지 않는다는 사실을 명확하게 밝히면서도, 호메이니가 그동안 국왕에 대항해 온 과정은 높이 평가했다. 호메이니는 1902년 테헤란 근처에 있는 한 마을의 독실한 시아 파 가정에서 태어났으며 이름의 뜻은 '신의 영감을 받은 자' 라고 했다.

호메이니는 1950년대 초에 모사데그와 국왕 간의 충돌에 끼어들지 않겠다고 밝혔지만 1960년대가 되자 적극적인 방법으로 국왕에 저항하기 시작했다. 국왕을 신랄하게 비난한 탓에 터키로 추방당한 그는 다시 이라크에 있는 시아 파 본거지인 나자프로 가서 국왕에 저항하는 세력을 이끌게 되었다. 호메이니는 이란 국민들에게 일어설 것을 촉구하며 국왕을 몰아내고 새로운 국가를 건설하자는 내용을 담은 편지를 썼고, 기사를 내보내거나 테이프에 녹음한 메시지를 퍼뜨렸다.

파라드의 가족들과 식사를 하고 이틀이 지난 후, 나는 이란에서 폭파 사건과 폭동이 연이어 일어났다는 비보를 접했다. 호메이니와 다른 율법 학자들은 공세를 취하며 주도권을 잡았다. 상황이 급격히 변해 갔다. 파라드의 아버지가 설명했던 분노가 마침내 폭발하여 이슬람교도들이 봉기를 일으켰다. 국왕은 1979년 1월 고국을 버리고 이집트로 달아났다. 이집트에서 암을 선고받은 국왕은 뉴욕에 있는 병원으로 갔다.

호메이니의 추종자들은 국왕이 이란으로 돌아와야 한다고 주장했다. 1979년 11월, 과격 이슬람 폭동 세력이 테헤란의 미 대사관을 점령하여 이후 444일 동안 미국인 52명을 인질로 붙잡아 두었다.

카터 대통령은 인질 석방을 위해 협상을 시도했다. 협상이 실패하자 카터 대통령은 1980년 3월에 군대를 동원하여 구출 작전을 실시했다. 그러나 그 작전은 엄청난 재앙을 몰고 와 재선을 향한 카터의 꿈에 종지부를 찍고 말았다.

암 투병 중이던 이란 국왕은 정·재계의 엄청난 압력 탓에 미국 밖으로 추방되었다. 이란 국왕은 테헤란으로부터 도망친 후로 쉴 곳을 찾지 못해 전전긍긍했다. 한때는 친구였던 이들이 모두 그를 거부했다. 그러나 토리호스 장군은 개인적으로 국왕의 정치 방식을 싫어하면서도 의례적인 온정을 표하며 파나마에서 머무를 것을 제안했다. 국왕은 토리호스의 제안을 받아들여 파나마 운하 조약 재협상이 이루어진 바로 그 휴양지에 머무르게 되었다.

이란의 율법학자들은 국왕을 이란으로 보내 주면 미국 대사관의 인질들을 석방하겠다고 주장했다. 운하 협정에 반대했던 미국 정치인들은 토리호스가 부패했으며 이란 국왕과 결탁했을 뿐 아니라, 미국인의 안전을 위험 속으로 몰아넣고 있다고 비난하기 시작했다. 또한 이들은 국왕을 호메이니에게 넘겨줄 것을 요구했다. 아이러니하게도, 몇 주 전만 하더라도 이 사람들은 대부분 이란 국왕의 가장 든든한 후원자들이었다. 위풍당당했던 왕중왕은 결국 이집트로 돌아가 암으로 사망했다.

익명의 박사가 예언했던 일들이 모두 현실이 되고 말았다. 메인은 이란에서 수백만 달러나 손해를 보았다. 경쟁사들도 마찬가지였다. 카터는 재선에 실패했다. 대신 레이건과 그의 러닝메이트 부시가 인질들을 구출하고 율법학자들을 타도하여 이란에 민주주의를 세울 것이며, 또 파나마 운하를 원래대로 되돌려놓겠다고 약속하며 백악관으로 입성했다.

나는 이 사건에서 커다란 교훈을 얻었다. 이란 사건을 통해 미국이 세계 무대에서 스스로 어떤 역할을 하고 있는지, 또 그 진실을 회피하기 위해 얼마나 노력하고 있는지가 여실히 드러났다. 게다가 비단 국왕뿐 아니라 국왕에 맞서 싹튼 거대한 증오심에 관해서도 어떻게 그토록 잘못된 정보만 믿고 까맣게 모를 수 있었는지 이해하기 힘들었다. 그 나라에 사무실을 세우고 인력을 파견하고 있는 메인 같은 회사에서 일하는 우리조차 진실을 전혀 알지 못했다는 사실을 믿기 힘들었다. 국가 안전 보장국과 중앙 정보국은 내가 토리호스를 만났던 1972년 무렵에도 토리호스에게 어떤 일이 일어나고 있는지 분명히 알고 있었을 거라는 생각이 들었다. 다만 미국의 정보기관들은 의도적으로 우리 모두가 진실을 외면하도록 만들었던 것이다.

제21장

콜롬비아로 가다

사우디아라비아와 이란 그리고 파나마는 흥미로우면서도 힘겨운 과제였을 뿐 아니라, 이 세 나라에서는 모두 조금 예외적인 방식으로 일을 추진해야 했다. 사우디아라비아와 이란은 엄청난 석유 보유량, 파나마는 운하 때문에 예외가 되었다. 반면 새로 도착할 콜롬비아는 메인에서 사용해 오던 전형적인 방법을 적용할 수 있는 나라였다. 콜롬비아에서 거대한 수력 발전 프로젝트를 설계하고 공사를 지휘하는 역할은 모두 메인에게 돌아왔다.

전 아메리카 관계사에 관한 저서를 집필한 바 있는 콜롬비아의 한 대학 교수는 시어도어 루스벨트가 콜롬비아의 중요성을 역설했다고 얘기해 준 적이 있다. 제26대 미국 대통령을 역임했고 아메리카－에스파냐 전쟁 때에는 의용 부대 '러프 라이더'를 창시하기도 한 루스벨트가 지도를 가리키면서 콜롬비아는 "남아메리카라는 아치의 요석(要石)"이라고 묘사했다는 후문도 있다. 이런 주장을 직접 확인한 적은 없지만 지도를 보면 남아메리카의 최북단에 위치한 콜롬비아는 마치 남아메리카 대륙이 하나가 될 수 있도록 지탱해 주는 역할을 하는 것처럼 보인다. 콜롬비아는 남쪽에 있는 모든 나라를 파나마 지협과 연결하여 궁극적으로 그들이 중앙아메리카 및 북아메리카와도 연결되도록한다.

루스벨트 대통령이 실제로 콜롬비아를 이런 식으로 묘사했는지는 정확하지 않지만 그가 수많은 미국 대통령들 중에 유일하게 콜롬비아의 중요성을 인정한 사람임에는 틀림없다. 거의 이백여 년에 가까운 세월 동안 미국은 콜롬비아를 하나의 요석으로 보아 왔다. 좀 더 엄밀하게 말하면 정치와 경제 양면에서 남반구로 진출하기 위한 하나의 관문으로 보았다고 할 수 있다.

콜롬비아는 천혜의 아름다움을 지닌 나라이다. 대서양과 태평양을 끼고 있는 양 연안에는 야자수가 늘어선 해변이 즐비하고 아름다운 산과 북아메리카 대륙 중서부의 대평원에 견줄 만한 초원이 펼쳐져 있으며, 광활한 우림 지역에는 다양한 생물들이 서식하고 있다. 콜롬비아 국민들도 특별하기는 마찬가지이다. 토착 타이로나 문명부터 아프리카, 아시아, 유럽, 중동 등지에서 유입된 다양한 민족들이 뒤섞여 그들만의 독특한 신체적 · 문화적 · 예술적 특성을 뽐내고 있다.

오랜 기간 동안 콜롬비아는 남아메리카의 역사와 문화에서 중요한 역할을 해 왔다. 식민지 시절 페루 북쪽에서 코스타리카 남쪽의 이르는 에스파냐 영토를 지배하는 총독도 콜롬비아에 머물렀다. 에스파냐의 갈레온 함대는 해안 도시 카르타헤나에서 출항하여 칠레나 아르헨티나, 혹은 에스파냐에 있는 항구로 귀한 보물을 실어 날랐다. 독립 전쟁에서 결정적인 역할을 한 여러 전투들도 콜롬비아에서 시작되었다. 1819년 시몬 볼리바르가 이끄는 부대가 에스파냐를 상대로 승리를 거둔 보야카 전투도 한 예이다.

근대로 접어든 후, 콜롬비아는 비교적 민주적인 정부가 들어서서 책임감 있게 재정을 운영하는 나라로 평가받았을 뿐 아니라 남아메리카에서 가장 뛰어난 작가, 화가, 철학자, 그리고 지식인들을 배출한 나라로 알려졌다. 또한 콜롬비아는 남아메리카 전역에 제대로 된 국가를 세우려던 케네디 대통령의 노력에 부합하는 모델이기도 했다. 미 중앙 정보국이 탄생시킨 정부라는 오명을 쓴 과테말라나 니카라과와 달리, 투표를 통해 선출된 콜롬비아 정부는 극우 독재자들과 사회주의자들 모두에게 새로운 대안이 될 수 있었다. 무엇보다 강력한 힘을 지닌 브라질과 아르헨티나를 포함한 다른 나라들과 달리 콜롬비아는 미국을 불신하지 않았다. 콜롬비아는 마약 범죄 조직의 온상이었지만 미국의 신뢰할 만한 동맹국으로서의 이미지는 사라지지 않았다.

그러나 영광스러운 콜롬비아의 역사에는 그에 못지않은 반목과 폭력도 한 자리를 차지하고 있다. 콜롬비아에 머무르던 에스파냐 총독은 수시로 이단자를 처형했고 웅장한 요새와 대농장과 도시는 인디언 노예나 아프리카 노예의 피로써 세워졌다. 에스파냐 정복자들은 갈레온 선이 실어 나르던 보물들과 성물(聖物), 아름다운 예술 작품 등을 손쉽게 운반하기 위해서 모두 녹여 버렸고 토착 부족들의 가슴속에서 그들의 문화를 앗아가 버렸다. 자랑스럽던 문화는 에스파냐 정복자의 칼과 그들이 옮긴 질병 때문에 한낱 쓰레기 더미로 전락해 버리고 말았다. 콜롬비아를 혼란으로 몰고 간 가장 최근의 사건은 1945년의 대선이었다. 논란의 여지가 많았던 그해 대선이 끝나자 정당 간에 분열이 생겨났고 1948년부터 1957년에 이르는 기간 동안 폭력 사태가 빈발하여 20만 명 이상이 목숨을 잃었다.

이런 분쟁과 폭력 사태에도 불구하고 미국의 정·재계는 정치 및 경제상의 이득을 위해서 콜롬비아가 필요하다는 생각을 바꾸지 않았다. 이런 변함없는 생각에는 여러 가지 원인이 있었다. 우선 콜롬비아는 전략적으로 중요한 입지에 있으며, 남아메리카의 지도자들은 한결같이 콜롬비아의 수도인 보고타 시가 지도적인 역할을 해야 한다고 믿었다. 또한 콜롬비아는 커피, 바나나, 직물, 에메랄드, 꽃, 석유, 코카인 등 미국이 필요로 하는 제품을 생산해 내는 원산지인 동시에 미국의 제품과 서비스를 필요로 하는 곳이기도 했다.

20세기 말에 미국이 콜롬비아에 팔았던 중요한 서비스 가운데 하나는 토목이나 건축과 관련된 전문 지식이었다. 콜롬비아는 그동안 내가 일했던 여러 장소들 중에서도 특히 전형적인 모습을 하고 있는 곳이었다. 따라서 외채가 얼마나 필요하고 여러 프로젝트와 콜롬비아의 천연 자원에서 발생하는 이윤을 이용해서 어떻게 빚을 갚아 나갈지 보여 주는 일이 상대적으로 쉽게 느껴졌다. 뿐만 아니라 배전망, 고속도로, 통신 네트워크 등에 엄청난 돈을 투자하면 가스와 석유를 캐낼 수 있으며, 미개발 지역인 아마존을 개발하여 부채와 이자를 갚는 데 필요한 돈을 충분히 마련할 수 있음을 증명하는 일도 그리 어렵지 않았다.

이런 논리는 말 그대로 이론일 뿐이었다. 사실 우리가 원한 건 다른 나라에서와 마찬가지로 보고타를 정복하여 세계 제국을 확장시켜 나가는 것이었다. 언제나 그랬듯이 내가 맡은 일은 막대한 규모의 차관을 정당화시킬 수 있는 근거를 만들어 내는 것이었다. 콜롬비아에는 토리호스처럼 자국민을 진심으로 아끼는 지도자가 없었다. 나는 경제 발전 전망치와 전력 수요 예측량을 부풀릴 수밖에 없었다.

가끔씩 내가 하는 일에 대한 죄책감이 몰려올 때도 있었지만, 콜롬비아는 내게 안식처와 같은 곳이었다. 1970년대 초에 나는 앤과 함께 몇 달 동안 콜롬비아에 머무르면서 카리브 해안의 산에 있는 작은 커피 농장을 사려고 계약금을 치르기도 했다. 예전에 함께했던 시간을 돌이켜 보면 지난 몇 년 간 서로에게 주었던 상처를 모두 치유할 수 있을 것처럼 느껴졌다. 그러나 결국 상처는 더욱 깊어졌고 콜롬비아를 점점 알아 가는 동안 우리 결혼 생활은 끝나고 말았다.

1970년대에 메인은 수력 발전소 건설 및 정글 깊숙한 곳에서부터 고산 도시까지 전기를 운송할 수 있는 배전 시스템 설비 등 사회 기반 시설과 관련된 여러 계약을 따 냈다. 나는 바랑키야라는 해안 도시에서 일했다. 그리고 1977년에는 그 도시에서 내 삶을 바꾸어 놓은 아름다운 콜롬비아 여인을 만났다.

파울라는 긴 금발에 녹색 눈동자가 아름답게 반짝이는 여인이었다. 그녀는 전형적인 콜롬비아 사람의 외모를 갖추고 있지는 않았다. 파울라의 부모님은 이탈리아 북부 지방에서 콜롬비아로 이민 오신 분들이었으며 파울라는 가문의 전통을 이어받아 패션 디자이너로 일했다. 그러나 파울라는 단순히 디자인을 하는 데 그치지 않고 작은 공장을 지어서 자신의 작품을 옷으로 만들어 콜롬비아와 베네수엘라, 파나마 등에 있는 고급 부티크에 납품했다. 그녀는 마음이 따뜻한 여인이었다. 내가 파경으로 인한 괴로움을 이겨 나가고 이성에 대한 부정적인 태도를 바꾸어 나갈 수 있도록 도와주었다. 더 나아가 파울라는 그동안 내가 해 왔던 일들로 인해 어떤 결과가 빚어질지도 알려 주었다.

　앞서 말했듯이 우리 삶은 스스로 통제할 수 없는 우연들이 모여 만들어진다. 내 삶에서는 뉴햄프셔 주 시골에 있는 남자 고등학교의 선생님이었던 부모를 만난 일과, 앤과 프랭크를 만난 일, 베트남 전쟁, 에이너 그레브와의 만남 등이 그 우연에 해당된다고 볼 수 있다. 그러나 일단 이런 우연들이 눈앞에 나타나면 그 다음엔 선택을 해야 한다. 어떻게 반응하는가, 즉 우연을 맞닥뜨렸을 때 어떤 행동을 취하는가에 따라 결과가 완전히 달라진다. 내 경우를 보면 동기들을 이겨야겠다는 다짐, 앤과의 결혼, 평화 봉사단 활동, 경제 저격수가 되기로 한 선택 등이 모여 지금 이 자리에 서게 되었다.

　파울라를 만난 건 또 다른 우연이었고, 그녀의 영향으로 내 삶의 방향은 완전히 바뀌게 되었다. 파울라를 만나기 전까지 나는 이 시스템에 잘 적응해 오고 있었다. 가끔씩 내가 무슨 짓을 하고 있는 건지 곰곰이 생각하며 죄책감을 느끼기도 했지만 항상 그런 의문들을 정당화시키곤 했다. 어쩌면 파울라가 가장 적당한 때에 내 삶에 등장해 준 것 같았다. 물론 사우디아라비아, 이란, 파나마에서 그랬던 것처럼 아무 일도 없었다는 듯이 계속 경제 저격수의 길을 갈 수도 있었다. 그러나 내가 경제 저격수가 되는 데 클로딘이 결정적인 역할을 한 것과 마찬가지로, 나는 파울라가 당시 내게 꼭 필요했던 사람이었다고 믿는다. 파울라는 내가 스스로 내면 깊숙한 곳을 들여다보고 이일을 계속하는 한 내가 절대로 행복해질 수 없을 것임을 깨닫게 해 주었다.

제22장
공화국 대 세계 제국

어느 날 커피숍에 앉아 이야기를 나누던 중 파울라가 내게 말했다.

"존, 솔직하게 말할게요. 당신네 회사가 댐을 지을 강 주위에 사는 인디오들과 농부들은 당신들을 싫어해요. 직접적인 영향을 받지 않는 도시 사람들도 당신네 건설 팀을 공격하는 게릴라들에게 동조하고 있어요. 미국 정부에서는 이런 사람들을 공산주의자, 테러리스트, 마약 밀매업자라고 부르죠. 하지만 사실 이들은 당신 회사가 망가뜨리고 있는 그 땅에서 가족과 함께 살아가려는 사람들일 뿐이에요."

파울라가 이 이야기를 꺼내기 전에 나는 마누엘 토레스에 관해 이야기했다. 마누엘은 메인에서 고용한 기술자로서 얼마 전에 수력발전용 댐 건설 현장에서 게릴라들의 공격을 받았다. 콜롬비아 사람인 마누엘은 미 국무부가 건설 현장에서 미국 시민을 고용하지 못하도록 금했기 때문에 일자리를 얻을 수 있었다. 우리는 국무부의 이러한 조항을 두고 콜롬비아인을 소모품쯤으로 여기는 정책이라고 얘기하곤 했다. 나는 이 정책이 마음에 들지 않았다. 미국 정부의 정책에 대한 반감이 커질수록 일을 진행하기가 힘들어졌다.

"마누엘은 게릴라들이 AK47 소총을 들고 와서 허공에 쏴 대다가, 나중에는 자기 발 앞에다 쏘았다고 하더군. 나한테 얘기할 때는 좀 진정된 상태였지만 게릴라들이 들이닥쳤을 때는 거의 이성을 잃었던 것 같아. 게릴라들은 아무도 쏘지 않고 그냥 그 자리에 있던 사람들에게 편지를 한 통 주고, 배에 실어서 강 하류로 보내 버렸대."

"그랬군요. 그 가여운 남자가 무척 놀랐겠네요."

"당연히 그랬겠지."

나는 마누엘에게 그 단체가 콜롬비아에서 가장 악명 높은 게릴라 단체인 콜롬비아 무장 혁명군(FARC)과 4월 19일 운동단(M-19) 중 어느 쪽인지 물어보았다고 파울라에게 말했다.

"그래서요?"

"둘 다 아니래. 그렇지만 편지에 쓰여진 내용은 다 믿는다고 얘기하더군."

파울라는 내가 가져온 신문에 실린 그 편지 내용을 큰 소리로 읽었다.

"매일 살아남기 위해 일을 하는 우리들은 우리 조상의 피를 걸고 댐이 강을 가로지르지 못하도록 할 것임을 맹세한다. 우리는 순수 인디언과 메스티소(에스파냐 인과 인디오의 혼혈——옮긴이)로서 우리 땅이 물에 잠기는 걸 보느니 차라리 죽음을 택할 것이다. 우리는 콜롬비아 동포들에게 경고한다. 더 이상 건설 회사들을 위해 일하지 마라."

파울라는 신문을 내려놓았다.

"그래서 마누엘에게 뭐라고 했어요?"

나는 잠깐 동안 망설였다.

"어쩔 수 없었어. 회사의 명령에 따라야 하니까. 그 편지가 농부가 쓴 것 같으냐고 물었더니, 마누엘은 어깨를 으쓱하더군."

파울라는 차분히 앉아서 나를 지켜보았다. 파울라와 나의 눈이 마주쳤다.

"아, 파울라. 나도 이런 일을 하고 있는 나 자신이 너무 싫어."

"그러고 나서 어떻게 했나요?"

파울라가 몰아붙였다.

"주먹으로 책상을 내리쳤지. 마누엘을 겁주려고 그랬어. 농부가 AK47 소총을 갖고 있다니, 말이 된다고 생각하느냐고 다그쳤지. 그런 다음에 누가 그 총을 발명했는지 아냐고 물었어."

"마누엘이 알고 있던가요?"

"그래, 하지만 거의 들리지 않을 정도로 작게 얘기했어. 모기 같은 소리로 러시아 인이라고만 말하더군요. 난 그 대답이 맞다고 안심시키면서 그 소총을 개발한 사람은 칼라슈니코프라는 공산주의자이고 적군(옛 소련군의 공식 명칭 ─ 옮긴이)에서 훈장도 받았다고 얘기해 줬어. 그러고는 그 편지를 쓴 놈들도 공산주의자라고 말해 버렸지."

"존, 당신은 그 말을 믿어요?"

더 이상 말을 이을 수가 없었다. 어떻게 대답해야 할까? 솔직하게? 문득 이란에서의 기억이 떠오르면서 내가 두 세계의 중간에 서 있는 사람이라던 야민의 말이 생각났다. 게릴라들이 건설 현장을 덮쳤을 때 나도 그 자리에 있었거나, 차라리 내가 게릴라 중 한 명이었더라면 하는 생각이 들었다. 갑자기 이상한 기분이 밀려왔다. 나는 야민과 익명의 박사, 콜롬비아의 반군들에게 부러움을 느꼈다. 그들은 모두 신념의 사나이들이었다. 그들은 모두 주위에 아무도 없이 홀로 서 있는 두 세계의 중간이 아니라 실제 세계를 택했다.

"파울라, 내게는 해야 할 일이 있어."

파울라가 부드럽게 웃었다.

"난 그 일이 싫어."

나는 계속해서 파울라에게 말했다. 최근 몇 년 동안 자주 떠오르던 토머스 페인을 비롯한 독립 전쟁의 영웅들, 약탈자, 개척민 등의 얼굴이 차례로 떠올랐다. 그들은 애매모호한 지대가 아니라 뚜렷한 경계선에 서 있는 사람들이었다. 그들은 명확한 태도를 취하고 그 결과를 받아들였다.

"나는 날이 갈수록 내가 하는 일이 점점 더 싫어져."

파울라는 내 손을 잡았다.

"당신이 하는 일이요?"

우리 둘의 눈이 다시 마주쳤다. 나는 그 질문의 숨은 뜻을 알아차렸다.

"아니, 나 자신이."

파울라는 내 손을 꼭 쥐면서 천천히 고개를 끄덕였다. 마음이 한결 가벼워진 나는 사실을 인정했다.

"존, 어떻게 할 거예요?"

나는 대답하지 못했다. 안도감은 어느새 방어 자세로 바뀌었다. 더듬거리며 늘 해 오던 대로 "난 잘 하려고 노력하고 있어."라느니 "어떻게 해야 이 시스템을 바꾸어 나갈 수 있을지 생각하고 있다고.", "만일 내가 관두면 더 나쁜 사람이 내가 하는 일을 맡게 될 거야." 따

위 변명거리를 늘어놓았다. 그러나 날 쳐다보는 눈빛으로 봐서 파울
라는 내 말을 믿지 않는 것 같았다. 뿐만 아니라 말하는 나 자신도 그
말을 인정할 수 없었다. 파울라는 비난을 받아야 할 것은 나 자신이
아니라 내가 하는 일이라는 사실을 인정하도록 나를 몰아세웠다. 나
는 말을 돌리려고 파울라에게 물었다.

"당신 생각은 어때? 그 게릴라 사건을 어떻게 생각해?"

파울라는 한숨을 쉬고 내 손을 놓으며 "더 얘기하기 싫어서 그러
는 거예요?"라고 물었다.

나는 고개를 끄덕였다.

"좋아요. 대신 한 가지 조건이 있어요. 방금 그 얘기는 다음에 다
시 하기로 해요."

파울라는 찻숟가락을 집어 들고 자세히 살피다가 커피를 저었다.
그러고는 찻숟가락을 천천히 핥았다.

"러시아나 중국에서 훈련을 받은 게릴라들이 있다는 건 나도 알아
요. 그것 말고 그들이 무얼 할 수 있죠? 게릴라들은 현대식 무기 사
용법도 배워야 하고 당신네 군사 학교를 졸업한 사람들을 상대로 어
떻게 싸울지도 익혀야 해요. 무기를 살 돈을 마련하기 위해 코카인을
팔기도 하죠. 아니면 어디서 총을 구하겠어요? 그들은 끔찍한 일들
에 대항해서 싸우는 거예요. 세계은행에서는 그들이 스스로를 보호
할 수 있도록 도와주지 않아요. 실은 세계은행이 그들을 저 지경으로
몰아간 셈이죠."

파울라는 커피를 한 모금 마셨다.

"그 사람들이 내세우는 근거는 정당해요. 전기는 소수의 부유한
콜롬비아 사람들에게만 도움이 될 뿐이에요. 강에 댐을 만들면 물이

오염되고 그 속에 사는 물고기도 오염되어서 수천 명이 죽을 거예요."

파울라가 우리, 아니 나에게 반대하는 사람들을 동정하듯 얘기하는 걸 들으니 온몸이 오싹해졌다. 나는 나도 모르게 겨드랑이에 양손을 파묻고 말았다.

"파울라, 게릴라에 관해 어떻게 그렇게 잘 알지?"

질문을 하면서도 왠지 파울라의 대답을 듣고 싶지 않다는 생각이 들었다.

"나는 게릴라들과 함께 학교를 다녔어요."

파울라는 잠시 망설이더니 컵을 옆으로 밀었다.

"우리 오빠도 게릴라였어요."

어쩐지 처음부터 듣지 않는 편이 나을 것 같다는 생각이 들었다. 바로 그 얘기를 들을까 봐서였다. 나는 기분이 가라앉는 걸 느꼈다. 그전까지 나는 파울라를 잘 알고 있다고 생각했지만, 그 얘기를 듣고 나니 마치 집으로 돌아가 아내가 웬 낯선 남자와 침대에 함께 있는 현장을 목격하기라도 한 듯한 기분이었다.

"왜 지금까지 얘기하지 않았어?"

"별 상관 없을 거 같아서요. 왜 얘기했어야 하죠? 자랑할 만한 일도 아니잖아요."

파울라는 잠깐 말을 멈추었다.

"나는 오빠를 이 년 동안 한 번도 보지 못했어요. 오빠는 항상 조심해야 하니까요."

"오빠가 살아 있다는 걸 어떻게 알지?"

"몰라요. 얼마 전에 오빠가 수배자 명단에 올라 있는 걸 봤어요.

그건 곧 오빠가 살아 있다는 뜻이에요."

파울라의 이야기를 듣고 그녀를 비난하거나 스스로를 방어하고 싶은 욕구가 생겼지만, 가까스로 참았다. 나는 내가 느끼는 질투를 파울라가 알아차리지 못하기를 바랐다.

"오빠는 어쩌다가 게릴라가 된 거지?"

다행히도 파울라는 커피잔에 시선을 고정시키고 있었다.

"석유 회사 건물 밖에서 시위를 벌였죠. 아마 미국 회사였던 거 같아요. 오빠와 오빠 친구들 여남은 명이 모여서 멸종 위기에 처한 부족이 살고 있는 숲과 훼손되지 않은 땅을 파헤치는 걸 반대하는 시위를 벌였어요. 그런데 군대가 와서 이들을 폭행하고 감옥에 넣어 버렸어요. 불법적인 행동을 한 것도 아닌데 말이죠. 그냥 건물 밖에 서서 현수막을 흔들고 노래를 불렀을 뿐이에요."

파울라는 곁에 있는 창문 밖을 바라봤다.

"오빠는 감옥에 육 개월이나 갇혀 있었어요. 감옥 안에서 무슨 일이 있었는지는 전혀 얘기하지 않았지만, 출옥했을 때는 완전히 다른 사람이 되어 있었어요."

파울라와 그런 식의 대화를 나눈 건 그때가 처음이었다. 지금 와서 돌이켜 보면 그런 대화들로 인해 내 인생에 변화가 생겨났다. 마치 영혼이 산산이 조각나는 듯했다. 그러나 나는 여전히 메인에서 받는 두둑한 월급과, 십여 년 전인 1968년 국가 안전 보장국에서 면접을 보다가 들켰던 내 유약한 성격을 버리지 못했다. 파울라는 나로 하여금 현실을 직시하도록 했고, 약탈자와 반군에 대한 잘못된 편견 너머에 숨겨진 나 자신의 내면을 깊이 들여다봄으로써 내가 구원받을 수 있도록 도와주었다.

나는 콜롬비아에 머무는 동안 이처럼 개인적인 혼돈을 겪었을 뿐 아니라 오래 전부터 유지되어 온 '공화국으로서의 미국'과 새로운 '세계 제국' 사이에 어떤 차이가 있는지 이해하기 시작했다. 과거 미국은 전 세계에 희망을 주었다. 미국이라는 국가는 물질이 아닌 도덕적 · 철학적 기반 위에 세워졌고, 평등과 정의를 근간으로 삼았다. 이것은 유토피아적인 꿈인 동시에 살아 숨쉬는 고결한 실체일 뿐 아니라, 실용적인 방법으로 이루어 나갈 수 있는 이상이기도 하다. 공화국은 양팔을 넓게 벌려 압제에 짓밟힌 사람들을 포용할 수 있다. 공화국은 사람들에게 꿈을 심어 주는 동시에 그 꿈을 실현시킬 수 있는 힘이 있다. 필요한 경우 제2차 세계 대전에서처럼 원칙을 수호하기 위해 직접 행동하기도 한다. 공화국을 위협하는 거대 기업, 은행, 정부 관료 조직 등도 위협적인 대상이 아니라 근본적인 변화를 만들어 내는 수단으로 사용될 수 있다. 이런 기관들은 통신망과 운송 시스템을 보유하고 있다. 사실 이러한 것들은 올바른 방향으로 가도록 인도하기만 하면 얼마든지 질병과 기아를 없애고 전쟁을 종식시키는 데 사용될 수 있다.

그러나 세계 제국은 공화국의 대적(大敵)이다. 세계 제국은 상업주의를 바탕으로 하며 자기 중심적이고 이기적이며 탐욕적이고 물질적인 시스템이다. 역사상의 다른 제국들과 마찬가지로 이 제국도 더 많은 자원을 끌어 모으고 눈에 보이는 건 무엇이든 잡아채며, 채워지지 않는 식욕을 충족시키기 위해서만 팔을 벌린다. 세계 제국은 지배자가 원하고 더 큰 권력과 부를 얻을 수 있는 일이라면 무엇이든 한다.

물론 나는 이 차이를 배워 나가면서 내가 세계 제국에서 어떤 역할을 하고 있는지도 명확히 이해하게 되었다. 클로딘은 처음에 내게 경고하면서 메인의 제안을 수락할 경우 어떤 일을 해야 하는지 솔직히 얘기해 주었다. 그러나 인도네시아, 파나마, 이란, 콜롬비아 등 수많은 나라에서 일한 다음에야 클로딘의 말을 이해할 수 있었다. 그 경고를 진심으로 이해하는 데는 인내와 사랑, 그리고 파울라라는 여인의 개인적인 이야기가 필요했다.

나는 공화국으로서의 미국에 충실했다. 그러나 새롭고 좀 더 고차원적이며 미묘한 제국주의를 통해 내가 저지른 잘못은 미국이 베트남에서 무력으로 이루어 내려고 했던 목적과 다를 바가 없다. 세계 제국은 동남아시아에서의 경험을 통해 군사적인 방법에는 한계가 있음을 깨달았고 경제 전문가들은 더 뛰어난 계획을 고안해 냈으며, 이들을 위해 일하는 외국 원조 기관과 민간 계약 업체들은(실제로 경제 전문가들이 이들을 위해서 일한다고 표현하는 편이 더 정확할 것이다.) 그 계획을 실행하면서 더욱 부유해졌다.

나는 여러 대륙의 여러 나라에서 미국 회사를 위해 일하는 수많은 사람들이 공식적으로는 경제 저격수가 아니면서도 단순한 음모 이상으로 치명적인 일에 연루되어 일하는 모습을 보아 왔다. 메인에서 일하는 수많은 기술자들처럼, 이들도 자신의 행동으로 인해 어떤 결과가 나타날지 조금도 알지 못한다. 미국 기업을 위해 신발과 자동차 부품을 만드는 영세한 공장주들은 스스로 가난한 사람들이 중세 유럽의 장원이나 미국 남부의 농장에서 일하던 흑인 노예와 같은 꼴이 되도록 만드는 것이 아니라, 그들이 빈곤에서 벗어날 수 있도록 도와주는 역할을 한다고 믿는다.

오래전에 착취당하던 사람들과 마찬가지로 현대판 노예들은 유럽의 가난한 골목, 아프리카 정글, 국경 지역의 저개발 지역에서 근근이 하루하루를 살아가는 사람들보다 자신들이 훨씬 잘 살고 있다고 믿는다.

나는 이 일을 계속해야 할지 메인을 그만둬야 할지 고민하기 시작했다. 내 안의 양심은 그만두어야 한다고 말했지만, 경영학을 배우던 시절의 내 자아는 어떤 행보를 취해야 할지 명확하게 대답해 주지 않았다. 나만의 제국이 점점 커져 가고 있었다. 나를 위해 일하는 사람들이 늘어났고 내가 개발을 주도한 나라들의 수가 늘어 갔으며, 돈과 함께 자만심도 커지고 있었다. 큰돈과 풍족한 생활, 권력의 유혹, 그리고 한번 들어오면 절대로 나갈 수 없다던 클로딘의 경고도 생각났다.

물론 파울라는 이 이야기를 듣고 코웃음을 쳤다.

"클로딘이 어떻게 알죠?"

나는 클로딘의 예측 중 상당 부분이 옳았다고 얘기했다.

"그건 오래전 일이에요. 존, 삶은 변해요. 클로딘이 한 말이 뭐가 중요해요? 당신은 지금 당신 자신 때문에 불행하잖아요. 클로딘이나 다른 사람이 당신 삶을 그보다 더 나쁘게 만들 수 있어요?"

파울라가 항상 반복하던 말이었다. 나는 결국 파울라의 의견에 동의했다. 나는 파울라와 나 자신에게 돈이나 모험이나 그 어떤 매력도 혼란, 죄책감, 스트레스를 정당화시킬 수 없다는 걸 인정했다. 메인의 파트너로 일하면서 나는 점점 부유해졌고 조금만 더 머무르면 영원히 벗어나지 못하게 될 거란 사실을 깨달았다.

어느 날, 수많은 해적의 침입을 막아 낸 카르타헤나의 오래된 에스파냐 요새를 따라 거닐다가 파울라는 내가 미처 생각지 못했던 방법을 찾아냈다.

"존, 당신이 알고 있는 걸 아무에게도 절대 발설하지 않으면 어때요?"

"그러니까, 그냥 입을 다물고 있으라는 얘긴가?"

"바로 그거죠. 그들에게 당신을 뒤쫓을 여지를 주면 안 돼요. 일을 복잡하게 만들지 말고 그들이 당신을 혼자 내버려 두게 하자구요."

파울라의 제안은 그럴듯했다. 왜 미처 그 생각을 못 했는지 궁금했다. 그냥 그때까지 내가 알게 된 진실을 외부로 알릴 만한 책을 쓰거나 기타 다른 행위를 전혀 하지 않으면 된다. 십자군이 될 필요도 없고 그냥 평범한 한 사람이 되어 여생을 즐기면 그만이다. 여행을 할 수도 있고, 파울라 같은 사람과 함께 가족을 꾸려 나가도 된다. 나는 충분히 할 만큼 했다. 그냥 나가고 싶을 뿐이었다.

"존, 클로딘이 당신에게 알려 준 건 모두 속임수에 불과해요. 당신의 삶은 온통 거짓투성이예요."

파울라가 부드럽게 웃으면서 말했다.

"최근에 당신 이력서 본 적 있어요?"

나는 없다고 대답했다.

"한번 보세요. 며칠 전에 에스파냐 어로 씌어진 당신 이력서를 본적이 있어요. 만일 영어로 된 것도 똑같은 내용이라면 당신도 무척 흥미로워할 거예요."

제23장
조작된 이력서

콜롬비아에 머무르는 동안 제이크 도버가 메인의 사장 직에서 물러났다는 이야기를 전해 들었다. 예상했던 대로 메인의 회장이자 최고 경영자인 맥 홀은 브루노를 사장 자리에 앉혔다. 보스턴과 바랑키야를 연결하는 전화 회선은 불이 날 지경이었다. 모든 사람들이 나도 곧 승진할 거라고 생각했다. 실제로 나는 브루노가 가장 신임하는 직원들 중 하나였다.

이런 변화와 소문들 때문에 나는 내가 서 있는 위치를 다시금 돌아보게 되었다. 우선 파울라의 충고를 따라 에스파냐 어로 씌어진 내 이력서를 읽어 보았다. 이력서의 내용은 너무나 충격적이었다. 나는 보스턴으로 돌아가서 영어로 작성된 이력서 원본과 메인의 사내 잡지인 《메인라인》 1978년 11월 호를 읽었다. 잡지에 있는 한 기사에서는 "전문가가 메인의 고객 여러분께 새로운 서비스를 제공해 드립니다."라는 제목 아래 나를 설명하고 있었다.

한때는 내 이력서와 그 기사를 보면서 자부심을 느낀 적도 있었지만 이제는 파울라가 그랬던 것처럼 화가 치밀어 오르고 좌절감이 느껴졌다. 이 자료에 기록된 내용들은 비록 거짓말은 아니라 하더라도 일부러 그럴듯하게 포장한 것이라고밖에 설명할 길이 없었다. 또한 거기에는 시대 상황을 반영하는 심오한 진실과 거대한 세계 제국을 향해 꾸준히 나아가는 미국의 의도가 숨겨져 있었다. 즉, 그럴듯하게 껍데기를 포장하여 그 속에 들어 있는 진실을 숨기기 위한 전략의 결정체였던 것이다. 어찌 보면 거짓을 감추기 위해 그럴듯하게 포장한 내 삶이 그대로 담겨 있는 듯했다.

　물론 이력서에 들어 있는 내용의 상당 부분에 대한 책임이 나에게 있다는 생각을 하면 마음이 편치 않았다. 그동안 나는 메인의 내규에 따라 변동 사항이 생길 때마다 지속적으로 이력서를 고쳐 쓰고 해당 고객 및 업무와 관련된 자료를 보충해 왔다. 마케팅 담당자나 프로젝트 담당자가 제안서에 내 이름을 넣거나 다른 방식으로 사용하고자 할 때에는 목적에 맞게 기본 정보를 조작할 수도 있었다.

　예를 들어서, 중동에서의 경험이나 세계은행 및 기타 다국적 포럼을 상대로 프레젠테이션을 한 기록 등을 부각시킬 수 있다. 원칙적으로는 이런 경우 이력서를 수정하기 전에 본인의 허가를 받아야 했다. 그러나 메인에서 근무하는 다른 직원들과 마찬가지로 나도 출장을 자주 다녔기 때문에 내 허락 없이 이력서를 수정하는 경우가 많았다. 뿐만 아니라, 파울라가 한번 보라고 충고한 에스파냐 어 이력서와 영어 이력서는 내 파일에 저장되어 있긴 했지만 처음 보는 내용들이 많았다.

　얼핏 보기에 내 이력서는 아무 문제도 없어 보였다. '경력' 항목에는 그동안 내가 미국, 아시아, 남아메리카, 중동 등에서 이루어진 굵직굵직한 프로젝트들을 담당해 왔으며 개발 계획 수립, 경제 예측, 에너지 수요 예측 등의 업무를 담당했다고 기록되어 있었다. 이 항목의 마지막은 내가 평화 봉사단에 지원하여 에콰도르에서 했던 업무에 관한 내용이었다. 그러나 평화 봉사단의 이름을 직접 언급하지 않았기 때문에 내가 안데스 산맥에서 벽돌을 만들며 살아가는 문맹 농부들을 위해 자원 봉사한 것이 아니라, 마치 건축 자재 회사의 책임자로 일한 듯한 인상을 주었다.

아래에는 그동안 내가 상대했던 고객 리스트가 실려 있었다. 국제 부흥 개발 은행(공식 명칭은 세계은행), 아시아 개발 은행, 쿠웨이트 정부, 이란 에너지부, 사우디아라비아의 아라비안-아메리칸 오일, 파나마 국영 전기 회사, 인도네시아 국영 전기 회사 등, 수많은 이름들이 나열되어 있었다. 그러나 이들 중 무엇보다 나를 놀라게 한 것은 미 재무부와 사우디아라비아였다. 내 것임이 분명한 파일에 나도 모르는 내용들이 인쇄되어 있는 것을 보고 놀라지 않을 수 없었다.

잠깐 동안 이력서를 젖혀 두고 《메인라인》에 실린 내 기사를 읽었다. 그 글을 쓴 재능 많고 불순한 의도라고는 찾아볼 수 없었던 젊은 여기자와의 인터뷰 내용을 분명히 기억할 수 있었다. 기자는 인쇄에 들어가기 전에 인터뷰 내용을 바탕으로 쓴 기사를 보여 주며 잡지에 실어도 될지 물어보았다. 나를 그럴듯하게 묘사해 놓은 기사를 보고는 금세 우쭐해져서 그래도 좋다고 허락해 주었다. 이 기사의 책임도 결국 나에게 있었다.

기사는 다음과 같은 이야기로 시작되었다.

책상에 앉아 있는 사람들의 면면을 살피면 경제 및 지역 개발 계획 팀이 메인에서 가장 최근에 만들어졌으며 가장 빠르게 성장하는 팀이라는 사실을 금방 알 수 있다. 여러 사람이 이 팀에 영향을 미쳐 왔지만 누구보다 이 팀을 이끌고 있는 존 퍼킨스의 공이 크다고 할 수 있다.

존 퍼킨스는 1971년 1월 전력 수요 예측 전문가를 돕는 일을 하기 위해 메인에 들어왔다. 당시 존은 메인의 몇 안 되는 경제 전문가 중 한 사람이었다. 그가 처음으로 맡은 임무는 열한 명으로 이루어진 팀의 일원으로서 인도네시아로 파견되어 전력 수요량을 예측하는 것이었다.

기사는 그동안 내가 해 왔던 일들을 간략하게 요약한 내용이었고 내가 에콰도르에서 삼 년 동안 머물렀던 이야기도 담고 있었다. 내용은 다음과 같았다.

존은 에콰도르에 머무르는 동안 포트라는 마을에서 메인이 담당한 수력 발전 프로젝트의 책임자였던 에이너 그레브(전 메인 직원이었던 에이너 그레브는 이후 메인을 떠나 투손 가스 전기 회사의 사장이 되었다.)를 만났다. 이 둘은 곧 친해졌고 지속적으로 연락을 하던 중 존은 메인으로 들어오라는 제안을 받았다.

약 1년 후, 존은 전력 수요 예측 전문가가 되었고 세계은행 같은 기관의 수요가 증가하자 더 많은 경제 전문가가 필요하다는 걸 깨달았다.

이력서와 이 기사에 있는 내용 가운데 어떤 것도 완전히 지어낸 얘기는 아니었다. 이 두 서류를 증명해 줄 자료들도 내 파일에 함께 보관되어 있었다. 그러나 내용이 진실과 달리 약간 왜곡되었을 뿐 아니라, 좀 더 그럴듯하게 보이도록 변조되어 있었다. 공식 문서의 공신력을 높게 평가하는 문화에서라면 그럴듯해 보이도록 서류를 변형하는 행위는 더욱 나쁘다. 완전한 거짓말이라는 게 드러나면 사람들이 반박할 수도 있었다. 그러나 내 이력서나 나에 관한 기사의 경우 어느 정도 진실을 바탕으로 씌어졌고 완전히 조작된 내용이 아니었으며, 특히 다른 회사, 세계적인 은행들, 여러 정부로부터 신임을 받고 있는 회사에서 만들어 낸 것이기 때문에 쉽게 반박할 수가 없었다.

작성자의 이름을 밝히는 인터뷰를 실은 잡지 기사와 달리 이력서는 공식 문서이기 때문에 사람들은 의심의 눈길을 보내지 않는다. 이력서 하단과 이력서를 뒷받침해 줄 제안서와 보고서 표지에 찍혀 있는 메인의 직인은 세계의 유수한 기관들이 신뢰감을 갖도록 하는 데 더욱 도움이 된다. 그 도장은 액자에 끼워서 변호사 사무실이나 병원의 벽에 걸어 둔 자격증 또는 학위와 비슷한 효력을 지닌다.

이 서류들은 마치 내가 세계 유수의 컨설팅 회사에서 한 부서를 담당하고 있는 아주 유능한 경제 전문가이자, 세계 곳곳을 돌아다니며 다양한 연구를 하여 세상을 좀 더 발전되고 풍요로운 곳으로 만드는 사람인 것처럼 그려 놓고 있었다. 게다가 문제는 그럴듯하게 포장한 것만이 아니었다. 더 큰 문제는 좋은 인상을 주지 못할 내용들을 모두 삭제해 버렸다는 사실이었다. 제삼자가 객관적인 입장에서 본다면 삭제된 부분에 대해서도 많은 의문을 제기할 거라는 생각이 들었다.

예를 들면 내가 메인에 들어오기 전에 국가 안전 보장국 면접에 통과했던 일, 에이너 그레브가 군과 연루되어 있었으며 국가 안전 보장국을 위해 일하기도 했다는 사실은 전혀 담겨 있지 않았다. 그뿐이 아니었다. 그동안 예상치를 부풀려서 내놓아야 한다는 압력에 시달려 왔다는 사실과 내 임무 중 상당 부분이 인도네시아나 파나마 같은 나라들이 갚지도 못할 엄청난 부채를 빌리도록 하는 일이었다는 내용도 전혀 들어 있지 않았다. 내 전임자였던 하워드 파커가 정직하게 일한 데 대한 칭찬은 한마디도 없었으며, 내가 하워드처럼 솔직하게 내 신념대로 얘기한 후 해고 당하는 쪽보다는 상사가 원하는 대로 예상치를 부풀려서 보고서를 작성했기 때문에 승진할 수 있었다는 내용도 빠져 있었다. 그러나 무엇보다 고객 명단 끝에 미 재무부와 사우디아라비아의 이름이 나란히 들어가 있는 것이 가장 당황스러웠다.

계속해서 그 줄에 눈길이 갔다. 과연 사람들이 어떻게 받아들일지 궁금해졌다. 아마도 그 둘 사이에 어떤 관계가 있는지 질문할 거라는 생각이 들었다. 어쩌면 따로 적혀야 할 두 이름이 실수로 같은 줄에 들어가게 되었다고 생각할지도 몰랐다. 그러나 미 재무부와 사우디아라비아의 이름이 함께 나와 있는 데는 구체적인 이유가 따로 있었다. 업계 실세들이 내 이력서를 보면서 세계를 바꾸어 놓은 세기의 거래이지만 결코 기사화되지 않은 그 계약을 따 낸 팀에 나도 끼어 있었음을 알 수 있도록 하기 위해서였다. 결국 나는 사우디아라비아가 미국에 지속적으로 석유를 공급하기로 약속하는 대가로 사우디아라비아 왕가를 지켜 주고 오사마 빈 라덴에게 자금을 지원하도록 도와주며, 우간다의 이디 아민 같은 세계적인 범죄자들을 보호하는 계약이 성사될 수 있도록 도와준 꼴이 되었다. 내 이력서에 적힌 그 한 줄은 내부 사정을 잘 아는 사람들을 위한 문구였다. 결국 메인의 수석 경제 전문가는 무엇이든 해낼 수 있는 사람이라는 뜻이었다.

글쓴이의 견해가 담겨 있는 《메인라인》의 마지막 문단은 불편한 내 심기를 더욱 자극했다.

경제 및 지역 개발 계획 팀은 놀라운 속도로 성장하고 있다. 그러나 존은 팀원들이 모두 열성적인 전문가들이므로 자신이 단지 행운이라고 느낀다. 책상을 사이에 두고 필자와 얘기하는 동안 존은 자신의 직원들에게 진정 관심을 갖고 아낌 없이 지원하는 모습을 보여 주었으며 이런 노력은 매우 존경할 만하다.

사실 나는 단 한 번도 내가 열정적인 경제학자라고 생각해 본 적이 없었다. 나는 보스턴 대학 경영학과를 졸업했고 주로 마케팅을 공부했으며 항상 수학과 통계에 서툴렀다. 미들베리 대학을 다니던 시절의 전공은 미국 문학이었다. 덕분에 글을 쓰는 일은 그다지 어렵게 느껴지지 않았다. 내가 메인의 수석 경제 전문가가 되고 경제 및 지역 개발 계획 팀을 담당하게 된 것은 경제를 잘 알거나 계획을 잘 세워서가 아니었다. 그보다 기꺼이 상사나 고객이 원하는 결론을 내리고 글을 써서 남을 설득하는 재주를 어느 정도 타고났기 때문에 그 자리에 앉게 되었다. 뿐만 아니라 머리를 잘써서 석사 학위나 박사 학위 소지자 등 나보다 훨씬 전문 지식이 많은 사람들을 부하 직원으로 두었다. 내가 이들을 뽑을 때 기울였던 노력을 생각하면 "자신의 직원들에게 진정 관심을 갖고 아낌 없이 지원하는 모습을 보여 주었으며 이런 노력은 존경할 만하다."라는 기사의 결론이 놀랍지만은 않다.

나는 이력서와 기사, 그리고 다른 비슷한 문서들을 책상 맨 위 서랍에 넣어 두고 자주 들여다봤다. 그 다음부터 나도 모르게 개인 사무실 밖으로 나와 다른 직원들이 일하고 있는 책상 사이를 이리저리

오가는 일이 잦아졌다. 나를 위해 일하고 있는 직원들의 얼굴을 보며 내가 그들에게 해 온 일에, 그리고 우리 모두가 빈부 격차가 더 커지도록 만들었다는 사실에 죄책감을 느꼈다. 나와 우리 직원들이 일급 호텔에서 자고 고급 레스토랑에서 먹고 재산을 불려 가는 동안 기아에 허덕이고 있었을 수많은 사람들이 생각났다.

그동안 내가 훈련시켰던 직원들이 새롭게 경제 저격수의 자리에 올라서고 있다는 생각도 들었다. 내가 그들을 끌어들인 것이다. 그들을 고용하고 훈련시킨 사람은 바로 나였다. 그러나 내가 처음 발을 디딜 때와는 상황이 달랐다. 세상이 변했고 기업 정치도 더욱 발달했다. 우리의 기술은 나날이 향상되어 가고 점점 사악해졌다. 나를 위해 일하는 사람들은 나와는 다른 부류였다. 이들은 국가 안전 보장국에서 거짓말 탐지기를 동원한 인터뷰를 받지도 않았고 클로딘 같은 선생도 만나지 못했다. 세계 제국을 넓혀 가기 위해 그들이 어떤 일을 해야 하는지 아무도 정확하게 얘기해 주지 않았다. 뿐만 아니라 이들은 경제 저격수라는 말조차도 들어보지 못했을 테고 한번 발을 들여놓으면 영원히 벗어날 수 없다는 경고도 듣지 못했을 터였다. 이들은 그저 나를 보면서 어떻게 일해야 할지, 또 일의 결과에 따라 어떤 보상과 벌이 따르는지를 배워 나갔다. 이들은 내가 원하는 대로 연구 결과를 작성해야 한다는 사실을 알고 있었다. 어떻게 나를 만족시키느냐에 따라 월급과 크리스마스 상여금 뿐 아니라 일을 계속할 수 있을지 여부가 달라졌다.

사실 나는 그동안 부하 직원들의 부담을 덜어 주기 위해 많이 노력했다. 논문이나 강의뿐 아니라 가능한 모든 기회를 동원하여 높은 예상치를 내놓고 많은 돈을 빌리도록 하고 많은 자금이 흘러 들어가도록 함으로써, 국민총생산을 높이고 더 나은 세상을 만들기 위해 노력하는 것이 얼마나 중요한지 설득하려고 했다. 내가 처음 발을 들여놓았을 때만 하더라도 유혹이나 강압적인 방법이 사용되었는데, 나는 십여 년이 채 되지 않아 그 수준을 넘어서서 아예 세뇌를 하고 있었던 것이다. 이제 창밖으로 보스턴의 백베이가 내려다보이는 사무실에서 일하는 사람들은 세계 제국을 넓혀 간다는 대의명분을 앞세워 세계로 나아가고 있다. 마치 클로딘이 나를 만들어 낸 것처럼 내가 이들을 만들어 냈다. 그러나 이들은 나와 달리 진실을 모르고 있었다.

이런 생각들로 괴로워하며 숱한 밤을 지새웠다. 이력서를 보라는 파울라의 한마디는 굳게 닫혀 있었던 판도라의 상자를 열어 버렸다. 가끔 아무것도 모르는 다른 직원들이 부러워지기도 했다. 나는 일부러 그들에게 진실을 말하지 않았다. 그렇게 함으로써 그들이 양심을 저버리지 않도록 보호했다. 그들은 오랫동안 나를 괴롭혔던 도덕적인 문제들로 괴로워할 필요가 없었다.

어떻게 해야 정직하고 당당하게 일할 수 있는지에 대해서도 많이 생각했다. 특히 겉으로 드러나는 모습과 진실에 대해서 생각했다. 인류가 생겨난 이래 사람들은 서로를 속이면서 살아 왔을 거란 생각도 들었다. 전설이나 설화 등에는 사기를 치며 양탄자를 파는 사람, 터무니없이 높은 이자로 돈을 빌려 주는 사람, 벌거벗은 임금님을 속여 자신의 눈에만 옷이 보이지 않는다고 믿게 만든 재단사 등이 등장하고, 왜곡된 진실과 부정한 거래들로 가득 차 있다.

크게 변한 것은 없다고 결론 내리고 싶었다. 메인의 이력서와 이면의 진실은 그저 인간 본성을 그대로 반영한 것뿐이라고 믿고 싶었다. 그러나 나는 이미 그렇지 않다는 걸 알고 있었다. 모든 것이 변해 버렸다. 나는 미국이 상대를 기만하고 속이는 새로운 단계에 도달했고, 거대한 변화가 일어나지 않는 이상 자멸하고 말 것임을 깨달았다. 나는 미국이 지금껏 쌓아 온 문화가 비단 도덕적으로 붕괴할 뿐 아니라 아예 그 형체가 사라질 수도 있다는 사실을 알게 되었다.

조직 범죄를 보면 좀 더 쉽게 이해할 수 있다. 마피아 우두머리들은 처음에 거리의 불량배에서 시작한다. 그러나 시간이 흘러 점점 높은 자리로 올라가면서 겉모습이 변한다. 근사한 맞춤 정장을 입고 합법적인 사업을 운영하고 스스로 상류 사회에 속하는 것처럼 행세한다. 지역 자선 행사에도 참여하고 사람들로부터 존경을 받기도 한다. 급전이 필요한 사람들에게는 쉽게 돈을 빌려 준다. 메인의 이력서에 나와 있는 내 모습처럼 그들도 아주 평범해 보인다. 그러나 그럴듯한 겉모습 이면에는 핏자국이 감춰져 있다. 채무자가 돈을 갚지 못하면 청부업자가 들이닥쳐 몸뚱이라도 내놓으라고 요구한다. 이마저 소용이 없으면 자칼이 야구 방망이를 들고 나타난다. 결국, 최후의 수단으로 총이 등장한다.

경제 수석 전문가, 경제 및 지역 개발 계획 팀장이라는 내 직함은 양탄자 장수가 사용하는 단순한 사기 방법과는 다르다. 양탄자 장수의 경우에는 물건을 사는 사람이 속임수를 알아차릴 수도 있다. 그러나 내가 속해 있는 이 사악한 시스템은 순진한 손님보다 한 수 위의 전략을 세우는 것을 목표로 하지 않는다. 대신 전 세계가 이전부터 알고 있었던 제국주의를 좀 더 미묘하고 효과적인 방법으로 재현해 나가는 것을 목표로 한다. 나와 함께 일하는 직원들도 모두 재정 분석가, 사회학자, 경제학자, 수석 경제학자, 계량 경제학자, 잠재 가격 책정 전문가 등 나름대로 직함을 갖고 있다. 그러나 이들 중 누구의 직함에서도 이들이 경제 저격수라거나 세계 제국을 위해 일하고 있다는 사실은 알아차릴 수 없다.

그뿐 아니라 그 어떤 직함도 우리가 그저 빙산의 일각에 불과하다는 사실을 드러내지 않는다. 신발과 스포츠 제품을 파는 회사부터 중장비를 만드는 회사에 이르기까지 세계 유수의 기업들은 모두 경제 저격수의 역할을 하는 사람들을 고용하고 있다. 제국을 넓혀 가기 위한 행진은 이미 시작되었고, 점점 더 빠른 속도로 전 세계를 몰아치고 있다. 이런 깡패 같은 사람들은 이제 가죽 재킷을 벗어 던지고 말끔한 정장을 입고서 점잖은 체한다. 뉴욕, 시카고, 샌프란시스코, 런던, 도쿄 등지에 있는 여러 기업의 본사에서 파견된 사람들이 세계 곳곳으로 흩어져 부패한 정치인들을 설득하여 미국의 기업 정치가 그들 조국을 지배하고 가난한 사람들이 영세한 공장이나 조립 공장에서 노예처럼 일하는 조건에 동의하도록 만든다.

인정하긴 싫지만, 내 이력서와 나에 관한 기사에 나와 있는 그럴듯한 포장 속을 들여다보면 전 세계가 교묘한 속임수에 휘말려 우리 모두가 도덕적으로 썩어 문드러지고 결국 자멸의 길로 가게 될 수밖에 없는 시스템에 갇혀 있음을 알 수 있다. 파울라는 나로 하여금 진실을 들여다보게 했고, 이는 결과적으로 내 삶을 바꾸어 놓은 다른 길로 내가 한 걸음 더 다가가도록 도와준 셈이 되었다.

제24장
석유를 위해 싸우는 에콰도르 대통령

    콜롬비아와 파나마에서 일을 하다 보니 제2의 고향인 에콰도르에 지속적으로 관심을 갖고 자주 들를 수 있었다. 에콰도르는 그동안 수 많은 독재자들과 미국의 정치적 · 경제적 이익을 위해 일하는 우파 성향의 집권 세력으로 인해 고통을 받아 왔다. 어찌 보면 에콰도르는 전형적인 '바나나 공화국', 즉 미국에 과일을 수출하여 경제를 유지 하는 남아메리카 국가였고 이로 인해 미국의 기업 정치가 효과적으 로 파고들 수 있었다.

    1960년대 말부터 에콰도르 정부는 아마존 지역에서 석유를 본격적 으로 채굴하기 시작했다. 그 결과 에콰도르를 지배하던 몇몇 가문들 이 세계적인 은행들의 손아귀에 놀아나게 되었다. 이 가문들은 에콰 도르에 엄청난 빚을 떠안고 그 대가로 석유에서 나오는 수입을 받 기로 약속했다. 에콰도르 전역에 도로와 산업 공단, 수력 발전 댐, 송 전 시스템 및 기타 전력 프로젝트들이 생겨났다. 외국의 토목 및 건설 회사들은 다시 한 번 엄청난 부를 거머쥘 수 있게 되었다.

그러나 안데스 산맥에 위치한 이 나라에서 새로이 각광 받게 된 인물은 부패한 정치나 미국의 기업 정치와는 담을 쌓은 하이메 롤도스라는 사람이었다. 나는 전에 여러 번 그를 만났다. 그때 롤도스는 삼십대 후반에 대학 교수와 변호사로 활동하던 매력적이고 카리스마 넘치는 사람이었다. 한번은 내가 충동적으로 언제든지 요청하기만 하면 키토로 날아가 무료로 컨설팅을 해 주겠노라고 제안한 적도 있었다. 다소 농담조로 얘기하긴 했지만, 휴가를 이용해서 기꺼이 가고 싶은 마음이 들었던 것도 사실이다. 롤도스가 무척 마음에 들기도 했고, 당시 그에게 말했던 것처럼 항상 에콰도르를 방문할 구실을 찾던 중이기도 했기 때문이다. 롤도스는 웃으면서 비슷한 제안을 했다. 그는 내게 난방비를 덜 내고 싶으면 언제라도 연락하라고 했다.

롤도스는 대중의 사랑을 한 몸에 받는 민족주의자로서, 가난한 사람들의 권리를 보장해야 하며 정치인들이 국가의 자원을 좀 더 신중하게 사용해야 한다고 주장해 왔다. 1978년 하이메 롤도스가 대선에 출마하자 외국 자본에게 석유를 빼앗기거나 강력한 외세로부터 독립하고자 하는 나라에 살던 수많은 사람들이 지대한 관심을 보였다. 롤도스는 현대 정치인으로서는 드물게 변화를 두려워하지 않는 인물이었다. 롤도스는 석유 회사와 그들을 도와주는 세력을 뒤쫓고 있었다.

일례로, 롤도스는 미국의 복음 선교 단체인 서머 언어학 연구소(Summer Institute of Linguistics)가 석유 회사와 유착 관계에 있다고 비난했다. 나는 평화 봉사단 활동을 하던 시절부터 서머 언어학 연구소를 잘 알고 있었다. 이 단체는 다른 나라의 경우와 마찬가지로 연구, 기록, 토착 언어 번역 등을 목적으로 에콰도르에 들어왔다.

서머 언어학 연구소는 석유 채굴이 시작될 무렵부터 아마존 지역에서 와오라니 족과 긴밀하게 협력해 왔다. 그러나 그때 이미 심상치 않은 조짐이 있었다. 지진학자들이 특정 지역에 석유 매장량이 많다는 예측을 내놓기만 하면 서머 연구소가 끼어들었다. 토착민들에게 선교회 측에서 제공하는 숙소로 옮기면 무료로 음식과 휴식처, 옷, 의료 혜택뿐 아니라 선교 방식의 교육도 받을 수 있다며 고향을 떠나도록 부추겼다. 대신, 땅을 석유 회사에 넘겨야 이 모든 혜택을 받을 수 있다는 조건이 걸려 있었다.

　서머 언어학 연구소의 선교사들이 여러 은밀한 방법을 이용하여 아마존 지역 부족들에게 고향을 등지고 선교원으로 옮기도록 설득한다는 소문이 나돌았다. 항간에 떠도는 소문 중에는 이들이 설사약을 탄 음식을 대량으로 기증한 후 설사를 치료할 수 있는 약을 준다는 얘기도 있었다. 서머 언어학 연구소는 음식물을 담은 통에 이중 바닥을 만들어 그 속에 조그만 전파 송신 장치를 넣은 후 와오라니 족이 사는 지역에 공중투하했다. 쉘에 주둔한 미군은 자신들이 운영하는 최첨단 통신 기지에 이 통에서 나오는 전파를 수신하는 기계를 설치해 두었다. 이 수신기는 송신기가 보내는 전파를 잡아내도록 만들어져 있었다. 부족 사람들 중 누군가가 독 있는 뱀에 물리거나 중병에 걸리면 서머 연구소 사람이 해독제나 필요한 약을 들고 나타났다. 이들은 석유 회사의 헬리콥터를 타고 나타나기도 했다.

　에콰도르가 외국 자본에 의해 석유를 착취당하기 시작할 무렵, 서머 언어학 연구소 선교사 다섯 명이 와오라니 족의 창에 찔려 숨진 채 발견되었다. 원주민들이 전하고자 했던 메시지는 분명했다. 그러나 이들의 과격한 행동은 정반대 결과를 초래하고 말았다. 살해된 사람 중 한 명의 여동생인 레이철 세인트가 미국 전역을 순회하며 전국 텔레비전에 나와서, 야만인들을 교육시켜 교양 있는 사람으로 만들기 위해 노력하는 서머 언어학 연구소와 석유 회사를 돕기 위해 기금을 조성하자고 호소했다.

서머 언어학 연구소는 록펠러 재단으로부터 기부를 받았다. 하이메 롤도스는 록펠러 재단과의 관계를 보면 서머 언어학 연구소가 토착민들의 땅을 빼앗고 석유 착취를 돕기 위해 앞장서고 있음이 틀림없다고 주장했다. 사실, 록펠러 가문의 후손인 존 록펠러가 바로 스탠더드오일의 창립자였다. 이 석유 회사는 후에 셰브런, 엑손, 모빌 등으로 나뉘었다.

롤도스는 토리호스를 보고 감명을 받아 그 길을 택한 것 같았다. 이 두 사람은 모두 세상에서 가장 강력한 힘을 가진 세력에 맞섰다. 토리호스는 파나마 운하를 되찾기 원했고 롤도스의 강력한 민족주의적 성향은 세계에서 가장 영향력 있는 회사들을 위협했다. 토리호스와 마찬가지로 롤도스 역시 공산주의자는 아니었지만 에콰도르의 운명은 에콰도르 스스로 결정할 권리가 있다고 주장했다. 전문가들은 토리호스의 경우와 마찬가지로 미국의 대기업들이나 정계에서 롤도스가 대통령에 당선되도록 내버려 둘 리 없으며, 만일 당선된다 하더라도 과테말라의 아르벤스나 칠레의 아옌데와 같은 운명에 처하게 될 거라고 예측했다.

나는 이 두 사람이 남아메리카의 정치에 새로운 변화를 가져오기 위해 앞장서고 있으며, 이런 노력이 지구상의 모든 나라에 영향을 미치는 근본적인 변화를 가져올 수도 있을 거라고 생각했다. 이들은 카스트로 같은 공산주의자나 가다피 같은 민족주의자가 아니었다. 두 사람은 러시아나 중국과도 아무런 관계를 맺지 않았으며 아옌데의 경우와 달리 국제 사회주의 운동에도 연루되어 있지 않았다. 이 두 지도자는 대중의 지지도가 높고 똑똑했으며, 카리스마가 넘치고 독단적이지 않고 실용주의를 중시했다. 이들은 민족주의적인 성향을 띠었으면서도 반미 정서를 강하게 내비치지 않았다. 기업 정치의 세 가지 중요한 축이 대기업, 세계적인 은행들, 이와 결탁하는 정부라고 한다면 롤도스와 토리호스가 이끄는 정부가 그 시스템 속에 개입될 가능성은 없었다.

롤도스의 정책은 탄화수소 정책을 바탕으로 했다. 이 정책은 에콰도르에서 가장 잠재력이 큰 자원은 석유이며 앞으로 이 자원을 활용할 때에는 반드시 대다수 에콰도르 국민이 가장 큰 이득을 볼 수 있는 방식을 사용해야 한다는 내용을 기본으로 했다. 롤도스는 국가가 가난하고 소외받는 사람들을 도울 의무가 있다고 신봉하는 사람이었다. 롤도스는 탄화수소 정책을 잘 활용하면 진정한 사회 개혁이 이루어질 거라는 희망을 갖고 있었다. 그러나 롤도스는 다른 나라에서와 마찬가지로 에콰도르 내에서 가장 영향력 있는 가문의 도움 없이는 당선될 수 없으며, 만일 당선이 되더라도 자신이 원하는 계획을 실행할 수 없다는 걸 알고 있었기 때문에 위험한 줄타기를 해야만 했다.

나는 개인적으로 당시 카터가 미국 대통령 직을 맡고 있어서 마음이 놓였다. 텍사코를 비롯한 다른 석유 관련 세력들로부터 외압이 끊이지 않았으나 미 행정부는 개입하지 않았다. 민주당이든 공화당이든 어떤 세력이 집권하고 있었더라도 카터가 아니었다면 그 압력에 굴복하고 말았을 것이다.

나는 무엇보다 탄화수소 정책이 에콰도르 인의 마음을 사로잡아

하이메 롤도스가 키토에 있는 대통령궁에 입성할 수 있을 거라고 확신했다. 오랫동안 독재에 시달린 에콰도르 국민들이 민주적인 방법으로 직접 선출한 최초의 대통령이 탄생할 거라는 믿음이 생겼다. 1979년 8월 10일, 하이메 롤도스는 취임 연설에서 자신이 추구하는 기본 정책을 다음과 같이 요약해서 얘기했다.

우리는 우리의 에너지 자원을 수호하기 위해 효과적인 방법을 사용해야 합니다. 수출 품목을 다양화하는 동시에 경제적 독립을 잃어서는 안 됩니다. 우리는 어떠한 결정을 내릴 때나 국익을 최우선으로 여길 것이며 주권을 지켜 내기 위해 끊임없이 노력할 것입니다.

롤도스는 대통령에 취임한 후 당시 석유 업계에서 가장 강력한 힘을 자랑했던 텍사코를 지목했다. 너무나 위험한 관계였다. 대형 석유 업체인 텍사코는 이 신임 대통령을 믿지 않았으며 선례가 될 수 있는 정책에 휘말리고 싶어하지 않았다. 당시 텍사코는 에콰도르의 정책이 다른 나라들에도 영향을 줄 수 있다는 걸 잘 알고 있었다.

하이메 롤도스의 핵심 고문관이었던 호세 카르바할이 발표한 연설문에는 행정부의 입장이 다음과 같이 드러났다.

우리 파트너인 텍사코가 위험을 감수하고 석유 채굴에 돈을 투자하며 직접 석유를 채굴하려 하지 않는다면, 투자와 다른 제반 권리를 모두 다른 업체에 넘길 것입니다.

우리는 외국 회사와의 관계가 공정해야 한다고 믿습니다. 이런 어려움 속에서 우리는 더욱 강인해져야 하며 모든 종류의 압력에 대비

해야 합니다. 그러나 외국인들과 협상을 할 때 두려움이나 열등감을
나타내서는 안 됩니다.

1980년 1월 1일, 나는 마침내 결심을 했다. 1970년대는 가고 1980년
대가 시작된 해였으며 28일 후면 서른다섯이 되는 날이기도 했다. 나
는 한 해 동안 인생에서 큰 변화를 일으킬 것이며 하이메 롤도스와
오마르 토리호스를 본받도록 노력하겠다고 다짐했다.

그러나 충격적인 일이 일어나고 말았다. 브루노는 메인 역사상 가
장 큰 수익을 올린 사장이었다. 그럼에도 맥 홀은 아무런 경고도 없
이 브루노를 해고해 버렸다.

제25장
그만두다

　브루노가 해고되었다는 소식은 메인에 엄청난 파장을 몰고 왔다. 회사 전체가 동요하고 들썩거리기 시작했다. 브루노는 회사 내에 적이 많았지만, 브루노를 싫어하는 사람들조차 놀라움을 감추지 못했다. 많은 사람들이 맥 홀이 브루노를 해고한 이유는 시기심 때문이라고 생각했다. 점심을 먹거나 커피를 마시면서 사람들은 맥 홀이 자기보다 열다섯 살이나 어리면서도 엄청난 수익을 벌어들인 브루노로 인해 위협을 느꼈음이 틀림없다고 주장하기도 했다.

　"홀은 브루노가 그렇게 대단해 보이는 걸 참을 수 없었던 거라고요."

　"브루노가 모든 것을 차지하고 자신을 밀어내는 건 시간 문제라고 생각했던 거예요."

　사람들의 추측을 뒷받침이라도 하듯, 홀은 폴 프리디를 신임 사장으로 임명했다. 폴은 여러 해 동안 메인에서 부사장 직을 맡아왔고 성격이 상냥했으며, 실무를 담당해 온 엔지니어 출신이었다. 내 생각에 폴은 그리 두각을 나타냈던 사람도 아니었고 앞으로 맥 홀의 비위를 잘 맞추고 놀라운 성과를 거두어 최고의 자리를 탐낼 일도 없을 것 같았다. 많은 동료들이 내 의견에 동의했다.

나에게 있어 브루노가 회사를 떠난다는 사실은 너무나 큰 충격이었다. 브루노는 내 직속 상사인 동시에 국제 업무에서 가장 중요한 역할을 하는 사람이었다. 반면 폴 프리디는 국내의 일을 중시하는 사람으로 해외 업무에서 우리가 실제로 어떤 역할을 하는지에 관해서조차 거의 아는 바가 없었다. 나는 회사가 앞으로 어떻게 될지 궁금해서 집에서 쉬고 있는 브루노에게 전화를 걸었다. 브루노는 이성적으로 대답했다.

"이봐, 존. 맥 홀 회장도 나를 해고 시킬 이유가 없다는 걸 알아."

브루노는 맥 홀 얘기를 먼저 꺼냈다.

"그래서 퇴직금을 많이 달라고 요구했고, 요구한 만큼 받았네. 맥 홀이 의결권이 있는 주주들 대부분을 지배하고 있기 때문에 일단 맥 홀이 움직이면 내가 할 수 있는 일은 아무것도 없다네."

브루노는 우리의 고객이었던 몇몇 다국적 은행들로부터 고위급 간부로 오라는 요청을 받은 것 같았다.

나는 브루노에게 앞으로 어떻게 해야 할지 물었다.

"시야를 넓게 가져. 맥 홀은 현실 감각을 잃었어. 그런데 아무도 그 얘길 하려고 하지 않아. 특히 지금은 더 그렇겠지. 내가 이렇게 해고당한 마당에 누가 나서려고 하겠나?"

1980년 3월 말, 나는 여전히 브루노가 해고당한 사건으로 받은 충격에서 벗어나지 못한 채 카리브 해의 버진아일랜드로 보트 여행을 떠났다. 메인에서 근무 중이었던 젊은 여직원 메리도 동행했다. 여행지를 선택할 때는 몰랐지만 그 지역의 역사는 내가 새해 결심을 지켜 나가는 데 도움이 되었다. 어느 날 오후, 세인트존 섬을 한 바퀴 돌고 돛의 방향을 바꾸어 미국령 버진아일랜드와 영국령 버진아일랜드를 가르는 경계인 프랜시스드레이크 해협을 지날 무렵 어떤 생각이 머리를 스쳤다.

이 해협의 이름은 에스파냐의 무적함대를 무찌른 영국인의 이름을 따서 지어졌다. 해협의 이름을 생각하다 보니, 지난 십여 년 동안 나 스스로 여러 차례 드레이크 경이나 헨리 모건 경 같은 역사적인 인물들이 약탈하고 가로채고 착취한 덕분에 칭찬을 받고 심지어 작위까지 수여받았다는 사실을 생각하곤 했음이 떠올랐다. 나는 어릴 적부터 이런 사람들을 존경하라고 배웠는데도 왜 인도네시아, 파나마, 콜롬비아, 에콰도르 같은 나라들을 착취하는 데 양심의 가책을 느껴야 하는지 자문해 왔었다. 에단 앨런, 토머스 제퍼슨, 조지 워싱턴, 대니얼 분, 데이비드 크로켓, 메리웨더 루이스와 윌리엄 클라크 등 내가 존경하는 수많은 영웅들이 원래 자기 것이 아닌 인디언, 노예, 땅을 착취해 왔으며, 그동안 나는 이들을 생각하며 죄책감을 덜어 왔다는 생각이 들었다. 프랜시스드레이크 해협을 거슬러 올라가면서 나는 그동안 스스로를 합리화시켜 온 것이 얼마나 바보 같은 행동인지 깨닫게 되었다.

지난 몇 해 동안 아무렇지도 않게 무시해 온 것들이 떠올랐다. 에단 앨런은 좁고 악취가 나는 영국의 감옥선에서 여러 달을 보냈고 갇혀 있는 동안 거의 내내 약 15킬로그램이나 되는 철 족쇄에 묶여 있었으며, 이후에도 영국의 지하 감옥에서 더 오랜 시간 갇혀 있었다.

에단 앨런은 전쟁 영웅이었지만 1775년 몬트리올 전쟁 때 하이메 롤도스와 오마르 토리호스와 마찬가지로 자유를 위해 싸우다가 생포되었다. 토머스 제퍼슨, 조지 워싱턴을 비롯한 건국의 아버지들은 자신들의 이상을 위해 목숨을 걸고 싸웠다. 처음부터 이들이 승리하도록 모든 것이 결정되어 있었던 것은 아니다. 이들은 만일 싸움에서 질경우 반역자로 낙인찍혀 엄벌에 처해지리라는 사실을 알고 있었다. 대니얼 분, 데이비드 크로켓, 루이스와 클라크 등도 오랜 시간 동안 고통을 참으면서 수많은 희생자를 만들어 냈다.

그렇다면 드레이크와 모건은 어떨까? 나는 그 무렵의 역사에 대해 해박하지 않지만, 영국의 청교도들이 에스파냐의 가톨릭 교도로부터 위협받고 있다고 여겼다는 사실은 기억났다. 드레이크와 모건이 영국 세력의 확장이 아니라 영국의 존엄성을 지켜 나가기 위해 에스파냐 제국의 중심이라고 할 수 있는 무적함대를 공격했을 수도 있다는 사실을 인정해야만 했다.

바람에 따라 방향을 바꾸어 가며 운하를 거슬러 올라가면서, 바다 위로 솟은 북쪽의 대치 섬과 남쪽의 세인트존 섬에 점점 가까이 다가가는 동안 이런 생각들을 지울 수가 없었다. 메리가 맥주를 건네주면서 지미 버핏의 노래를 틀었다. 그러나 아름다운 주변 경관을 바라보고 평소처럼 항해를 하고 자유를 느끼면서도 화가 났다. 나는 그 감정을 떨쳐 버리려고 애쓰면서 맥주를 들이켰다.

그러나 분노는 사라지지 않았다. 역사 속의 여러 인물들과 내 욕심을 합리화시키기 위해 나 스스로 그들을 적당히 끌어들인 걸 생각하면 화가 치밀어 올랐다. 내가 그렇게 역사를 받아들이도록 가르친 부모님과 틸턴에 있는 언덕 위의 독선적인 사립학교에도 화가 났다. 맥주를 한 병 더 땄다. 맥 홀이 브루노한테 한 짓을 생각하면 그를 죽여 버릴 수도 있을 것만 같았다.

무지개 모양이 그려진 깃발을 단 목조선이 물결을 일으키며 우리 가 탄 배 곁을 지나 해협 쪽으로 내려갔다. 배에 타고 있던 십여 명 정도의 남녀들이 소리를 지르며 손을 흔들었다. 밝은 색 사롱을 입은 그들은 히피처럼 보였고 남녀 한 쌍은 벌거벗은 채로 앞쪽 갑판에 누 워 있었다. 보트의 모습과 그들의 행색으로 보아 배 위에서 공동체를 만들어 살아가는 사람들인 듯했다. 마치 자유롭고 그 무엇으로부터도 구속받지 않는 현대판 해적 같아 보였다.

나도 그들에게 손을 흔들어 주고 싶었지만 그럴 수 없었다. 질투심 이 몰려왔기 때문이다.

메리는 갑판에 서서 저 멀리 배가 사라지는 모습을 지켜보다가 말 했다.

"저런 삶은 어떨까요?"

그 순간 모든 것이 분명해졌다. 문제는 내 부모님도 틸턴도 맥 홀 도 아니었다. 내가 싫어하는 것은 내 삶 자체였다. 내 삶이 문제였던 것이다. 책임이 있는 사람도 내가 혐오하는 사람도 바로 나였다.

메리가 갑자기 소리를 질렀다. 그녀는 오른쪽 뱃머리를 가리키고 있었다. 그러다가 내가 있는 쪽으로 가까이 다가와서 "레인스터 만이 에요. 오늘 정박할 곳이죠."라고 말했다.

레인스터 만은 세인트존 섬에 자리한 조그만 만으로서 해적선들이 줄을 지어 에스파냐 함대가 지나가기를 기다리던 곳이다. 요트가 만 에 가까이 다가가면서 키를 메리에게 넘기고 앞쪽 갑판으로 갔다. 메 리가 워터멜론케이 해변을 돌아서 아름다운 만을 향해 배를 모는 동안 나는 돛을 내려 정리하고 닻을 풀었다. 메리는 능숙하게 가운데 돛을 내렸고 나는 닻을 배 밖으로 던졌다. 닻의 사슬이 소리를 내며 투명한 물속으로 들어가자 배가 멈추었다.

배를 대고 나서 메리는 수영을 하고 낮잠을 즐겼다. 나는 메리에게 메모를 남기고 요트에 딸려 있는 작은 배를 저어 해변으로 가서 폐허가 된 사탕수수 농장 아래에 멈추었다. 오랫동안 해변에 앉아서 아무 생각도 하지 않고 마음속에 있는 감정들을 비워 보려고 애썼지만 소용이 없었다.

나는 오후 늦게 가파른 언덕을 올라 오래된 농장의 부숴진 벽 위에서 우리가 타고 온 요트를 내려다봤다. 카리브 해 너머로 해가 저물고 있었다. 겉으로 보기엔 참으로 아름다운 풍경이었지만 나는 주위의 농장에는 숨겨진 비극이 있다는 걸 알고 있었다. 아프리카 노예들 수백 명이 거기서 죽어 갔을 것이고 총부리를 겨눈 사람들의 협박에 굴복한 노예들이 으리으리한 저택을 짓고 등나무를 심고 곡식을 수확했을 것이며, 사탕수수를 럼주의 원료로 바꾸는 기계를 작동시켰을 것이다. 겉으로 보기에 평화로운 그 풍경의 이면에는 잔혹한 역사가 숨겨져 있었다. 그러나 너무나 평화로운 그 모습은 내 마음속에서 끓어오르던 분노마저 가려 버렸다.

산 너머로 해가 지면서 하늘이 온통 짙은 분홍색으로 물들었다. 바다가 어두워지기 시작하자 나는 나 자신도 노예를 부리던 사람들과 다를 바 없다는 충격적인 사실에 직면하게 되었다. 메인에서 내가 해온 일은 비단 빚을 떠안겨 가난한 나라들이 세계 제국의 일원이 되도록 만든 것뿐이 아니었다. 내가 부풀린 예상치들은 단지 내 조국인 미국이 석유를 필요로 할 때를 대비하기 위한 수단이 아니었으며, 메인의 파트너로서 내 지위는 비단 회사의 수익에만 기여하는 자리가 아니었다. 내가 해 온 일은 사람들과 그들의 가족에 관한 일이자 내가 앉아 있던 농장의 벽을 만들기 위해 죽어 간 사람들과 관련된 일이기도 했으며 그동안 이들 모두를 착취해 온 것이기도 했다.

나는 지난 십 년 동안 아프리카의 밀림으로 쳐들어가 남녀를 막론하고 사람들을 끌어내어 해변에 미리 준비해 둔 배로 끌고 갔던 노예 상인들의 후예로 살아왔다. 내가 일하는 방식은 좀 더 현대적이고 덜 과격해서, 사람들이 죽어 가거나 살이 썩어 가는 냄새가 나거나 비탄에 잠긴 비명이 들리지는 않았다. 그러나 그런 모습들을 직접 보지 않았기 때문에, 직접 고통받는 사람들의 모습과 썩어 가는 육신을 보거나 비명을 듣지 못했기 때문에 나는 훨씬 더 사악하게 굴 수 있었다.

눈을 돌려 조류에 흘러 내려가지 않도록 닻에 연결되어 있는 요트를 바라보았다. 메리가 갑판 주위를 돌아다니고 있었다. 아마도 마르가리타를 마시며 나를 기다렸다가 돌아오면 한 잔 주려는 모양이었다. 그 순간, 저물어 가는 태양빛 속에 아스라히 보이는 그녀의 모습을 바라보니 마음이 편안해지고 신뢰감이 들었다. 동시에 메리를 비롯하여 메인에서 나를 위해 일하는 사람들에게 내가 어떤 짓을 해 왔는지, 내가 어떻게 이들을 경제 저격수로 변모시켜 가고 있는지를 생각하니 마음이 아팠다. 나는 클로딘이 내게 한 것과 똑같이 그들을 가르치고 있었다. 그러나 클로딘처럼 진실을 얘기하진 않았다. 그저 월급 인상과 승진이라는 당근으로 이들을 꼬드겨 노예를 부리는 사람들이 되도록 만들어 왔다. 이들도 나와 마찬가지로 이미 시스템의 일부가 되어 버렸다. 시스템의 노예가 되어 버린 것이다.

바다에서 눈을 돌려 만을 보다가 다시 물들어 가는 저녁 하늘을 바라봤다. 아프리카의 고향에서 끌려온 노예들이 만들어 놓은 거대한 벽을 차마 볼 수 없어 눈을 감았다. 그 흔적을 보지 않으려고 애를 썼다. 다시 눈을 떴을 때 야구 방망이만큼 굵고 그 두 배만큼 길다란 구부러진 막대기가 눈에 들어왔다. 나는 벌떡 일어서서 그 막대기를 쥐고 돌로 만들어진 벽을 내리쳤다. 지쳐 쓰러질 때까지 벽을 내리쳤다. 그런 다음 땅바닥에 누워 흘러가는 구름을 멍하니 쳐다봤다.

다시 내가 타고 온 배가 있는 곳으로 돌아갔다. 해변가에 서서 푸른 바다에 닻을 내리고 있는 요트를 쳐다봤다. 이제 내가 할 일이 무엇인지 알 것 같았다. 만일 이전의 삶으로 되돌아가 메인에 출근하고 지금껏 해 온 일을 되풀이한다면 영원히 벗어나지 못할 거라는 걸 깨달았다. 연봉 인상, 연금, 보험, 급여 이외의 수익, 자산……. 더 오래 머무르면 머무를수록 더 벗어나기 힘들어질 뿐이었다. 나도 노예로 변해 버렸다. 돌로 만들어진 벽을 치듯이 계속해서 나 자신을 몰아치거나 아니면 도망치거나, 둘 중 하나를 선택해야 했다.

우리는 이틀 후에 보스턴으로 돌아갔다. 1980년 4월 1일, 나는 폴 프리디의 사무실로 찾아가 사표를 던졌다.

제4부 1981-현재

제26장
영웅의 죽음

메인을 떠나기는 그리 쉽지 않았다. 폴 프리디는 내 말을 믿지도 않았다. 하필 그날이 만우절이었기에 "만우절이라 농담하는 거지?"라며 윙크를 했다.

나는 진지하게 얘기하는 거라고 대답했다. 다른 사람에게 반감을 사거나 경제 저격수로서 했던 일들을 떠벌릴 거라는 인상을 주어서는 안 된다는 파울라의 충고를 되새기며, 나는 메인에서 그동안 내게 베풀어 준 모든 것들에 감사하지만 이제 떠날 때가 된 것 같다고 얘기했다. 메인을 통해 알게 된 사람들에 관해 항상 글을 쓰고 싶었으나 정치적인 내용은 아니라고도 말했다. 《내셔널 지오그래픽》이나 다른 잡지에 글을 기고하는 자유 기고가로 활동하며 여행을 하고 싶다고 얘기했다. 나는 메인에 누가 되는 일은 하지 않고 기회가 닿을 때마다 메인을 좋게 얘기할 거라고 안심시켰다. 마침내 폴이 나를 놓아 주었다.

그 후 모든 사람들이 나만 보면 퇴직에 관한 이야기를 늘어놓았다. 사람들은 그동안 내가 얼마나 일을 잘해 왔는지 얘기하며 심지어 제정신이 아니라고 하기도 했다. 내가 자발적으로 관두려고 한다는 걸 사람들이 믿고 싶어하지 않는다는 느낌이 들었다. 아마도 그 사실을 인정하면 자기 자신도 돌아보게 되기 때문이 아니었을까. 내가 제정신이 아니어서 메인을 떠나는 게 아니라면, 나머지 사람들은 그곳에 머물러 있는 게 과연 정상적인 일인지 의문을 갖게 될 터였다. 그들로서는 내가 이성적으로 판단하여 떠나야겠다고 결정했음을 믿지 않는 편이 훨씬 나았을 것이다.

나와 함께 일하던 직원들의 반응 때문에 특히 마음이 쓰였다. 그들은 내게 버림받는다고 느꼈고, 실제로 내 뒤를 이을 사람이 없었다. 그러나 나는 이미 결심을 한 상태였다. 오랫동안 마음이 흔들린 끝에 그제서야 모든 것을 깔끔하게 끝내기로 결심했던 것이다.

사실 꼭 그런 것만은 아니었다. 나는 일자리를 잃게 될 터였고, 메인의 파트너로서 적정 기간 근무하지 않았기 때문에 예상과 달리 퇴직금을 많이 받지 못했다. 메인에서 몇 년만 더 일한다면 한때 꿈꾸었던 대로 마흔 살에 백만장자가 될 참이었다. 그러나 당시 나는 서른다섯 살이었고 그 목표를 이루기 위해서는 너무 오랜 기간 동안 메인에 머물러야 했다. 보스턴은 춥고 황량했다.

그러던 어느 날 폴 프리디가 전화를 걸어 사무실로 와 달라고 부탁했다.

"존, 우리 고객사 중 한 곳이 거래를 끊겠다고 협박하고 있네. 그들은 자네를 감정인으로 내세우려고 우리와 계약을 했거든."

여러 가지 생각이 머릿속에서 오갔다. 폴 프리디와 책상을 마주하고 앉아서 결정을 내려야 했다. 나는 보수를 제시했다. 이전에 메인에서 받던 월급보다 세 배나 많은 의뢰비를 요청했다. 놀랍게도 폴 프리디는 내 제안을 받아들였고 나는 새로운 일을 시작하게 되었다.

이후 몇 년 동안 나는 고액 연봉을 받는 감정인으로 일했다. 주로 공익사업 위원회로부터 신규 전력 시설 건축 허가를 받고자 하는 미국의 전기 회사를 위해 일했다. 뉴햄프셔 주의 공공 사업 회사도 내 고객이었다. 내가 하는 일은 선서를 한 후 많은 논란을 불러일으키고 있던 시브룩 원자력 발전소가 경제적으로 효율적임을 증명해 보이는 것이었다.

나는 남아메리카와 관련된 일을 더 이상 맡지 않았지만 그곳에서 일어나는 일에는 계속 관심을 갖고 있었다. 전문 감정인으로서 증언대에 서지 않는 동안에는 남는 시간이 많았다. 나는 지속적으로 파울라와 연락했고 평화 봉사단 시절 에콰도르에서 알고 지내던 사람들과도 연락했다. 당시 에콰도르는 순식간에 세계 석유 정치의 중심에 올라선 나라가 되어 있었다.

하이메 롤도스는 한 걸음 더 나아갔다. 그는 자신의 선거 공약을 지키려고 노력하며 석유 회사에 전면 공격을 가했다. 그는 파나마 운하 양쪽에 있는 사람들이 잊어버렸거나 외면하는 문제를 분명하게 이해하고 있는 듯했다. 그는 보이지 않는 곳에서 전 세계를 하나의 거대한 제국으로 변모시키고 에콰도르 국민들을 거의 노예에 가까운 지경으로 몰아넣으려는 움직임이 있다는 걸 알고 있었다. 나는 신문에 실린 관련 기사를 읽으며 하이메 롤도스가 약속을 지키려고 노력하는 모습에 감동했을 뿐 아니라, 밖으로 드러나지 않는 문제들을 이해할 수 있는 그의 능력에 놀라움을 금할 수 없었다. 드러나지 않는 문제들이란 곧 전 세계가 새로운 정치의 시대로 접어들고 있다는 사실이었다.

1980년 11월, 카터가 재선에 실패하고 로널드 레이건이 미국 대통령에 당선되었다. 토리호스와의 파나마 운하 협약, 이란의 복잡한 상황, 그중에서도 이란의 미 대사관에 잡혀 있는 인질들과 그들을 구출하려던 작전이 실패한 것 등이 주요 원인이었다. 그러나 단순히 대통령이 바뀐 게 문제가 아니었다. 세계 평화를 최우선으로 하고 미국의 석유 의존도를 줄이려고 노력하던 대통령이 물러나고, 대신 미국이 있어야 할 곳은 군대의 힘을 이용해 세계를 지배하는 자리이며 미국 회사가 있는 곳이라면 장소를 가리지 않고 모든 유전을 손아귀에 넣는 것이 미국의 명백한 천명과 일맥상통한다고 믿는 대통령이 권력을 쥐게 된 것이다. 백악관 지붕에 태양열 집열판을 설치했던 대통령이 물러나고 새로운 대통령이 입성했다. 그는 집무실에 들어서자마자 집열판을 철거해 버렸다.

카터는 실제로 정치를 잘하는 인물은 아니었는지도 모른다. 그러나 그는 미국 독립 선언서에 나타나는 이상을 아메리카 대륙 전역에 똑같이 적용하려던 인물이었다. 지금 와서 되돌아보면 카터는 순진하리만큼 구식인 인물이었던 것 같다. 즉, 미국을 태어나게 하고 건국의 아버지들이 이곳으로 몰려오게 만든 그 이념으로 역행한 듯한 사람이었다. 카터가 대통령 직을 맡기 전후의 다른 대통령들과 비교해 보면 그는 예외적이었다. 카터가 지닌 세계관은 경제 저격수의 관점과 달랐다.

반대로 레이건은 기업 정치를 지지하는 사람으로서 세계 제국을 만들어 나가려는 대표적인 인물이었다. 레이건이 대통령에 당선되었을 때 나는 그가 거물들이 지시하는 바를 따를 줄 알고 어떻게 행동해야 하는지 잘 알고 있는 헐리우드 배우답다는 생각이 들었다. 레이건은 그런 사람이었다. 레이건은 기업체 중역, 은행 이사회, 정부 고위 관직을 오가며 일하는 사람들과 잘 어울릴 법한 사람이었다. 레이건은 부통령인 조지 W. 부시, 국무장관 조지 슐츠, 국방장관 캐스퍼 와인버거를 비롯하여 리처드 체니, 리처드 헬름스, 로버트 맥나마라 등 그 자신을 위해 일하는 것처럼 보이지만 실제로는 미국 정부를 손아귀에 쥐고 있는 사람들을 위해 일했다. 레이건은 이들이 원하는 걸 위해 일할 사람이었다. 전 세계와 그 자원을 지배할 수 있는 미국, 미국이 원하는 걸 들어주는 세계, 미국에서 원하는 규칙대로 움직이는 군대, 세계 제국을 이끌어 가는 미국을 위해 일하는 세계 무역 체제 및 은행, 이것이 바로 그들이 원하는 것들이었다.

앞날을 생각하자니 점점 경제 저격수가 활동하기에 편한 세상이 되어 갈 거라는 생각이 들었다. 이런 시기에 내가 경제 저격수를 그만둔 것도 또 다른 운명의 장난이었다. 그러나 생각하면 할수록 그만두는 편이 낫다는 확신이 생겼다. 그만두기에 적절한 시점이었다.

점쟁이의 수정 구슬을 통해서 미래를 볼 수도 없는 노릇이라 장기적으로 어떻게 될지 정확히 알 수는 없었다. 그러나 역사를 돌아보면 제국은 결코 오랫동안 이어지지 못한다. 번성하면 언젠가는 무너지는 법이다. 개인적인 입장에서 보면 롤도스 같은 사람들이 희망을 주었다. 에콰도르의 새로운 대통령인 하이메 롤도스는 이런 미묘한 시류를 대부분 이해하고 있을 거라는 생각이 들었다. 그는 토리호스를 존경했고 파나마 운하와 관련된 카터의 용기 있는 행동을 칭송했던 사람이었다. 나는 롤도스가 무너지지 않을 거라고 믿었다. 오로지 토리호스와 그 자신이 느꼈던 것과 비슷한 희망의 불꽃을 다른 나라 지도자들에게 심어 줄 수 있기를 바랄 뿐이었다.

1981년 초, 롤도스 행정부는 에콰도르 의회에 새로운 탄화수소법안을 제출했다. 만일 그 법안이 통과되면 석유 회사와 정부와의 관계가 바뀔 터였다. 롤도스 행정부의 결정은 여러 모로 가히 놀랍고 급진적인 것이었다. 그 법안은 석유 회사들의 사업 방식에 변화를 가져오기 위해 만들어진 것이었다. 법안이 통과되기만 하면 에콰도르를 넘어 남아메리카 각국과 전 세계에 영향을 미칠 것으로 보였다.

석유 회사들은 당연한 반응을 보였다. 석유 생산을 완전히 중단해 버렸던 것이다. 석유 회사의 홍보 담당자들은 하이메 롤도스를 비방하기 시작했고 로비스트들이 위협과 돈으로 가득한 가방을 들고 키토와 워싱턴을 오갔다. 이들은 에콰도르의 근대 역사에서 최초로 민주적인 방법으로 선출된 대통령을 카스트로와 다를 바 없는 공산주의자라고 비난했다. 그러나 롤도스는 협박에 굴하지 않았다. 롤도스는 오히려 정치와 석유와 종교 사이의 결탁을 비난했다. 뿐만 아니라 서머 언어학 연구소가 석유 회사와 결탁했다고 공개적으로 비난하면서 에콰도르에서 철수해 줄 것을 요청했다. 지나치게 용감하거나 지나치게 무모한 도전이었다.

법안을 의회에 요청한 지 몇 주 후에, 또한 서머 언어학 연구소를 에콰도르에서 몰아낸 지 며칠이 지난 후에 롤도스는 석유 회사를 포함한 모든 외국 업체들과 관계자들에게 에콰도르 국민들에게 도움이 되는 일을 하지 않으면 추방당할 것이라고 경고했다. 롤도스는 키토에 있는 아타왈파 올림픽 경기장에서 중요한 연설을 하고 에콰도르 남부의 작은 마을로 향했다.

롤도스는 도중에 헬기 폭발 사고로 사망했다. 1981년 5월 24일이었다.

이 소식에 전 세계가 경악했다. 남아메리카 인들은 분노에 몸을 떨었다. 남아메리카 언론들은 일제히 「미 중앙 정보국 암살 공작!」이라는 제목의 기사를 실었다. 미국 정계와 석유 회사에서 롤도스를 싫어했다는 것 외에도 이런 주장을 뒷받침할 근거가 많았고, 더 많은 사실이 알려질수록 의심이 커져 갔다. 그 어떤 것도 증명되지는 않았지만 증언자들은 롤도스가 사망 전에 암살에 대한 경고를 받았으므로 항상 주의를 기울였으며, 이동할 때에는 헬기 두 대를 번갈아 탔다고 했다. 사망 직전 헬기에 탑승하려고 할 때, 대통령의 보안 책임자들 중 한 명이 원래는 위장용으로 사용될 헬기에 탑승하도록 유도했다고 한다. 그 헬기가 폭발해 버린 것이다.

전 세계의 비난에도 불구하고 미국 내에서는 이 소식이 거의 기사화되지 않았다. 오스발도 우르타도가 하이메 롤도스의 뒤를 이었다. 새 대통령은 서머 언어학 연구소를 다시 불러들이고 이들을 후원하는 석유 회사도 불러들였다. 1981년 말경, 에콰도르의 새 대통령은 텍사코와 다른 외국 회사들을 불러들여 과야킬 만과 아마존 지역에 있는 석유를 퍼 올리도록 지시했다.

오마르 토리호스는 롤도스에게 찬사를 보내며 그를 "형제"라고 표현했다. 뿐만 아니라 그 자신이 직접 암살당하는 악몽을 꾼다고 고백했다. 그는 악몽 속에서 자신이 커다란 불덩이에 휩싸여 하늘에서 떨어지는 모습을 보았다고 했다. 그 꿈은 결국 현실이 되고 말았다.

제27장

계속되는 암살 행진

나는 롤도스의 사망 소식을 듣고 경악을 금치 못했다. 실은 그러지 말았어야 했다. 나는 너무나 순진했던 것이다. 아르벤스, 모사데그, 아옌데뿐 아니라 신문이나 역사책에 이름조차 난 적이 없는 수많은 사람들까지 미국의 기업 정치에 맞서 싸웠다는 이유만으로 목숨을 잃거나 철저히 파멸당하는 모습을 수없이 보아 왔다. 그럼에도 롤도스의 소식은 너무나 충격적이었다. 그저 너무 놀랐다고밖에 설명할 길이 없다.

나는 사우디아라비아에서 대성공을 거둔 이후 기업 정치의 무자비한 면모가 그대로 노출되는 일은 더 이상 일어나지 않을 거라고 생각했다. 자칼들은 이미 모두 동물원으로 보내졌을 거라고 믿었다. 그러나 내 생각이 틀렸다. 롤도스가 우연한 사고로 사망한 것이 아님은 너무나 자명했다. 미 중앙 정보국에서 암살을 주도했다는 증거 또한 곳곳에서 나타났다. 나는 미국이 하나의 메시지를 전하기 위해 그토록 무자비하게 롤도스를 살해했음을 알 수 있었다. 사람들을 매료시키는 헐리우드의 카우보이 이미지를 갖고 있는 레이건 행정부는 그 메시지를 전달하기에 적합했다. 즉, 오마르 토리호스건 또 다른 누구건 미국의 기업 정치에 반기를 드는 사람들에게 자칼이 돌아왔다는 메시지를 전달하려고 했던 것이다.

그러나 토리호스는 이에 굴하지 않았다. 롤도스와 마찬가지로 토리호스도 그 어떤 협박에도 흔들리지 않고 서머 언어학 연구소를 추방했다. 레이건 행정부는 운하 협상을 재개할 것을 요청했지만 토리호스는 단호히 거절했다.

롤도스 사망한 지 두 달 후, 오마르 토리호스가 꾸었던 악몽이 현실로 나타났다. 1981년 7월 31일에 그가 비행기 사고로 사망한 것이다.

남아메리카와 전 세계가 충격에 휩싸였다. 토리호스는 세계적으로 널리 알려진 인물이었고 미국으로 하여금 운하를 파나마 국민들에게 돌려주도록 했으며, 레이건 행정부에도 맞서 싸워 많은 존경을 받아 왔다. 오마르 토리호스는 인권의 수호자이자 정치 성향을 막론하고 이란의 국왕을 포함한 모든 난민을 향해 두 팔을 벌린 국가 지도자였으며, 많은 사람들이 노벨 평화상 후보로 지명될 거라고 믿을 만큼 사회 정의를 실현하고자 했던 카리스마 넘치는 인물이었다. 그런 그가 죽었다. 다시 한 번 각종 신문 기사와 사설이 「미 중앙 정보국 암살!」이라는 제목으로 발표되었다.

그레이엄 그린은 『토리호스는 어떤 사람인가』라는 제목의 책을 쓰기 시작했다. 이 책은 그 몇 년 전 내가 파나마 호텔에서 우연히 그를 만났을 무렵부터 쓰인 것으로서 다음과 같이 시작했다.

1981년 8월, 내 친구이자 지원자인 오마르 토리호스 에레라 장군의 사망 소식을 전화선 너머로 듣고 다섯 번째로 파나마를 방문하기 위해 짐을 꾸렸다. 토리호스가 파나마 산악 지역의 코클레시토에 있는 그의 집으로 가려고 탔던 비행기가 산산이 부서졌고 생존자는 없었다. 며칠 후, 토리호스의 경호원이었던 추추 하사, 곧 전에 파나마 대학에서 마르크스 주의 철학을 강의했던 수학과 교수 겸 시인인 호세 데 헤수스 마르티네스가 내게 말했다.

"비행기에 폭탄이 있었어요. 나는 폭탄이 있다는 걸 알고 있었습니다. 그러나 전화상이라 자세히 말할 순 없어요."

세계 곳곳의 사람들이 가난하고 소외받는 이들의 수호자로 알려져 있던 오마르 토리호스의 사망 소식을 듣고 슬퍼하며 미 정부에 중앙 정보국을 조사해 달라고 요청했다. 그러나 그런 일은 결코 일어나지 않았다. 미국 내에는 토리호스를 싫어하는 사람들이 많았고 그들 중 상당수는 엄청난 권력을 쥔 사람들이었다. 영향력 있는 기업의 최고 경영자들을 포함하여 레이건 대통령, 부시 부통령, 와인버거 국방장관 및 합참 본부장 등 수많은 주요 인물들이 토리호스를 드러내 놓고 미워했다.

특히 미군 장교들은 토리호스와 카터의 협약으로 인해 파나마 운하 지역에 있는 미 육군 군사 학교와 남방 사령부의 열대전 훈련소가 문을 닫게 된 일 때문에 토리호스를 미워했다. 이들에게는 한 가지 심각한 문제가 있었다. 협약을 새로 맺던가 이 시설들을 옮길 장소를 물색해야만 했던 것이다. 그러나 20세기가 끝나가는 시점에 이런 시설들을 받아 줄 곳을 찾을 가능성은 희박했다. 물론 또 다른 방법도 있었다. 바로 토리호스를 제거하고 차기 대통령과 다시 협상하는 것이었다.

제조 업체, 통신 업체, 운송 업체, 토목 회사 및 기술 중심 기업 등 대형 다국적 기업들도 토리호스의 적이었다. 그들은 대개 미국 정치인들과 결탁하고 있었고 남미의 노동력과 함께 석유, 목재, 주석, 구리, 보크사이트, 농경지 등 천연 자원을 착취하고 있었다.

벡텔 그룹은 민간 기업과 미국 정부 사이의 유착 관계를 보여주는 대표적인 기업이다. 나는 벡텔을 잘 알고 있었다. 메인에서 일할 때 벡텔과 함께 일한 적이 많았고 벡텔에서 근무하는 어느 수석 설계사와 친하게 지내기도 했다. 벡텔에서 토리호스를 혐오하는 사람들은 주로 조지 슐츠, 캐스퍼 와인버거 등 벡텔의 사장과 고위 간부들이었다. 이들은 파나마의 운하 시스템을 새롭고 효율적인 것으로 바꾸기 위한 프로젝트에서 토리호스가 일본 업체를 끌어들였기 때문에 그를 미워했다. 이로 인해 운하의 소유권이 미국에서 파나마로 넘어갔을 뿐 아니라, 20세기를 통틀어 가장 흥미진진하고 수입이 짭짤한 공사 프로젝트에서 벡텔이 제외되었던 것이다.

토리호스는 위엄을 잃지 않고 언제나 매력적인 모습과 유머 감각을 보여 주며 이들과 맞섰다. 그런 그가 이제 숨을 거두었고 토리호스가 지녔던 재치도 카리스마도 지혜도 없는 미국의 추종자 마누엘 노리에가가 대통령이 되었다. 파나마의 새 대통령이 레이건 가, 부시가, 벡텔에 맞서 싸울 거라고 믿는 사람은 거의 없었다.

토리호스의 사망이 몰고 온 충격은 말로 표현할 수 없을 정도였다. 나는 멍하니 앉아 토리호스와 나누었던 대화를 떠올렸다. 어느 늦은 밤, 잡지에 실린 토리호스의 사진을 바라보다가 파나마에 도착한 첫

날 밤 택시 앞자리에 앉아서 비 내리는 창 밖을 바라보며 거대한 간판 속의 사진을 보았던 기억이 떠올랐다. "오마르의 이상은 자유다. 이상을 없앨 수 있는 미사일은 아직 개발되지 않았다." 폭풍우가 몰아치던 밤의 이 문구를 떠올리니 온몸이 오싹해졌다.

당시에는 토리호스가 카터와 힘을 합쳐 파나마 운하를 정당한 권리를 갖고 있는 파나마 국민들에게 돌려줄 것임을 알지 못했다. 또한 협상을 성공시키고 남아메리카의 사회주의자들과 독재자들 사이의 차이를 좁혀 나가려고 노력한 그를 레이건 대통령과 부시 부통령이 그토록 분노하며 암살할 거라는 것도 전혀 예상하지 못했다. 어느 날 밤 평소처럼 헬기를 타고 가던 중에 목숨을 잃을 거라는 것도 전혀 알지 못했으며, 미국을 제외한 전 세계가 쉰다섯 살이었던 토리호스의 목숨을 빼앗은 것이 미 중앙 정보국의 암살극이라고 여기게 될 날이 기다리고 있다는 것도 전혀 예상하지 못했다.

토리호스가 살아 있었다면 중앙아메리카와 남아메리카가 폭력으로 얼룩지지 않도록 노력했을 것이다. 그동안의 행적으로 미루어 볼 때, 토리호스는 외국 석유 회사들이 에콰도르, 콜롬비아, 페루 내에 있는 아마존 지역을 파괴하지 못하도록 협상하기 위해 노력했을 것이다. 그랬다면 미국 정계에서 테러리스트와의 전쟁, 마약과의 전쟁이라고 일컫는 끔찍한 충돌이 줄어들었을 것이다. 물론 토리호스는 이들의 불법적인 행위를 절망적인 사람들이 가족과 가정을 보호하기 위해 어쩔 수 없이 택한 길이라고 여겼을 테지만 말이다. 그보다 더 중요한 것은 만약 토리호스가 암살당하지 않았더라면 아메리카 대륙, 아프리카, 아시아의 젊은 지도자들에게 훌륭한 역할 모델이 되었을 거라는 사실이었다. 비록 나중에라도 미 중앙 정보국과 국가 안전 보장국, 그리고 경제 저격수들이 결코 그를 가만두지 않았을 테지만 말이다.

제28장
에너지 회사 엔론과 조지 W. 부시

토리호스가 사망할 무렵 나는 몇 달 동안 파울라를 못 만나고 있었다. 당시 나는 메인에서 환경 계획가로 일했던 위니프레드 그랜트를 포함하여 몇몇 여자들과 데이트를 하고 있었다. 위니프레드의 아버지는 벡텔의 수석 설계사였다. 파울라는 콜롬비아 출신 기자와 만나고 있었다. 우리는 계속 친구로 남았지만 더 이상 연인 사이는 아니었다.

나는 감정인으로서의 역할을 잘 해내려고 노력했다. 특히 시브룩에 원전을 세우는 것이 여러모로 도움이 된다는 걸 증명해 보이려고 고군분투했다. 가끔 다시 영혼을 팔고 돈을 위해서 일하고 있는 건 아닌가 하는 생각이 들었다. 위니프레드는 이 기간 동안 나에게 큰 도움이 되었다. 그녀는 자타가 인정하는 환경 보호론자였지만 전력이 점차 많이 필요해질 거라는 현실적인 상황을 이해했다. 샌프란시스코 이스트베이의 버클리 지역에서 성장한 그녀는 버클리 대학교를 졸업했다. 그녀는 자유로운 사고방식을 갖고 있었으며 청교도적 성향의 우리 부모님이나 전처 앤과는 대조적인 인생관을 지니고 있었다.

우리 관계는 점점 발전해 갔다. 위니프레드는 메인에서 휴가를 내서 나와 함께 배를 타고 대서양 해안을 따라 플로리다로 여행을 갔다. 우리는 함께 많은 시간을 보냈고 종종 배를 항구에 세워 둔 채 감정인 진술을 하기 위해 비행기를 타고 다른 도시로 가기도 했다. 우리는 마침내 플로리다의 웨스트팜비치에 도착하여 항해를 끝내고 아파트를 빌렸다. 결혼식을 올렸고, 1982년 5월 17일에 우리 딸 제시카가 태어났다. 당시 나는 서른여섯 살이었고 임산부를 위한 라마즈 호흡법 강좌를 듣고 있던 사람들 가운데 가장 나이가 많았다.

시브룩 원전과 관련해서 내가 맡은 일은 뉴햄프셔 주의 공공사업위원회를 설득하여 전기를 만들어 내기에 가장 적합하고 경제적인 방법이 원자력 발전소라고 믿도록 만드는 것이었다. 그러나 시브룩 사안을 점점 깊이 알아 갈수록 나 스스로도 이 주장에 의구심을 갖게 되었다. 그 무렵 새로운 연구 결과가 계속 쏟아져 나오면서 원자력 에너지보다 기술적으로 더욱 뛰어나고 저렴한 대체 에너지가 많다는 증거가 속속 드러나기 시작했다.

원자력 에너지가 안전하다는 과거의 주장도 흔들리기 시작했다. 보완 시스템, 작업자 훈련, 사람들의 실수, 설비 노후, 부적절한 핵폐기물 처리 방법 등에 대한 의문들이 제기되기 시작했다. 그 일을 하는 대가로 돈을 받기는 했지만 점점 마음이 불편해졌다. 게다가 거의 법정에서의 선서와 비슷한 서약을 해야 하는 일이어서 더욱 마음이 편치 않았다. 또한 새로 개발된 기술을 이용하면 환경에 도움이 되는 방법으로 전기를 만들어 낼 수 있을 거라는 믿음도 생겼다. 무엇보다 이전에는 그냥 버려졌던 쓰레기를 활용하여 전기를 만들어 낸다면 환경에 더욱 도움이 될 거라는 생각이 들었다.

어느 날 뉴햄프셔 공공 사업 회사의 상사들에게 이제 더 이상 그들을 위해 증언할 수 없다고 통보했다. 그러고 나서 엄청난 부를 안겨다 줄 일을 포기하고 개발 단계에 있는 신기술을 실제로 사용하는 새로운 회사를 만들기로 결정했다. 여러모로 불확실했고 위니프레드로서는 처음으로 가족을 이루어 가야 할 순간이었지만, 그녀는 내 선택을 전적으로 지지해 주었다.

1982년 딸 제시카가 태어나고 몇 달이 지난 후, 나는 '인디펜던트 파워시스템스'라는 회사를 설립했다. 환경에 도움이 되는 발전소를 개발하고 다른 업체들도 모방할 수 있도록 선례를 세우는 일이 목표였다. 내가 시작한 일은 위험 부담이 큰 사업이었고 경쟁자들도 대개 성공하지 못하고 문을 닫아 버렸다. 그러나 이번에도 예상치 못한 우연이 구원의 손길을 뻗쳤다. 사실, 많은 사람들이 나를 도와줄 때마다 과거에 내가 경제 저격수로서 공을 세웠고 이와 관련하여 입을 열지 않은 덕분에 보상이 주어지는 거라는 생각이 들었다.

브루노 잠보티는 미주 개발 은행에서 고위직을 맡고 있었다. 브루노는 내 회사의 이사를 맡아 주었고 갓 태어난 회사에 돈을 빌려 주겠다고 약속했다. 우리는 뱅커스 트러스트, ESI 에너지, 푸르덴셜 보험 회사, 채드본앤드파크(월 가의 주요 법률 회사 중 하나로 전직 미국 상원의원이며 대통령 후보와 국무장관을 지낸 에드 머스키가 파트너로 일하던 곳), 라일리 소각로 회사(애슐랜드 석유 회사가 소유하고 있는 기술 업체로서 혁신적이고 정밀한 발전소 보일러를 만드는 업체) 등으로부터 지원을 받았다. 뿐만 아니라 미 의회의 도움도 받았다. 의회는 우리 회사에 특정 세금을 면제해 주었고 이로써 우리는 경쟁자들보다 유리한 위치에 서게 되었다.

1986년, 인디펜던트파워시스템스와 벡텔은 거의 같은 시기에 폐탄을 이용하면서도 산성비를 유발하지 않는 혁신적인 최첨단 기술을 도입한 발전소를 짓기 시작했다. 1980년대 말에 두 발전소는 전력 업계에 혁신을 몰고 왔다. 쓰레기로 전기를 만들 수 있으며, 석탄을 태워도 산성비를 유발하는 성분이 배출되지 않는다는 것을 증명하며 그동안 에너지 업체들이 오랫동안 주장해 온 것들이 모두 잘못이었음을 보여 주었다. 이로 인해 오염 방지법이 도입되었다. 우리 회사에서 지은 발전소는 한 소규모 독립 업체가 월 스트리트의 도움과 다른 전통적인 방법을 활용하면 아직 증명되지 않은 최첨단 기술로도 자금을 조달할 수 있음을 증명해 보였다. 뿐만 아니라 우리 회사에서 세운 발전소에서 전기를 만들면서 부가적으로 생성되는 열은 냉각기를 이용하여 식히는 것이 아니라 가로 약 12제곱킬로미터, 세로 약 6제곱킬로미터 넓이의 수경 재배 온실에서 사용되었다.

인디펜던트파워시스템스의 사장으로 일하다 보니 에너지 산업 분야를 보는 안목이 생겼다. 나는 회사를 운영하면서 변호사, 로비스트, 투자 금융 전문가, 주요 업체 고위 간부 등 사업을 이끌어 가는 가장 영향력 있는 사람들을 상대하게 되었다. 벡텔에서 삼십 년이 넘게 근무한 후 수석 설계사가 되어 1970년대 사우디아라비아 돈세탁 프로젝트를 통해 내가 기획했던 사우디아라비아 개발을 직접 지휘하고 있는 장인어른도 큰 도움이 되었다. 위니프레드는 샌프란시스코에 있는 벡텔 본사와 가까운 곳에서 자랐고 실제로 벡텔에서 근무한 경험도 있었다. 그녀가 캘리포니아 버클리 대학교를 졸업한 후 최초로 입사한 곳이 벡텔이었다.

에너지 업계에는 거대한 구조 조정의 물결이 일고 있었다. 대형 기술 업체들은 전에 각 지역을 독점하며 엄청난 부를 누렸던 전력 업체들을 넘보거나 그들과 경쟁하기 시작했다. 어느 곳에서나 규제 완화라는 말이 들려왔고 하룻밤 사이에 법이 바뀌기도 했다. 법원과 의회가 큰 영향력을 미치지 못하는 가운데 야심 찬 사람들에게는 엄청난 기회가 주어졌다. 에너지 업계 전문가들은 이 시기를 일컬어 "서부의 에너지 혼란 시대"라고 했다.

메인은 이런 혼란의 희생자가 되었다. 브루노가 예측한 바와 마찬가지로 맥 홀은 현실을 직시하지 못했고 아무도 감히 그에게 진실을 얘기해 주지 못했다. 폴 프리디는 힘이 없었고 메인의 경영진은 에너지 산업에서 넘쳐나는 기회를 잘 활용하지 못한 채 치명적인 실수를 연발했다. 브루노가 기록적인 수익을 창출한 지 몇 년이 채 되지 않아 메인은 더 이상 경제 저격수를 배출해 내지 못하게 되었고 재정적인 어려움을 겪었다. 메인의 지분을 갖고 있던 파트너들은 한 토목 건설 업체에 메인을 팔아넘겼다.

1980년에 메인을 떠났을 때 나는 메인의 주식 한 주당 30달러를 받았다. 그러나 나머지 파트너들은 사 년 후에 회사를 넘기면서 그 절반도 채 받지 못했다. 백여 년의 빛나는 역사가 치욕스럽게 막을 내렸다. 메인이 무너지는 걸 보니 마음이 아팠지만, 그래도 떠나기를 잘했다는 생각이 들었다. 새로운 경영진이 들어선 후 한동안 계속 메인의 이름을 사용했지만 결국 그 이름마저 사라졌다. 한때 전 세계를 주름잡았던 메인의 로고는 기억 속으로 사라졌다.

메인은 급변하는 에너지 업계의 시류에 잘 대응하지 못한 대표적인 예라고 할 수 있다. 메인과 반대로 그 시류를 잘 활용하여 업계 관계자들의 찬사를 받은 회사가 바로 엔론이다. 에너지 업계에서 가장 빠르게 성장한 회사 중 하나였던 엔론은 혜성처럼 나타나 거액의 거래를 따 내기 시작했다. 사업상 미팅은 대개 참석자들이 자리에 앉아 커피를 마시고 서류를 정리하면서 담소를 나누는 것으로 시작된다. 그 무렵 담소의 주제는 항상 엔론이었다. 외부에서 엔론을 바라보는 사람들은 그들이 어떤 방식으로 그토록 기적 같은 성과를 일구어 내는지 전혀 가늠하지 못했다. 엔론의 내부 관계자들은 그저 다른 사람들을 향해 미소를 지으며 함구했다. 가끔씩 사람들이 계속 질문을 던지면 그들은 경영에 대한 새로운 접근 방법이 그 해답이라고 했다. 그들은 새로운 방식으로 자금을 조달하며 전 세계의 자금을 주무를 줄 아는 사람을 고용한다고 했다.

그 이야기를 듣고 있노라면 마치 경제 저격수가 재탄생한 듯한 느낌이 들었다. 세계를 지배하려는 제국은 빠른 속도로 앞으로 나아가고 있었다.

석유와 세계 정세에 관심이 많은 사람들에게 또 다른 관심거리가 있었다. 바로 부통령의 아들인 조지 W. 부시였다. 아들 부시가 처음 운영한 석유 회사인 아르부스토(부시(Bush)의 다른 의미인 '수풀'을 뜻하는 에스파냐 어)는 회사가 망할 위기에 처한 1984년 스펙트럼세븐과 합병하여 간신히 살아남았다. 그러나 스펙트럼세븐 또한 파산 위기에 처했고 1986년에 하켄에너지에 매각되었다. 조지 W. 부시는 계속해서 이사 겸 고문으로 재직하면서 연봉을 12만 달러나 받았다.

사실 아들 부시가 석유 회사 중역으로서 일을 제대로 못 했기 때문에 우리는 모두 그가 부통령인 아버지 덕에 그 자리를 차지하고 있다고 생각했다. 하켄에너지가 창립 후 처음으로 세계 시장으로 발을 내딛고 중동 지역 석유에 투자하려는 것도 결코 우연이 아닌 듯했다. 《배니티 페어》는 "부시가 이사가 되면 하켄에는 놀라운 일이 생길 것이다. 새로운 곳에 투자를 하고 예상치 못한 곳에서 자금을 조달할 수 있게 될 것이며, 기대하지 않았던 석유 채굴권을 따낼 것이다."라는 기사를 실었다.

1989년, 미국 석유 회사 아모코는 석유 채굴권을 따내기 위해 바레인 정부와 협상 중이었다. 당시 부통령이었던 부시는 대통령에 당선되었다. 그 직후에 국무성 고문이었던 마이클 아민이 바레인으로 가서 신임 바레인 주재 미국 대사로 임명된 찰스 호슬러를 만나 상황을 설명한 후, 바레인 정부와 하켄에너지 간의 회담을 주선하도록 했다. 갑자기 아모코가 밀려나고 하켄이 그 자리에 들어왔다. 하켄은 이전에 미국 동남부 이외 지역에서 석유를 채굴한 적이 없었으며, 특히 해외에서 일을 한 경험이 전혀 없었는데도 아랍권에서 유례없이 바레인의 석유를 채굴할 수 있는 독점권을 따내게 되었다. 몇 주 만에 하켄에너지의 주가는 주당 4달러 50센트에서 5달러 5센트로 20퍼센트나 상승했다.

에너지 업계에 오래 몸담고 있던 사람들도 바레인에서 일어난 일을 지켜보며 충격을 받았다.

"나는 아들 부시가 자기 아버지로 하여금 대가를 치르게 할 일을 저지르지 말았으면 좋겠어."

에너지 업계 전문 변호사이며 공화당을 후원하는 한 친구가 말했다. 우리는 세계 무역 센터 꼭대기에 있는 바에서 칵테일을 즐기고 있었다. 그는 실망스러운 말투로 "과연 그럴 만큼 가치가 있을까?"

하며 슬픈 듯이 머리를 흔들어 대곤 말을 이었다.

"아들의 경력을 위해 아버지가 대통령 자리를 거는 짓 말이야."

친구들만큼 크게 놀라지 않았던 나는 좀 독특한 관점으로 생각하고 있었다. 나는 쿠웨이트, 사우디아라비아, 이집트, 이란 등의 정부를 위해 일한 경험 덕분에 중동 지역의 정치를 잘 알고 있었으며, 엔론의 중역들과 마찬가지로 부시 역시 나를 비롯한 다른 경제 저격수들이 만들어 놓은 네트워크의 일부일 뿐이라고 생각했다. 이들은 모두 봉건주의 시대의 영주이자 농장주인 셈이었다.

제29장
뇌물을 받다

이 무렵, 나는 세계 경제가 새로운 국면에 접어들고 있음을 깨달았다. 내 우상 중 한 명이었던 로버트 맥나마라가 국방장관과 세계은행 총재로 군림하는 동안 내가 두려워했던 것보다 더 거대한 일들이 벌어졌다. 맥나마라의 케인스 식 경제 접근 방법과 공격적인 리더십 방법이 퍼져 나갔다. 다양한 사업 분야에서 일하는 중역들까지 경제 저격수처럼 굴기 시작했다. 국가 안전 보장국에서 이들을 고용하거나 정보를 관리하고 있지는 않았지만 이들이 하는 일은 나와 동료들이 했던 일과 비슷했다.

유일한 차이점이라면 기업체 중역들은 경제 저격수의 역할을 하면서도 국제 은행들로부터 자본을 조달하는 데 군이 개입할 필요가 없다는 사실이었다. 내가 했던 일들도 여전히 지속되고 있었지만 기업 중역들이 하는 역할은 훨씬 사악했다. 1980년대에는 수많은 중간 관리자들마저 목적을 위해서라면 수단 방법을 가릴 필요가 없다고 믿게 되었다. 세계 제국은 점점 많은 돈을 벌어들였다.

이런 새로운 움직임의 전형적인 모습을 볼 수 있는 곳이 내가 몸담고 있던 에너지 업계였다. 1978년에 의회에서 통과된 공익 사업 규제 정책 법안이 여러 가지 법적 장애물을 통과하여 1982년에 마침내 법으로 제정되었다. 의회에서는 내가 세운 회사처럼 작고 독립적인 업체들이 대체 에너지를 개발하는 등 혁신적인 방법으로 전기를 만들어 낼 수 있도록 돕고자 이 법안을 상정했다. 이 법은 대형 공익 사업체들이 중소 기업에서 만들어 낸 에너지원을 합리적이고 정당한 가격에 구매하도록 규정했다. 이 정책은 수입한 석유든, 미국 내에서 채굴한 석유든 석유에 대한 미국의 의존도를 줄이겠다는 카터 대통령의 의지에서 비롯되었다. 이 법이 의도한 바는 독립적인 회사들이 미국의 기업가 정신을 이어받아 대체 에너지원을 개발하고 성장할 수 있도록 돕기 위한 것이었다. 그러나 현실은 그렇지 않았다.

그러나 1980년대에서 1990년대로 흘러가는 동안 정부는 기업가 정신보다 규제 완화에 정책의 초점을 맞추었다. 그동안 대다수 소규모 독립 업체들이 대형 토목 건설 업체들이나 공익 사업체들에 매각되는 모습을 지켜보았다. 공익 사업체들의 경우 법적 결함으로 인해 지주 회사를 설립하여 규제를 받는 공익 업체와 규제를 받지 않는 에너지 생산 업체를 모두 소유할 수 있게 되었다. 많은 대기업들이 소규모 독립 업체가 파산에 이르도록 유도하여 직접 매수하기 위한 기회를 노렸다. 반대로 처음부터 소규모 독립 업체를 직접 설립하는 기업들도 있었다.

석유 의존도를 줄이겠다는 정책은 좌절되고 말았다. 레이건은 석유 회사로부터 많은 도움을 받았으며 부시도 석유로 떼돈을 번 사람이었다. 뿐만 아니라 레이건 행정부와 부시 행정부 내의 주요 인사 및 내각 각료들은 석유 산업과 관련이 있거나 석유 산업과 밀접하게 연관된 토목 건설 업체들과 관련이 있는 사람들이었다. 게다가 무엇보다 중요한 건 민주당 인사라고 해서 다를 바가 없다는 사실이었다. 상당수 민주당 의원들도 석유와 건설 사업으로 엄청난 수익을 벌어들이고 있거나 업계로부터 도움을 받은 사람들이었다.

인디펜던스파워시스템스는 환경 친화적 에너지를 만들겠다는 노력을 계속 실천해 나갔다. 우리는 공익사업 규제 법안의 원래 취지에 맞게 행동하면서 그럴듯하게 자리를 지켜 나갔다. 사실, 단순히 살아남는 데 그치지 않고 계속 번성하던 몇 개 되지 않는 독립업체 중 하나였다. 과거에 내가 기업 정치를 지키기 위해 일했기 때문에 우리 회사가 성장할 수 있었다는 사실에는 의심의 여지가 없다.

에너지 업계에서 일어나는 일들은 전 세계에 영향을 미치고 있는 흐름을 잘 보여 주었다. 사회 복지, 환경, 질 높은 삶 등에 관한 관심은 모두 사라지고 탐욕만이 쟁점으로 떠올랐다. 이런 과정에서 민간 사업 활성화에 초점이 모아졌다. 처음에는 자본주의의 우월성과 공산주의의 확산을 막기 위한 이론적 근거를 제시하며 민간 사업 활성화가 정당한 일처럼 보이도록 하기 위해 많이 노력했다. 그러나 시간이 흐르자 이런 노력은 불필요해졌다. 그저 정부가 주도하는 것보다 부유한 투자가가 주도하는 프로젝트가 훨씬 더 낫다고 자연스럽게 받아들여졌다. 세계은행 같은 국제 기구들은 이런 개념을 받아들여 그동안 정부가 운영했던 수자원 관리, 오수 처리, 통신망, 공공 사업 등의 분야에 대해 규제를 완화하고 민영화해야 한다고 주장했다.

그 결과로 경제 저격수의 개념이 좀 더 많은 사람들에게 확산되었다. 이전에는 나와 몇몇 동료들이 은밀하게 일을 주도했으나 이제 다양한 업계에서 일하는 중역들이 같은 일을 하게 된 셈이다. 이들 기업의 중역들은 전 세계로 뻗어 나가 가장 저렴한 노동력과 가장 쉽게 얻을 수 있는 자원, 그리고 가장 커다란 시장을 찾아냈다. 이들의 접근 방식은 무자비했다. 이들은 인도네시아, 파나마, 콜롬비아 등지에서 나와 동료들이 했던 것과 마찬가지로 자신들의 나쁜 행동을 합리화시킬 방법을 찾은 다음, 우리가 그랬던 것처럼 지역 사회와 나라 전체가 혼란에 휩싸이도록 한다. 이들은 부를 안겨 주겠다고 약속하며 각 나라의 민간 업체들이 외국 자본을 빌리도록 부추긴다. 그런 다음 그 나라에 학교와 고속도로를 짓고 전화와 텔레비전을 기부하며 무료로 의료 서비스도 제공한다. 그러나 더 저렴한 노동력과 더 풍부한 자원이 있는 곳을 찾아내면 떠나 버린다. 희망을 한껏 부풀려 놓고 그냥 떠나 버리면 치명적인 결과가 나타나기도 한다. 그러나 이들은 단 한 순간도 주저하거나 고민하지 않고 떠나 버린다.

그러나 나는 이럴 때마다 이들이 어떤 생각을 하는지 궁금해졌다. 과연 내가 그랬던 것처럼 이들도 한 순간이라도 자신이 옳다고 생각하는 것을 의심해 볼까? 단 한 번이라도 악취가 풍기는 운하 옆에 서서, 어떤 젊은 여자가 목욕을 하는데 그 상류에서 늙은 남자가 변을 보는 모습을 지켜본 적이 있을까? 과연 그들에게는 하워드 파커가 그랬던 것처럼 본질적인 질문을 던져 줄 사람이 없는 걸까?

내 사업은 번창했고 가족들과의 생활도 무척 즐거웠지만 우울한 기분이 몰려오는 것은 막을 길이 없었다. 이제 나는 한 소녀의 아빠가 되었다. 그 아이가 물려받을 미래가 두려워졌다. 내가 그동안 해 왔던 일에 대한 죄책감이 밀려왔다.

과거를 돌아보며 역사적 흐름을 살펴보면 마음이 더욱 복잡해졌다. 제2차 세계 대전이 끝날 무렵 내 고향인 뉴햄프셔 주의 브레턴우즈에 여러 나라 지도자들이 모여 회담을 했고, 거기서 현대식 세계 금융 시스템이 생겨났다. 전후 유럽을 재건하기 위해 세계은행과 국제 통화 기금이 발족하여 놀라울 정도의 성공을 거두었다. 새로이 만들어진 시스템은 빠르게 성장했고 미국의 주요 동맹국들은 이 시스템이 압제를 막기 위한 만병통치약이라도 되는 양 기뻐했다. 이 시스템이 공산주의의 사악한 손길로부터 우리 모두를 구해 줄 것이라고 믿은 것이다.

그러나 이 모든 것이 우리를 어디로 이끌지 궁금해하지 않을 수 없었다. 1980년대 말, 소련이 무너지고 공산주의 국가를 건설하기 위한 움직임들이 사라지자 이 시스템의 목적이 공산주의를 억제하는 것이 아님이 분명해졌다. 자본주의에 그 뿌리를 둔 세계 제국이 자유롭게 전 세계를 주무를 수 있게 되었다는 사실 또한 자명했다. 세계 정세 포럼 회장인 짐 개리슨은 다음과 같이 말했다.

전체적으로 볼 때 세계를 하나로 통합하는 일, 특히 경제적인 세계화와 공상 속에서나 가능한 '자유 시장' 자본주의라는 가치를 추구하는 것은 그 자체로서 수직적인 '제국'을 상징한다. 지구상에서 그 어떤 나라도 세계화의 흐름에 저항할 수 없다. 세계은행과 국제 통화 기금 또는 세계 무역 기구의 중재 조정을 통해 '구조적인 조정'이나 '조건부 융자'를 피해 간 나라는 극히 일부에 불과하다. 이 국제 금융 기구들은 정당성 여부와 관계없이 경제적 세계화가 무엇인지 정의하고 규칙을 정하며, 어떤 나라에게 말을 잘 들었다고 보상을 하고 어떤 나라에게 규칙을 위반했다고 벌을 줄지 결정한다. 이것이 바로 우리가 살아가는 동안 경제적 통합이라고 여기게 될 세계화의 힘이다. 이는 동시에 세상에 있는 모든 나라들을 유일한, 그러면서도 불공평한 세계적 자유 시장 시스템으로 묶어 두려는 노력이기도 하다.

나는 이런 주제들을 곰곰이 생각하면서 『경제 저격수의 양심』이라는 제목으로 모든 것을 밝히는 책을 써야겠다고 결심했다. 그러나 내 계획을 남들이 알지 못하도록 하기 위해 별다른 노력을 기울이지 않았다. 사실 지금도 나는 혼자 몰래 숨어서 글을 쓰지 않는다. 오히려 다른 사람을 통해 영감을 얻고 내 기억을 상기시키고 과거에 일어난 일들을 좀 더 객관적으로 바라보기 위해 지인들에게 전화를 건다. 글을 쓴 후에 친구들에게 읽어 보게 하고 그들의 대답을 듣는 것을 좋아한다. 어찌 보면 위험한 방법이지만 글을 쓰기 위해선 어쩔 수가 없다. 게다가 내가 메인에서 보냈던 시간들에 관해 글을 쓰는 일을 비밀로 할 이유도 없었다.

1987년 어느 오후, 메인에서 파트너로 근무했던 사람이 내게 전화를 걸어서 스톤앤드웹스터 토목 회사를 위해 파격적인 조건으로 컨설팅을 맡아 달라고 제안했다. 당시 스톤앤드웹스터는 세계 최고의 토목 건설 회사 중 한 곳이었으며, 에너지 업계의 환경이 급변하는 틈을 타 그 분야로 진출하려고 궁리하는 중이었다. 내 역할은 내가 운영했던 인디펜던트파워시스템스와 비슷한 에너지 개발 부서를 위해 보고서를 작성하는 일이었다. 과거와 같이 국제 무대에서 활동하거나 경제 저격수의 역할을 해야 하는 일이 아니어서 한결 마음이 가벼웠다.

사실 내가 할 일이 그리 많은 건 아니라고 했다. 나는 독자적인 에너지 회사를 세워 성공적으로 운영해 온 몇 안 되는 사람 중 하나였고 에너지 업계에서 나름대로 명성을 얻고 있었다. 스톤앤드웹스터에서는 내 이력을 활용해 자문 위원 명단에 내 이름을 올리고 싶다고 했다. 이런 일은 불법적이지도 않으며 업계의 관행이기도 했다. 사실 그 무렵 여러 가지 이유들 때문에 회사를 팔아 버릴까 고민하던 중이었기 때문에 나로서는 매우 매력적인 제안이었다. 스톤앤드웹스터에서 일하면 안정적일 뿐 아니라 거액의 돈을 받을 수 있다는 사실도 만족스러웠다.

스톤앤드웹스터와 정식으로 계약하던 날, 회장이 점심 식사를 함께하자고 했다. 나는 그와 격의 없이 대화를 나누다가 문득 내 마음 한 구석에서는 다시 컨설팅 일을 하고 싶은 욕망이 넘치고 있음을 깨달았다. 동시에 복잡한 에너지 회사를 운영하고 발전소를 짓기 위해 백 명이 넘는 사람들을 관리하고 발전소를 짓고 운영하는 데 따르는 책임들을 이제 내려놓고 싶다는 생각이 들었다. 컨설팅 제안을 받자마자 내가 받게 될 어마어마한 돈을 어디에 쓸지 이미 생각해 둔 상태였다. 돈이 필요한 곳은 많았지만 무엇보다 비영리 조직을 만드는 데 그 돈을 쓰고 싶었다.

스톤 앤 웹스터의 회장은 후식을 먹으면서 얼마 전에 내가 출간한 『스트레스에서 벗어나는 습관』이라는 책에 관해 얘기를 꺼냈다. 그 책에 대한 좋은 평을 많이 들었다고 했다. 그런 다음 회장은 내 눈을 똑바로 쳐다보며 물었다.

"퍼킨스 씨, 앞으로도 책을 쓸 계획이오?"

갑자기 긴장감이 몰려왔다. 나는 곧 그가 왜 그런 이야기를 꺼내는

지 깨달았다. 나는 주저하지 않고 대답했다.

"아니요. 지금으로선 다른 책을 쓸 계획은 없습니다."

"잘됐군. 우리는 비밀 유지를 중요하게 생각하거든. 메인과 마찬가지로 말이오."

"알겠습니다."

회장은 뒤로 기대앉으며 마음이 편한 듯 미소를 지었다.

"물론, 지난 번에 쓴 책처럼 스트레스나 뭐 그런 얘기들에 관한 건 괜찮소. 그런 일들이 경력에 도움이 될 수도 있으니까. 스톤앤드웹스터의 컨설턴트라도 그런 책을 출판하는 데는 아무런 문제가 없어요."

회장은 대답을 기다리는 듯 나를 쳐다봤다.

"그렇군요. 다행입니다."

"아무렴, 아무 문제 없소. 그러나 어떤 책을 쓰더라도 우리 회사 이름을 거론하거나, 스톤앤드웹스터나 메인에서 했던 일의 본질에 대해서 얘기하는 건 안 되오. 정치적인 문제나 국제 은행들, 개발 프로젝트 등에 대해서는 글을 쓰면 안 된단 뜻이오."

그가 물끄러미 나를 쳐다보다가 말했다.

"비밀은 지켜야 하는 법이니까."

"그럼요. 알겠습니다."

나는 회장을 안심시켰다. 한순간 심장 박동이 멈춘 듯했다. 예전 인도네시아에서 하워드 파커와 함께 있던 순간, 파나마 시티에서 피델과 함께 차를 타고 있던 순간, 콜롬비아의 커피숍에서 파울라와 함께 있던 순간에 느꼈던 감정들이 떠올랐다. 나는 다시 영혼을 팔고 있었다. 법적으로 보면 내가 받는 돈은 뇌물이 아니었으며, 스톤앤드웹스터의 직원 명부에 내 이름을 올려 두고 가끔씩 회의에 참석한 대가로 월급을 받는 것은 전혀 불법적인 일이 아니었다. 그러나 왜 그들이 나를 고용하려고 하는지 알 것 같았다.

스톤앤드웹스터의 회장은 거의 기업체 중역이 받는 정도의 금액을 제시했다.

그날 오후, 공항에 앉아 플로리다로 돌아갈 비행기를 기다리는 동안 머리가 멍해졌다. 마치 나 자신이 매춘부가 된 기분이었다. 그보다 내 가족, 내 딸, 내 조국을 배신한 듯한 느낌이 들었다. 그러면서도 나에게는 선택의 여지가 없다고 혼자 중얼거렸다. 만일 그 뇌물을 받지 않으면 더 큰 위협이 나를 기다리고 있을 것 같았다.

제30장
파나마 침공

토리호스는 죽었지만 파나마는 내 가슴속에 특별하게 남아 있었다. 당시 나는 플로리다 주 남쪽 지역에 살았기 때문에 중앙아메리카에서 일어나는 일에 관해 많은 소식을 들을 수 있었다. 토리호스의 뒤를 이은 사람들은 토리호스처럼 인정이 많고 강인한 성품은 아니었지만, 그의 유산을 지켜 가려고 노력하고 있었다. 토리호스가 사망한 후에도 파나마는 미국이 운하 협약의 내용을 그대로 따를 것을 요구했고 중미 지역에서는 의견 차이를 좁혀 나가기 위한 노력을 멈추지 않았다.

토리호스의 자리를 이은 마누엘 노리에가는 처음에는 토리호스의 발자취를 잘 따르는 듯했다. 개인적으로 노리에가를 만나 본 적은 없었지만, 취임 초기에는 그가 가난하고 소외받는 사람들을 위해 노력을 기울이는 듯했다. 노리에가의 가장 중요한 프로젝트 중 하나는 일본의 건축 기술과 돈을 이용해서 새로운 운하를 짓는 사업을 계속 추진하는 것이었다. 말할 것도 없이 노리에가는 미국 정·재계로부터 거센 저항을 받았다. 다음은 노리에가가 직접 쓴 글이다.

조지 슐츠 국방장관은 벡텔이라고 하는 다국적 건설 회사의 중역을 역임한 사람이다. 캐스퍼 와인버거 국방장관은 벡텔의 부회장을 맡았던 인물이다. 벡텔은 운하에서 나오는 수십억 달러를 챙기고 싶어한다. 레이건 행정부와 부시 행정부는 일본이 새 운하 건설 프로젝트를 따 낼까 봐 두려워하고 있다. 비단 안전에 대한 우려뿐만 아니라 상업적 이익이 걸린 탓에 그 두려움이 커지고 있다. 미국 건설 업체들은 수십억 달러를 잃게 될 것이다.

그러나 노리에가는 토리호스가 아니었다. 그에게는 토리호스 같은 카리스마나 청렴한 성품이 없었다. 시간이 지나면서 노리에가는 부패와 마약 거래로 악명을 얻었고 심지어 정치적 맞수인 우고 스파다포라를 암살하도록 지시했다는 의심도 받았다.

노리에가는 파나마 방위군의 G2 부대를 이끄는 대령으로 명성을 쌓았다. 이 부대는 미 중앙 정보국에 정보를 제공하는 파나마의 군 정보 사령부였다. 이런 관계를 통해 노리에가는 윌리엄 케이시 미 중앙 정보국 국장과 친분을 맺었다. 미 중앙 정보국은 이 부대를 활용하여 카리브 해안과 중남미 지역을 미국이 원하는 대로 만들어 가려고 했다. 예를 들어서, 1983년 미국이 그레나다를 침공할 것이라고 카스트로에게 경고하기 위해 레이건 행정부는 노리에가를 이용했다. 케이시 국장은 노리에가에게 부탁하여 미국의 경고를 카스트로에게 전하도록 했다. 대령은 미 중앙 정보국이 콜롬비아와 다른 나라에 있는 마약 조직을 소탕할 수 있게끔 도와주기도 했다.

1984년, 노리에가는 장군이 되어 파나마 방위군의 총사령관으로 취임했다. 같은 해 케이시가 파나마 시티에 있는 공항에 도착했을 때 파나마에 파견 나와 있던 미 중앙 정보국 요원이 그를 맞았다. 전하는 말에 따르면 케이시는 그에게 "우리 노리에가는 어디 있는가?"라고 물었다고 한다. 노리에가가 워싱턴을 방문할 때면 두 사람은 케이시의 집에서 개인적인 만남을 갖기도 했다. 몇 년 후, 노리에가는 케이시와의 관계로 인해 그 어떤 일이 닥치더라도 쓰러지지 않을 것 같은 기분이 든다고 했다. 노리에가는 파나마의 G2 부대와 마찬가지로 미중앙 정보국이 미국 정부 내에서 가장 강력한 기관이라고 믿었다. 노리에가는 비록 자신이 파나마 운하 조약과 운하 구역에 있는 미군 기지를 두고 미국의 심기를 자극하는 입장을 취하고 있지만 항상 케이시가 자신을 보호해 줄 것이라고 믿었다.

그러나 토리호스는 정의와 평등을 상징하며 전 세계로부터 존경받던 인물이었던 반면, 노리에가는 부패와 타락을 상징하는 인물이었다. 1986년 6월 12일, 《뉴욕 타임스》가 1면에 「파나마의 대통령, 마약과 불법적인 돈을 맞바꾸라고 지시하다」라는 머리기사를 실었을 정도로 노리에가의 악명은 갈수록 높아졌다. 퓰리처 상을 받은 기자의 폭로성 기사에서는 노리에가 장군이 남아메리카의 사업에 은밀하고도 불법적인 방법으로 관여하고 있으며, 미국과 쿠바 양쪽을 위해 일하는 이중 스파이라고 했다. 그리고 노리에가의 지휘에 따라 움직이는 G2 부대가 우고 스파다포라를 암살했으며, 노리에가는 '파나마 마약 거래의 가장 핵심적인 인물'이라고 주장했다. 이 기사 옆에는 그의 사진이 실려 있었고 다음날 신문에는 더 자세한 내용이 실렸다.

설상가상으로 노리에가는 이미지가 나빠서 고전하던 당시 미국 대통령과도 마찰이 있었다. 기자들은 조지 H. W. 부시 대통령의 인상이 겁쟁이 같다고 표현했다. 운하 구역에 있는 미 육군 군사 학교가 15년 더 머무를 수 있도록 해 달라고 미국이 요청했을 때 노리에가가 단호하게 거절하자 사람들의 이목이 더욱 집중되었다. 노리에가의 회고록을 보면 다음과 같은 대목이 있다.

우리는 자신감을 갖고 흔들리지 않으며 토리호스의 유산을 지켜 왔지만 미국은 이런 일이 일어나길 바라지 않았다. 미국은 파나마 운하 구역에 있는 미 육군 군사 학교 철수 기간을 늦추어 주거나 철수 조건 자체를 없애 달라고 요구하고 있다. 이들의 주장은 중앙아메리카 지역에서 전쟁 위험이 점점 커지고 있어서 그에 대비해야 하므로 여전히 운하 구역의 학교가 필요하다는 것이다. 그러나 이 학교는 우리에게 몹시 치욕스럽게 느껴진다. 우리는 암살단과 억압적인 우파 군대가 우리의 영토 내로 돌아오기를 바라지 않는다.

아마 전 세계가 예감하고 있었을 테지만, 1989년 12월 20일 미국이 제2차 세계 대전 이후 최대 규모의 공수 작전을 감행하며 파나마를 공격하자 세계는 충격에 휩싸이고 말았다. 그것은 민간인에 대한 명분 없는 공격이었다. 파나마 정부와 국민들은 미국을 비롯하여 그 어떤 나라에도 위협을 가하지 않았다. 전 세계의 정치인, 정부, 언론은 일제히 미국의 독단적인 군사 행동을 비난하며 이는 명백하게 국제법을 위반하는 행위라고 규탄했다.

만일 미국이 피노체트가 있는 칠레, 스트로에스네르의 파라과이,

소모사가 있는 니카라과, 도뷔송의 엘살바도르, 사담 후세인의 이라크 등 대량 살상을 비롯한 반인륜적 범죄가 일어난 나라를 공격했다면 다른 나라들도 이해했을 것이다. 그러나 파나마에는 이런 종류의 문제가 전혀 없었다. 파나마는 그저 미국의 영향력 있는 정치인들과 재계 중역들의 뜻에 따르지 않았을 뿐이다. 파나마는 그동안 운하 협약을 존중해야 한다는 주장과 함께 사회 개혁가들과 토론을 벌이며 일본의 기술과 건설 회사를 이용하여 새로운 운하를 건설할 가능성을 타진해 왔다. 그 결과 극렬한 공격을 받게 된 것이다. 노리에가는 다음과 같이 기록했다.

나는 이 점을 분명히 해 두고 싶다. 1986년 미국이 파나마 사회를 동요시키기 시작하여 결국 1989년 파나마를 침공한 이유는, 파나마 운하의 통제권이 독립적이고 주권이 있는 파나마의 손으로 넘어가고 미국이 아닌 일본의 도움을 받게 된다는 사실을 미국이 인정할 수 없기 때문이다. 그러나 슐츠와 와인버거는 대중의 이익을 위해 일하는 것처럼 가장한 채 자신들이 막대한 경제적 이익을 누리고 있음을 일반 대중이 까맣게 모르는 현실을 즐기며 나를 암살할 계획을 세우고 있다.

미국 정부에서 파나마 공격을 정당화하기 위해 내세운 명분은 단 한 사람을 겨냥한 것이었다. 미국 정부가 자국의 젊은 남녀들로 하여금 목숨을 걸고 양심을 버린 채, 헤아릴 수 없을 만큼 많은 아이들과 무고한 시민들을 학살하고 파나마 시티에 포화를 쏘아 대도록 만든 원흉으로 지목된 사람은 바로 노리에가였다. 노리에가는 악마이자 파나마 국민들의 적이며 마약을 밀매하는 괴물인 양 묘사되었다.

노리에가가 너무나 나쁜 사람이기 때문에 미국은 인구가 고작 200만 명에 불과한 작은 나라에 그토록 큰 규모의 공격을 감행할 수밖에 없었으며, 우연찮게도 그 나라가 세계에서 가장 가치 있는 운하를 소유한 나라였을 뿐이라는 게 미 정부의 설명이었다.

미국이 파나마를 침공했다는 소식을 들은 나는 며칠 동안이나 우울한 기분에서 벗어나지 못했다. 노리에가도 경호원이 있었지만 롤도스나 토리호스의 경우와 마찬가지로 자칼들이 노리에가를 제거하는 데는 아무런 문제가 없을 거라는 생각이 들었다. 내 생각에 노리에가의 경호원 대다수는 미군으로부터 훈련을 받은 인물들이었고, 이들을 매수하여 자칼이 암살을 시도할 때 모르는 척하도록 할 수도 있으며 직접 암살하도록 시킬 수도 있을 것 같았다.

파나마 침공에 관해서 글을 읽고 생각을 하면 할수록 미국이 다시 제국을 건설하기 위해 박차를 가하고 있다는 생각밖에 들지 않았다. 즉, 부시 행정부는 레이건 행정부보다 더욱 결의에 찬 모습으로 목적을 달성하기 위해서는 군사 행동도 불사하겠다는 의지를 전 세계에 알리고 있었다. 미국은 파나마를 침공함으로써 토리호스의 유산을 없애 버리고 미국에 우호적인 괴뢰 정부를 세우는 것 외에도 이라크 같은 나라들이 두려움에 떨면서 미국에 복종하도록 만드는 것이 목표인 듯싶었다.

《뉴욕 타임스》에 사설을 기고하며 책도 여러 권 쓴 데이비드 해리스는 흥미로운 글을 발표했다. 그는 2001년에 출간한 책 『달을 쏘다』에서 다음과 같이 썼다.

그동안 우리가 보았던 세계 곳곳의 수천 명에 달하는 지도자, 세도가, 독재자, 쿠데타를 일으킨 사람들, 군 지도자들 중에서 마누엘 안토니오 노리에가는 미국인들이 이렇게 폭력적으로 뒤를 쫓은 유일한 사람이다. 미국은 생겨난 지 225년 만에 처음으로 한 국가를 공격하여 그 지도자를 미국으로 불러들였고, 그 국가의 영토 내에서 일어난 일이 미국의 법에 어긋난다는 이유로 외국 지도자를 미국 법정에 세워 처벌했다.

비난이 끊이지 않는 가운데 미국 정부는 몹시 난처한 상황에 처했음을 깨달았다. 미국은 처음 한동안 마치 전혀 예상치 못한 상황이라는 반응을 보였다. 부시 행정부는 대통령과 관련된 잘못된 소문을 진정시키려고 노력했지만 합법성 시비에 휘말렸다. 마치 테러 행위를 하다가 걸린 악당 같은 모습이었다. 뒤늦게 미군이 공격 직후 최초 3일 동안 언론, 적십자 및 외부 관계자들이 폭격을 당한 지역에 접근하지 못하도록 막았다는 사실이 알려졌다. 이 기간 동안 미군 병사들이 시체를 불태우고 파묻었다. 언론에서는 얼마나 많은 불법 행위의 증거가 훼손되었는지, 또 적절한 치료를 받지 못해서 얼마나 많은 사람들이 죽어 갔는지 질문을 던졌지만 아무 대답도 돌아오지 않았다.

우리는 파나마 침공에 관해 잘 알지 못하고 참상의 규모가 어느 정도였는지도 정확하게 알지 못한다. 당시 리처드 체니 미 국방장관은 사망자 수가 5백 명에서 6백 명에 이른다고 발표했지만, 독립 인권단체에서는 3천 명에서 5천 명에 이르며 2만 5천 명이 집을 잃었다고 추산했다. 노리에가는 체포되어 마이애미로 압송된 후 45년 형을 선고받았다. 당시 노리에가는 유일하게 미국이 공식적으로 전범으로 분류한 사람이었다.

전 세계는 국제법을 어기고 지구상에서 가장 강력한 군대의 힘을 이용해 무방비 상태인 사람들을 무자비하게 살해한 미국의 행동에 분개했지만, 미국 내에서는 미국이 어떤 잔혹한 범죄를 저질렀고 세계 사람들이 얼마나 분노하고 있는지 거의 알려지지 않았다. 언론에서는 파나마 침공 관련 기사를 거의 전하지 않았다. 미 행정부와 백악관의 반응을 들 수 있다. 백악관 측에서는 신문 발행인들과 방송국 임원들, 대통령의 심기를 건드리지 않기 위해서 감히 반기를 들지 않는 의회 의원들, 그리고 대중이 필요로 하는 것은 객관적인 정보가 아니라 영웅에 대한 얘기라고 생각하는 기자들에게 직접 전화를 걸었다.

그러나 《뉴스데이》의 편집장이자 AP 기자로서 미국의 파나마 침공을 취재하고 이후 몇 년 동안 계속 그 사건을 분석한 피터 아이스너는 예외였다. 1997년에 출간한 『마누엘 노리에가의 비망록: 미국의 죄수』에서 아이스너는 다음과 같이 적었다.

노리에가를 처치해야겠다는 미명 아래 저질러진 죽음, 파괴, 불법 행위, 그리고 파나마 침공을 둘러싼 숱한 거짓말들은 민주주의라는 미국의 근본 원칙을 위협한다. 미국 군인들은 파나마에서 살상을 자행하도록 명령을 받았다. 이들은 잔인하고 사악한 한 독재자의 손아귀에서 나라를 구해야 한다는 얘기를 듣고 파나마로 진격해 들어갔다. 이들이 행동을 개시하자 조국인 미국의 국민들도 어쩔 수 없이 그들 뒤에서 함께 나아갔다.

아이스너는 직접 마이애미 주의 감옥에 수감되어 있는 노리에가를 찾아가서 인터뷰를 하는 등 오랜 기간에 걸쳐 연구한 끝에 다음과 같이 서술했다.

가장 중요한 사실은 노리에가의 유죄를 입증할 근거가 없다는 점이다. 나는 한 주권 국가의 통수권자이자 수반으로서 노리에가가 한 행동이 미국의 파나마 침공을 정당화시킨다고 생각하지 않으며, 또한 노리에가가 미국의 국가 안보에 위협이 되었다고도 생각하지 않는다.

아이스너는 다음과 같이 결론 지었다.

미국이 파나마를 침공한 전후를 기점으로 파나마의 정치 상황을 분석한 자료와 내가 직접 작성한 기사들을 살펴볼 때, 미국의 파나마 침공은 혐오스러운 힘의 남용이라고 결론 지을 수 있다. 파나마를 침공하려 엄청난 인명을 살상한 대가로 오만한 미국 정치인들과 이들과 뜻을 함께하는 일부 파나마 인들은 원하는 것을 손에 넣었다.

파나마가 콜롬비아에서 분리된 이후 토리호스가 정권을 잡을 때까지 미국의 꼭두각시 노릇을 했던 아리아스 가와 파나마를 지배하던 세력들이 돌아왔다. 운하 조약이 당장 새로 체결되지는 않았다. 그러나 공식적인 문서와 상관없이 미국이 사실상 파나마 운하를 다시 장악했다.

이 일련의 사건들과 메인에서 일하는 동안 내가 직접 경험한 일들을 되돌아보면서 같은 질문이 계속 떠올랐다. 과연 수백만 명에게 여파가 미치는 역사적 결정들을 포함하여, 얼마나 많은 결정들이 개인적 욕심이 아닌 정의를 위해서 이루어질까? 얼마나 많은 미국의 고위 관료들이 국가에 대한 충성이 아니라 자신의 욕심을 위해 일할까? 겁쟁이로 보이기 싫은 대통령의 욕심 때문에 얼마나 많은 전쟁이 일어났을까?

스톤앤드웹스터의 회장에게 약속하긴 했지만, 나는 미국의 파나마 침공을 지켜보면서 좌절감과 무기력함을 느낀 나머지 다시 책을 쓰기 시작했다. 이번에는 토리호스에 관한 내용을 집중적으로 포함시켰다. 나는 토리호스의 이야기를 통해 얼마나 많은 이들이 우리가 살아가는 이 세상을 부당한 행위로써 오염시키고 있는지 알리고 나 스스로 느끼는 죄책감을 지우고 싶었다. 이번에는 평소와 달리 지인들로부터 조언을 구하지 않고 혼자서 조용히 작업하는 쪽을 택했다.

책을 써 나가면서 나는 우리 경제 저격수들이 수많은 장소에서 일구어 낸 일의 규모에 놀라지 않을 수 없었다. 또한 대표적인 몇몇 나라에 대해서 자세하게 글을 쓰려고 했다가, 우리가 작업하고 나서 더욱 국내 사정이 나빠진 나라들이 너무 많아서 또다시 충격을 받았다. 그동안 자신이 얼마나 부패해 있었던가를 깨닫고 소름이 끼쳤다. 적잖은 시간을 들여 내 자아를 성찰하면서도 사소한 부분에 너무 집중한 나머지 전체 그림을 전혀 보지 못했다는 사실을 깨달았다. 인도네시아에 머물 때에는 하워드 파커와 대화하거나 라시의 친구들이 하는 얘기를 듣고 고민을 했다. 파나마에서 일할 때에는 피델이 빈민가, 운하 구역, 클럽 등으로 안내했을 때 많은 것을 생각했고 이란에서는 야민과 익명의 박사와 얘기를 나누면서 만감이 교차했다. 책을 쓰기 시작하니 비로소 전체적인 그림이 눈에 들어왔다. 그러자 내가 왜 그리도 쉽게 큰 그림을 보지 못했는지, 또 왜 내 행동이 실제로 어떤 의미를 갖는지 이해하지 못한 채 그냥 지나칠 수 있었는지 다시 한 번 생각하게 되었다.

그냥 듣기에는 너무나 간단하고 분명해 보이지만, 막상 그런 행동을 하는 동안에는 자신도 모르는 사이에 점점 변해 가고 있음을 깨닫기가 어렵다. 나는 그 모습이 마치 군인과 같다고 생각했다. 군인도 처음에는 무척 순진한 모습을 하고 있다. 다른 사람을 죽이는 일이 과연 도덕적인지 질문도 던지겠지만, 결국 자신이 느끼는 두려움을 이겨 나가기에 급급해지고 살아남기 위해 더 많이 노력하게 된다. 처음으로 적군을 죽였을 때는 감정이 복받쳐 오를 것이다. 자신이 죽인 사람의 가족을 떠올리며 양심의 가책을 느낄지도 모른다. 그러나 시간이 지나고 점점 더 많은 전투에 참가하여 더 많은 사람을 죽이면 단련이 된다. 그러다 결국에는 프로다운 모습을 지닌 군인으로 바뀌어 버린다.

나도 프로 근성을 지닌 군인으로 거듭났다. 이 사실을 인정하고 나니 내가 어떤 범죄를 저질렀고 어떻게 제국이 생겨났는지 훨씬 더 잘 이해할 수 있게 되었다. 그제서야 그토록 많은 사람들이 어떻게 그런 잔혹한 행위들을 할 수 있었는지 이해가 됐다. 그토록 가족을 사랑하고 선량한 이란 사람들이 어떻게 국왕의 잔인한 비밀 경찰이 되어 일할 수 있었는지, 그토록 선한 독일 사람들이 어떻게 히틀러의 명령을 따를 수 있는지, 선량한 미국인들이 어떻게 파나마 시티에 폭탄을 투하할 수 있는지 이해가 되었던 것이다.

나는 경제 저격수로서 국가 안전 보장국을 비롯한 그 어떤 정부 기관에서도 단 한 푼도 받은 적이 없었다. 대신 메인으로부터 월급을 받았다. 나는 민간 기업을 위해 일하는 평범한 시민이었다. 이 사실을 깨닫고 나니 회사의 중역들이 어떻게 경제 저격수의 역할을 할 수 있는지 분명히 알 수 있었다. 세계 무대에 새로운 병사 계급이 등장하고 있고 이들은 자신의 행동에 점점 무감각해져 가는 것이다.

다음은 내가 쓴 글의 일부이다.

절실하게 일거리를 필요로 하는 사람들을 찾아서, 수많은 미국 남녀들이 태국, 필리핀, 보츠와나, 볼리비아 등 세계 곳곳으로 진출하고 있다. 이들은 가난한 사람들을 착취하기 위한 분명한 목적을 지니고 이런 나라들을 찾아간다. 이들이 착취하려는 사람들은 자녀들이 심각한 영양부족에 시달리거나 심지어 굶어 죽어 가는 이들, 그리고 가난한 빈민가에서 더 나은 삶에 대한 희망조차 잃어버린 채 하루라도 더 목숨을 연명하겠다는 꿈조차 포기한 사람들이다. 이런 노동자들을 찾아 나선 사람들은 맨해튼, 샌프란시스코, 시카고 등지에 있는 화려한 사무실에서 나와서 고급스러운 제트 여객기를 타고 일급 호텔에 투숙하며, 그 나라에서 제공하는 최고급 레스토랑에서 식사를 한다. 그런 다음 이들은 절망에 빠진 사람들을 찾아 나선다.

오늘날 우리는 여전히 노예를 사고 판다. 그러나 이제 더 이상 아프리카의 숲으로 직접 들어가 찰스턴, 카르타헤나, 아바나 등지에 있는 경매 시장에서 최고가로 팔릴 노예를 찾아낼 필요도 없다. 그저 절망에 빠진 사람들을 고용해서 재킷, 청바지, 테니스화, 자동차 부품, 컴퓨터 부품 등 자신들이 직접 선택한 시장에서 팔 수천 종류의 물건들을 만들어 내도록 명령을 내리기만 하면 된다. 직접 공장을 짓지 않아도 된다. 대신 그 나라에 사는 사업가를 고용하여 힘든 일을 모두 대신하도록 시키기만 하면 된다.

이런 사람들은 자기 행동이 정당하다고 믿는다. 이들은 이국적인 장소와 고대 유적을 카메라에 담아 집으로 돌아가서 자녀들에게 보여준다. 또한 세미나에 참석해 서로 등을 두드리며 먼 나라의 이상한 관습들에 어떻게 대처해야 할지 정보를 교환한다. 이들이 일하는 기업의 우두머리들은 변호사를 고용하여 이들이 완벽하게 합법적인 일을 하고 있다고 믿게 만든다. 뿐만 아니라 심리 치료사와 다른 인사 전문가를 두어 이들이 절망적인 사람들을 돕고 있다고 믿게 만든다.

과거 노예 상인들은 자신이 사고 파는 대상은 완전한 인간이 아니므로 오히려 이들이 기독교를 믿고 다시 태어날 수 있도록 기회를 주는 것이라고 생각했다. 뿐만 아니라 이들은 노예가 사회를 지탱하는 근본 요소이자 경제의 근간이라고 믿었다. 현대판 노예 상인들은 가난한 사람들이 돈을 한 푼도 벌지 않는 것보다는 하루에 1달러라도 버는 편이 나으며, 자신들은 후진국의 가난한 이들이 좀 더 큰 세상 속에 동화될 수 있도록 돕는다고 믿는다. 절망에 빠진 그들은 자신을 고용한 회사가 살아남기 위해 필수적인 존재이자 자기 삶에서 없어서는 안 될 근간이라고 여긴다. 현대판 노예 상인들은 잠깐 동안 멈춰 서서 자신, 그의 생활양식, 그가 속해 있는 경제 시스템이 이 세상에 무슨 짓을 하고 있는지 돌아볼 겨를이 없다. 결국 이 모든 것들이 자기 자녀의 미래에 영향을 미친다는 사실 또한 생각조차 하지 않는다.

제31장
이라크에서 실패한 경제 저격수

나는 1980년대에 인디펜던트파워시스템스를 운영했고 1980년대 말부터 1990년대까지 스톤앤드웹스터에서 일했기 때문에 대다수 사람들에게 알려지지 않은 이라크 관련 정보를 얻을 수 있었다. 사실, 1980년대에 대다수 미국인들은 이라크라는 나라에 관해 거의 알지 못했다. 일반 대중들에게는 정보가 알려지지 않았지만 나는 이라크에서 일어나고 있는 일에 관심이 많았다.

세계은행, 국제개발처, 국제 통화 기금 및 기타 국제 금융 기관, 벡텔, 할리버튼 등 주요 토목 건설 업체에서 일하는 사람들과 연락하며 지냈고 물론 장인 어른과도 자주 접촉했다. 우리 회사의 하청 업체와 다른 전력 회사들이 고용한 기술자들 중 상당수가 중동에서 진행하는 프로젝트에도 참여하고 있던 사람들이었다. 나는 이라크에서는 경제 저격수들이 일하기가 어려울 거라는 사실을 잘 알고 있었다.

레이건 행정부와 부시 행정부는 이라크를 사우디아라비아처럼 변모시키려고 했다. 사담 후세인이 사우디 왕가의 선례를 따를 거라는 주장은 설득력이 있었다. 후세인이 사우디 왕가가 돈세탁 프로젝트를 통해 얼마나 많은 이윤을 얻었는지 지켜보는 것만으로도 충분했다. 사우디아라비아가 미국 업체들과 계약한 이후 사우디의 사막에서는 현대적인 도시들이 솟아났고, 리야드 거리에서 쓰레기를 치우던 염소들이 사라지고 세련된 청소트럭이 나타났으며 사우디 사람들은 최첨단 담수화 시설, 쓰레기 처리 시설, 통신망, 전력 시스템 등 세계 최첨단 기술의 혜택을 누릴 수 있게 되었다.

사우디 사람들이 국제법과 관련해서도 특별한 대우를 받고 있다는 사실을 사담 후세인이 몰랐을 리 없다. 미국 정치인들은 거의 테러에 가까운 급진주의 단체라고 여겨지는 광적인 집단들에 사우디 사람들이 돈을 대 주거나 도망자들을 숨겨 주어도 눈을 감아 주었다. 사실 미국은 아프가니스탄의 오사마 빈라덴이 소련에 맞서 전쟁을 벌였을 때 사우디아라비아에서 재정적인 지원을 하도록 적극적으로 도와주었다. 레이건 행정부와 부시 행정부는 비단 사우디아라비아 왕가가 돈을 지원하도록 부추겼을 뿐 아니라, 다른 나라들에도 압력을 행사하여 자금을 지원하거나 혹은 모르는 척하도록 만들었다.

1980년대에는 경제 저격수들이 바그다드에서 눈부시게 활약했다. 이들은 사담 후세인이 결국 사우디아라비아의 선례를 따를 것이라고 생각했고 나도 그렇게 믿었다. 만일 이라크가 사우디아라비아와 비슷한 조건으로 미국 정부와 거래한다면 사담 후세인은 이라크를 통치할 권리를 보장받을 수 있을 뿐 아니라, 세계적으로 자신의 영향력을 더욱 키워 갈 수 있었다.

사담 후세인이 병적인 폭군이라거나 수많은 사람들의 피를 손에 묻혔다거나 아돌프 히틀러를 연상시키는 잔인한 행동을 했다는 소문은 그리 문제시되지 않았다. 미국은 전에도 이런 종류의 사람들을 잘 견뎌 왔고 심지어 도와주기도 했다. 사담 후세인이 미국에 석유를 지속적으로 공급해 주겠다 약속하고 석유 달러와 미국 정부 채권의 이자로 미국 기업들을 고용하여 이라크 전역에 사회 기반 시설과 새로운 도시들을 만들고 사막을 오아시스로 바꾸어 놓도록 한다면, 미국 정부는 기꺼이 사담 후세인에게 미국 정부의 채권을 제공할 터였다. 게다가 미국 정부는 다른 나라에서 한 것처럼 언젠가는 강력한 무기로 바뀔 수도 있다는 사실을 알면서도 사담 후세인에게 탱크와 전투기를 팔고 미국의 기술을 이용하여 화학 시설과 원자력 발전소를 지어 줄 참이었다.

이라크는 미국에게 너무나 중요한 나라였다. 겉으로 드러나는 것보다 훨씬 더 중요했다. 보통 사람들이 생각하는 것과 달리, 석유가 전부는 아니었다. 물과 지정학적 요인도 함께 작용했다. 티그리스 강과 유프라테스 강이 모두 이라크를 관통한다. 즉, 중동 지역에서 점점 그 중요성이 커져 가는 수자원을 이라크가 통제하고 있는 것이다. 1980년대에는 경제적으로나 정치적으로 에너지와 기술 분야에서 수자원의 중요성이 점점 커져 갔다. 민영화의 물결이 거세지는 가운데 소규모 독립 전력 회사들을 삼키려고 호시탐탐 기회를 노리던 대기업들은 아프리카, 남미, 중동 지역에 있는 수자원 운영 시스템이 민영화되기만을 기다리고 있었다.

석유와 수자원과 함께 이라크는 전략적인 요충지에 자리하고 있다. 이라크는 이란, 쿠웨이트, 사우디아라비아, 요르단, 시리아, 터키 등과 국경을 마주하고 있으며 페르시아 만과도 맞닿아 있다. 뿐만 아니라 이스라엘과 구소련은 이라크 미사일의 사정거리 안에 들어갔다. 군사 전문가들은 이라크가 갖는 의미는 프랑스-인디언 전쟁과 미국 독립 전쟁 때 허드슨 강이 가졌던 중요성과 맞먹는다고 여겼다. 18세기에 프랑스군, 영국군, 미국군은 허드슨 강을 먼저 차지하는 사람이 미 대륙을 지배하게 된다는 걸 알고 있었다. 오늘날, 이라크를 갖는 사람이 중동 지역을 지배하게 된다는 것도 누구나 알고 있는 기정사실이다.

무엇보다 이라크는 미국의 기술과 전문 지식을 팔아먹기에 훌륭한 시장이었다. 이라크가 세계에서 가장 큰 규모의 유전 위에 자리하고 있다는 사실을 고려해 보면(일각에서는 이라크의 석유 매장량이 사우디아라비아보다 많다고 추정하기도 한다.) 이라크는 엄청난 돈이 들어가는 사회 기반 시설에 자금을 조달하고 산업화를 위해 돈을 투자할 능력이 충분했다. 토목 건설 업체, 컴퓨터 시스템 공급 업체, 비행기, 미사일, 탱크 제조 업체, 제약 업체, 화학 업체 등 대다수 대기업들이 이라크에 눈독을 들였다.

그러나 1980년대 말 사담 후세인이 경제 저격수가 제시하는 시나리오를 받아들일 가능성이 없다는 사실이 분명해졌다. 부시 행정부로서는 몹시 좌절스럽고 당황스러운 일이었다. 파나마 때와 마찬가지로 이라크 사태로 다시 부시 대통령의 겁쟁이 이미지가 부각되기 시작했다. 부시 대통령이 이미지를 바꿀 방법을 찾아 고심하는 와중에 사담 후세인은 제멋대로 굴기 시작했다. 1990년 8월, 이라크는 석유가 풍부한 쿠웨이트를 침공했다. 부시 대통령은 자신이 직접 불법적이고 독단적인 파나마 침공을 감행한 지 채 일 년도 지나지 않았건만 사담 후세인의 쿠웨이트 침공을 국제법 위반 행위라고 공공연하게 비난했다.

부시 대통령이 전면적인 이라크 공격을 명령한 것은 전혀 놀라운 일이 아니었다. 다국적군의 일원으로 미군 50만 명이 이라크로 파견되었다. 다국적군은 1991년 초 이라크 군 병력과 민간인에게 공중 폭격을 가했고 이후 백여 시간에 걸쳐 열세의 이라크 군을 공격하여 대승을 거두었다. 쿠웨이트는 안전했다. 법의 심판대 앞에 세우지는 못했지만 폭군 후세인도 쫓겨났다. 미국에서 부시의 지지도는 90퍼센트까지 올라갔다.

미국이 이라크를 침공했을 당시 나는 보스턴에서 회의에 참석 중이었다. 스톤앤드웹스터와 계약한 후 회의에 참석해 달라는 요청을 받는 것은 극히 드문 일이었는데 보스턴에서의 회의도 그중 하나였다. 사람들이 부시의 결정을 환호하며 받아들이던 모습이 기억난다. 스톤앤드웹스터에서 일하던 사람들이 기뻐하는 것은 너무나 당연했다. 잔인한 폭군이 무너졌다는 사실 이외에도 이라크에서 미국이 승리하면 이 사람들에게는 엄청난 이익, 승진, 연봉 인상 같은 기회가 주어지기 때문에 기쁨을 감출 수 없었던 것이다.

그러나 비단 전쟁을 통해 직접적인 이득을 보는 사람들만 환호한 것은 아니었다. 모든 미국인들이 조국이 군사적으로 맹위를 떨치는 모습을 보기를 간절히 원했던 것 같다. 미국인들의 태도가 이렇게 변한 데는 여러 가지 이유가 있겠지만 아마도 레이건의 당선, 이란 인질 석방, 파나마 운하 조약을 재협상하겠다는 레이건의 발표 등으로 인해 의식이 변한 것도 그중 하나였던 것 같다. 부시가 파나마를 침공했을 때 이미 미국인들의 가슴속에 자리하고 있던 불씨에 불을 지핀 셈이었다.

그러나 애국심에서 비롯된 수사적 표현들과 행동을 촉구하는 외침 이면에는 미국의 상업적 이익, 즉 미국 기업을 위해서 일하는 대부분의 사람들이 세상을 바라보는 관점이 변했다는 진실이 숨어 있었다. 세계 제국을 만들기 위한 미국의 노력에 상당수 미국인들이 동참하고 있었다. 세계화와 민영화라는 두 개념이 미국인들의 의식 속에 깊이 자리를 잡았다.

이것은 비단 미국의 이야기만이 아니었다. 바로 세계 제국과 관련된 현상이다. 세계 제국은 전 세계로 퍼져 나가고 있었다. 과거 미국 회사라고 여겼던 기업들은 명실상부한 세계적 기업으로 거듭났고 법적인 관점에서 보아도 세계적 기업이라 부르는 데 전혀 손색이 없었다. 이들은 수많은 나라로 진출했고 어떤 규칙과 규제를 따를 것인지를 직접 선택했다. 세계화를 위한 여러 조약들과 기구들이 있었기에 이들은 더욱 쉽게 원하는 대로 일해 나갈 수가 있었다. 민주주의니 사회주의니 자본주의니 하는 말들은 거의 사라져 버렸다. 오직 기업 정치만이 유일한 사실이 되었고 전 세계 경제와 정치에 영향을 미치는 하나의 거대한 힘이 되어 버렸다.

여러 가지 예기치 못한 주변 상황 때문에 나도 결국 1990년 11월 기업 정치에 굴복하여 내 회사를 팔게 되었다. 함께 일했던 파트너들과 나는 많은 돈을 거머쥘 수 있었다. 그러나 회사를 매각했던 주요 원인은 애슐랜드 석유 회사의 무시 못할 압력이었다. 나는 과거의 경험을 통해 회사를 매각하면 돈이라도 벌 수 있지만 이들에게 저항할 경우 엄청난 대가를 치러야 한다는 걸 알고 있었다. 그러나 내가 설립한 대체 에너지 회사가 석유 회사의 손에 넘어간다는 것이 아이러니하게 느껴졌다. 마치 반역자가 된 듯한 기분이 들었다.

스톤앤드웹스터를 위해 일하는 시간은 얼마 되지 않았다. 나는 가끔씩 보스턴으로 가서 회의를 하거나 제안서를 만드는 일을 도왔다. 이따금 리우데자네이루 같은 곳으로 가서 거물들과 이야기를 나누기도 했으며, 전용 제트기를 타고 과테말라로 간 적도 있었다. 나는 프로젝트 담당자들에게 이따금씩 전화를 걸어 내 도움이 필요하면 언제든지 일을 할 수 있다는 사실을 상기시켜 주었다. 거의 일을 하지 않으면서 돈을 받자니 양심의 가책을 느낄 수밖에 없었다. 나는 그 업계를 잘 알고 있었고 무언가 유용한 도움을 주고 싶었다. 그러나 그런 일은 일어나지 않았다.

중간 지대에서 있는 한 남자의 이미지가 자꾸 떠올랐다. 나 자신의 존재감을 느끼고 과거에 내가 했던 모든 잘못들을 좀 더 긍정적으로 바꿀 수 있는 일을 직접 실천하고 싶었다. 나는 계속 남의 눈을 피해서 틈날 때마다 『경제 저격수의 양심』을 집필했다. 그러나 이 책이 언젠가 출판될 수 있을 거라고 믿지는 않았다.

1991년 나는 그리 많지 않은 일행을 이끌고 아마존으로 가서 슈아르 족과 함께 시간을 보내고 그들이 이들로부터 깨달음을 얻을 수 있도록 했다. 슈아르 족은 환경을 보호하려는 자신들의 지혜와 전통적으로 내려오는 치료 방법을 다른 사람들과 나누고자 했다. 이후 몇 년 동안 이 지역을 방문하고 싶다는 문의가 쇄도했고 결국 '꿈을 바꾸기 위한 모임(Dream Change Coalition)'이라는 비영리 단체를 만들었다. 이 단체는 산업화된 나라에서 살아가는 사람들이 지구를 바라보는 관점을 바꾸고 사람과 지구와의 관계를 변화시켜 나가는 데 그 목적을 두고 있는 단체로서, 이를 본받아 세계 곳곳에서 비슷한 활동을 하는 많은 단체들이 생겨났다. 《타임》은 '지구의 날'이 추구하는 바를 가장 잘 표현하고 있는 웹사이트 열세 곳을 선정했는데 꿈을 바꾸기 위한 모임도 포함되었다.

1990년대에 나는 비영리 단체에 점점 많은 관심을 갖게 되었고 다른 조직들이 생겨날 수 있도록 도우면서 다른 단체의 이사로 활동하기도 했다. 이 단체들 중 상당수는 꿈을 바꾸기 위한 모임에서 열심히 일하던 사람들이 만든 것으로서 아마존에 있는 슈아르 족과 아추아르 족, 안데스 산맥에 있는 케추아 족, 과테말라에 있는 마야 족 등 남미에 있는 토착 주민들과 함께 활동하거나 미국과 유럽에 있는 사람들에게 이들 문화에 관해 가르치는 일을 했다. 스톤앤드웹스터에서는 내가 이런 인도적 활동을 할 수 있도록 승인해 주었다. 사실 비영리 단체의 목적은 스톤앤드웹스터가 공동 모금회 활동에 참여하는 것과 크게 다를 바가 없었다. 나는 책 몇 권을 더 썼지만, 언제나 남미 토착 문화에 대해서 알리고자 했으며 경제 저격수의 활동과 관련한 내용은 피했다. 이런 활동들을 통해 지루함을 달랠 수 있었을 뿐 아니라 내게 소중한 기억을 선사한 남아메리카와 그 지역의 정세에 계속 관심을 유지할 수 있었다.

이렇게 비영리 활동에 참여하고 글을 쓰면서 내가 저지른 잘못들이 어느 정도 지워지고 있다고 믿으려고 노력했지만 쉽지 않았다. 나는 나 자신의 책임을 딸에게 떠넘기고 있다는 것을 알고 있었다. 제시카는 수백만 아이들이 평생 동안 절대로 갚지 못할 빚을 떠안고 태어나는 세상을 물려받을 참이었다. 내가 바로 그 책임을 져야 했다.

내 책은 많은 인기를 얻었다. 특히 『세상은 당신이 원하는 대로 이루어진다』라는 제목의 책이 독자들의 큰 사랑을 받았다. 책이 인기를 얻자 여러 곳에서 강연 요청이 들어왔다. 보스턴, 뉴욕, 밀라노 등지의 청중들 앞에 서서 강연을 하다가 문득문득 아이러니한 상황에 놀라지 않을 수 없었다. 세상이 내가 원하는 대로 이루어진다면 나는 왜 이 따위 세상을 꿈꾼 걸까? 이런 악몽이 현실이 되도록 나는 어떤 일을 해 온 것인가?

1997년, 카리브 해에 있는 오메가 연구소에서 열린 워크숍에 일주일 동안 참석하게 되었다. 나는 당시 세인트 존 섬에 있는 한 리조트에 여장을 풀었다. 리조트에 도착한 시간은 늦은 밤이었다. 다음날 아침 눈을 뜬 후 자그마한 발코니로 나가서 창 밖을 내려다보니, 17년 전에 메인에서 나와야겠다고 결심했던 바로 그 장소가 보였다. 나는 의자에 털썩 주저앉아 감정이 격해지는 걸 느꼈다.

일주일 내내 시간 날 때마다 발코니에 서서 레인스터 만을 바라보며 내가 느끼는 기분이 어떤 것인지 이해하려고 했다. 결국 내가 메인을 관두긴 했지만 그 다음 단계로 나아가지 못했으며, 여전히 모호한 중간 지대에 서 있기 때문에 그 대가를 치르고 있음을 깨달았다. 워크숍이 끝날 무렵 나를 둘러싼 세상은 내가 원했던 모습이 아니며 그동안 학생들에게 가르쳤던 것과 똑같이 내가 진정으로 원하는 삶을 만들기 위해 나도 꿈을 바꿀 필요가 있다는 결론을 내렸다.

집으로 돌아온 후 나는 더 이상 컨설팅 일을 하지 않겠다고 통보했다. 나를 고용했던 스톤앤드웹스터 회장은 이미 퇴직한 후였다. 새 회장은 나보다 젊은 사람이었고 내가 어떤 이야기를 떠들어 댈지 걱정하지 않았다. 신임 회장은 비용 절감을 위해 힘썼고 더 이상 나에게 많은 돈을 지불할 필요가 없다는 사실에 기뻐했다.

나는 마침내 오랫동안 준비해 온 책을 완성하기로 결심했다. 그저 결심한 것만으로도 한결 마음이 가벼워졌다. 친한 친구들에게 글을 마무리하기로 했다는 결심을 알렸다. 이들은 대개 남아메리카 토착 문화와 우림 지역을 보존하는 비영리 단체에서 일하는 사람들이었다. 그러나 놀랍게도 이들은 내 생각에 반대했다. 이들은 내가 그동안 해 왔던 일을 세상에 알리면 강연할 기회가 줄어들고 내가 계속 후원해 온 비영리 단체들이 흔들리게 될까 봐 두려워했다. 우리는 아마존에 살고 있는 부족들이 석유 회사에 땅을 빼앗기지 않도록 돕고 있었다. 만일 내가 사실을 폭로하면 원주민들이 나를 신뢰하지 않게 되고 결국 모든 노력이 물거품이 될 수도 있다고 했다. 몇몇은 내가 책을 출판하면 더 이상 도와 주지 않겠다고 협박하기도 했다.

다시 한 번 집필을 중단할 수밖에 없었다. 대신 사람들을 좀 더 깊숙한 아마존으로 데리고 들어가 현대 문명의 손길이 거의 닿지 않은 곳과 그 속에서 살아가는 사람들을 보여 주었다. 2001년 9월 11일에도 나는 그곳에 있었다.

제32장

9 · 11 테러가 남긴 것들

2001년 9월 10일, 나는 『슈아르 족의 정신』이라는 책을 함께 쓴 샤카임 춤피와 함께 에콰도르 아마존 지역에 있는 강을 따라 여행하고 있었다. 우리는 북미 여행객 열여섯 명을 데리고 우림 지역 깊숙한 곳에 있는 슈아르 족 거주지로 들어가고 있었다. 방문객들은 슈아르 족에 관해 배우고 소중한 우림을 보존할 수 있도록 도우려고 그곳을 찾았다.

샤카임은 그 얼마 전에 일어난 에콰도르-페루 전쟁에 참전했다. 석유 소비국에서 살고 있는 사람들은 대개 이 전쟁이 일어났다는 것조차 알지 못했지만 이 전쟁은 석유 때문에 일어난 전쟁이었다. 양국은 국경을 사이에 두고 몇 년 동안 계속 다투어 왔으나 최근이 되어서야 해결 방법을 빨리 도출해야 한다는 목소리가 높아지고 있다. 해결을 서두르는 이유는 석유 회사들이 허가를 받고 석유를 채굴하려면 유전이 어느 나라에 속하는지 알아야 하기 때문이었다.

슈아르 족은 에콰도르 진영 선두에서 수비를 맡았다. 슈아르 족은 자신들보다 숫자가 훨씬 많고 더욱 뛰어난 장비로 무장한 적군을 무찌르며 용감한 전사의 모습을 유감없이 보여 주었다. 그들은 전쟁 이면의 정치 상황이나 전쟁이 끝나고 나면 석유 회사들이 들어올 여지가 생긴다는 사실을 알지 못했다. 그들은 그저 오랫동안 전사로 살아왔고 외국 병사들이 영토 내로 들어오는 것을 두고 볼 수 없었기 때문에 싸우기 시작했다.

우리는 앵무새 한 무리가 소리를 내면서 머리 위로 날아가는 모습을 바라보며 강을 따라 내려갔다. 나는 샤카임에게 여전히 휴전 상태가 지속되고 있는지 물어보았다.

"그럼요. 하지만 우리는 당신들과 또 다른 전쟁을 벌이기 위해서 준비하고 있어요."

샤카임은 물론 여기서 자신이 말하는 상대가 내 자신이나 함께 여행하고 있는 사람들을 가리키는 건 아니라고 설명했다.

"당신들은 우리 친구잖아요."

샤카임은 나를 안심시키면서 미국 석유 회사들과 이들을 보호하기 위해 함께 정글로 들어오는 미국 군대에 관해 얘기를 이어 갔다.

"우리는 그 사람들이 와오라니 족에게 한 짓을 똑똑히 지켜봤어요. 그들은 와오라니 족의 숲을 짓밟고 강을 오염시키고 어른 아이할 것 없이 수많은 사람들을 죽였어요. 지금 와오라니 족은 거의 남아 있질 않아요. 이런 일이 우리에게도 똑같이 일어나도록 내버려 두진 않을 거에요. 우리는 페루 사람들이 우리 땅에 들어오지 못하도록 한 것보다 더 열심히 싸워서 석유 회사들이 우리 영토 내로 들어오지 못하게 할 거예요. 우리는 모두 목숨을 바쳐 죽을 때까지 싸우기로 맹세했어요."

그날 밤 함께 여행 간 사람들은 잘게 쪼갠 대나무 판으로 벽을 쌓고 마른 잎으로 지붕을 이은 슈아르 족의 아름다운 공동주택 앞에 모닥불을 피워 놓고 둘러앉았다. 나는 사람들에게 샤카임과 나누었던 대화를 들려 주었다. 우리는 모두 이 지구상에서 얼마나 많은 사람들이 미국 석유 회사들과 미국에 대해 그와 비슷한 감정을 느끼고 있을지 궁금해졌다. 얼마나 많은 사람들이 슈아르 족과 마찬가지로 우리가 자신들의 삶 속에 파고들어가 그 문화와 땅을 파괴해 버릴까 봐 두려워하고 있을까? 얼마나 많은 사람들이 우리를 미워할까?

다음날 아침, 송수신 무전기가 있는 작은 사무실에 들렀다. 며칠 후에 우리를 태워 갈 기장을 찾아보려고 무전기를 들었다. 갑자기 비명이 들려왔다.

"이럴 수가!"

나와 통화하던 사람이 소리를 질렀다.

"뉴욕이 공격 당하고 있어요."

소리를 질렀던 남자는 배경 음악이 흘러나오는 라디오 프로그램을 틀었다. 30여 분 동안 나는 미국에서 일어난 일들에 관해 시시각각 정보를 얻을 수 있었다. 다른 사람들과 마찬가지로 평생 잊지 못할 순간이었다.

플로리다에 있는 집으로 돌아오자 전에 세계 무역 센터가 있었던 테러 현장을 찾아가야겠다는 생각이 들어서 뉴욕으로 다시 날아갔다. 오후 일찍 중심가에서 조금 떨어진 호텔에 투숙했다. 청명한 11월 오후였다. 왠지 계절에 어울리지 않게 날씨가 상쾌했다. 벅찬 가슴을 안고 센트럴 파크를 지나서 한때 내가 많은 시간을 보냈던 뉴욕

이라는 도시의 일부이며 월 가 근처에 있는, 이제는 '그라운드 제로' 라고 불리는 곳으로 향했다.

목표 지점에 점점 가까이 다가갈수록 가슴이 차갑게 식고 공포가 밀려왔다. 눈앞에 보이는 광경과 냄새는 너무나 끔찍했다. 모든 것이 믿을 수 없을 정도로 파괴되어 있었고 한때 위용을 자랑하던 건물들은 비틀어지고 녹아내려 쓰레기 더미로 뒤바뀌어 있었다. 연기, 까맣게 타 버린 잔해들, 불에 탄 사람들의 시신에서 고약한 냄새가 풍겨왔다. 텔레비전에서 계속 방송을 보았지만 직접 와서 보니 다른 느낌이었다.

나는 이런 광경을 볼 준비가 되어 있지 않았다. 특히 사람들의 모습을 대할 준비를 전혀 하지 못했다. 사건이 발생한 지 두 달이 지났고 주위에는 여전히 사람들이 많았다. 부근에 사는 사람들, 그곳에서 일하는 사람들, 현장에서 살아난 사람들도 있다. 이집트 계로 보이는 남자가 조그만 신발 수리점 밖을 어슬렁거리면서 믿을 수 없다는 듯이 머리를 저었다.

"아무리 봐도 익숙해지지가 않아요."

그가 중얼거렸다.

"나는 고객들도 잃었고 친구들도 잃었어요. 내 조카도 저기서 죽었지요."

그는 푸른 하늘을 가리키며 말했다.

"어쩌면 그 애가 뛰어내리는 걸 본 것 같기도 해요. 아니, 잘 모르겠어요. 많은 사람들이 뛰어내렸어요. 손을 벌리고 날기라도 할 듯이 팔을 퍼덕이면서 말이죠."

사람들이 얘기하는 방식은 나를 놀라게 했다. 뉴욕이라는 도시에 사는 사람들은 단순히 언어로만 대화를 나누는 것이 아니었다. 그들은 서로의 눈을 쳐다보았다. 얼굴에는 여전히 어두운 흔적이 남아 있었지만 연민과 함께 어렴풋한 미소가 떠올랐다. 백만 마디 말보다 더 훌륭한 대화 방법이었다.

그곳에는 변한 것이 또 있었다. 처음에는 달라진 점을 알아차리지 못했다. 그러나 빛을 느낄 수 있었다. 회사를 설립할 자금을 조달하려고 이곳에 들렀을 때에도, 국제 무역 센터 빌딩에 있는 '윈도스 온 더 월드'라는 식당에서 투자 은행 담당자들과 식사를 하면서 전략을 세우던 당시에도 맨해튼 남부는 어두운 협곡과 같았다. 빛을 보려면 무역 센터 꼭대기까지 올라가야 했다. 그러나 이제 거리에서도 빛이 보였다. 협곡이 사라지고 건물의 잔해가 태양빛을 받아 반짝이는 거리에서 사람들이 오갔다. 하늘과 빛이 사람들의 가슴을 열 수는 없는 건지 궁금했다. 잠깐 동안이었지만 이런 생각을 하고 있다는 사실에 죄책감이 들었다.

트리티니 교회에서 방향을 바꾸어 월 가를 향해 내려갔다. 여전히 어둠 속에 묻혀 있는 예전 모습 그대로의 뉴욕이었다. 하늘도 없고 빛도 없었다. 사람들은 서로 시선을 피하며 서둘러 걷고 있었다. 차도에 차가 멈추어 서자 경찰이 소리를 질렀다.

나는 월 가 14번지에 있는 건물의 계단에 앉았다. 어디선가 다른 소음들을 모두 덮어 버릴 만큼 거대한 팬과 송풍기가 돌아가는 소리가 들려왔다. 뉴욕 증권 거래소 건물의 육중한 석벽에서 나오는 소리 같았다. 나는 사람들을 관찰했다. 거리의 많은 사람들, 사무실을 나오는 사람, 서둘러 집으로 가는 사람, 사업 얘기를 나누려고 레스토랑이나 바로 가는 사람들이 보였다. 줄지어서 걷는 사람들도 있고 애기를 나누며 길을 가는 사람들도 있었다. 그러나 대다수 홀로 조용히 걷고 있었다. 누군가와 눈을 마주쳐 보려 했지만 그럴 수 없었다.

갑자기 거리 아래쪽에서 자동차 경고음이 울려 퍼졌다. 그리고 한 남자가 사무실에서 뛰쳐나오더니 자동차를 향해 열쇠를 치켜들었다. 경고음이 꺼졌다. 나는 한참 동안 같은 자리에 앉아 있었다. 주머니에 손을 넣어 통계 수치가 적힌 반듯하게 접혀 있는 종이를 꺼냈다.

그때 한 남자가 보였다. 그 남자는 고개를 푹 숙인 채 천천히 거리를 따라 내려왔다. 성긴 회색 수염을 기른 남자는 따뜻한 오후의 월가에 전혀 어울리지 않는 더러운 외투를 입고 있었다. 그는 아프가니스탄 사람처럼 보였다.

그가 나를 쳐다봤다. 그런 다음 잠깐 동안 망설이더니 계단을 올라왔다. 공손하게 고개를 끄덕하더니 1미터 정도 떨어져 앉았다. 멍하니 앞만 바라보고 있는 걸 보니 내가 먼저 얘기를 꺼내야 할 것 같았다.

"날씨 참 좋죠."

"그러네요."

남자의 억양은 매우 두드러졌다.

"항상 이러면 좋겠어요. 이런 시절에는 사람들에게 햇빛이 필요하니까요."

"세계 무역 센터 때문이라는 얘긴가요?"

남자는 고개를 끄덕였다.

"아프가니스탄에서 오셨군요?"

남자는 나를 쳐다봤다.

"그렇게 표시가 많이 나요?"

"저는 여행을 많이 다녔거든요. 최근에는 히말라야와 카슈미르에

갔다 왔지요."

"카슈미르."

남자는 수염을 쓰다듬었다.

"전쟁."

"예. 인도와 파키스탄, 힌두교와 이슬람교. 그곳에 가 보면 종교에 대해 고민하게 되죠. 그렇지 않나요?"

그와 눈이 마주쳤다. 남자의 눈은 검은색에 가까운 짙은 갈색이었다. 왠지 똑똑해 보이기도 하고 슬퍼 보이기도 했다. 남자는 뉴욕 증권 거래소 건물로 눈을 돌렸다. 그러고는 길고 울퉁불퉁한 손가락으로 거래소 건물을 가리켰다.

"그렇죠. 어쩌면 종교가 아니라 경제적인 문제일 수도 있죠."

나는 그의 뜻에 동의하듯 말했다.

"당신은 군인인가요?"

그가 묻자 나는 웃음을 터뜨렸다.

"아니요. 경제 컨설턴트입니다."

나는 통계치가 적힌 종이를 건네주었다.

"이게 바로 내 무기죠."

남자는 손을 뻗쳐서 종이를 건네받았다.

"숫자로군요."

"세계 곳곳에 관한 통계죠."

남자는 종이를 한참 들여다보더니 살짝 웃었다.

"난 읽을 줄 몰라요."

남자는 종이를 다시 내게 돌려주었다.

"거기에는 매일 2만 4천 명이 기아로 죽어 간다고 적혀 있어요."

남자는 가볍게 휘파람을 불더니 잠깐 동안 생각하다가 한숨을 지었다.

"나도 그들 중 한 명이 될 뻔했죠. 칸다하르 근처에서 작은 석류 농장을 경영했어요. 어느 날 러시아 사람들이 왔고 이슬람 전사들이 나무와 수로 근처에 숨어 있었어요."

남자는 손을 들어올리더니 총 쏘는 시늉을 했다.

"매복하고 있었던 거죠."

그는 다시 손을 내렸다.

"나무와 수로가 모두 망가져 버렸어요."

"그래서 어떻게 하셨어요?"

남자는 내가 들고 있는 종이를 향해 고개를 까딱했다.

"거지가 몇 명인지도 적혀 있어요?"

내가 들고 있던 종이에는 적혀 있지 않았지만 그 수치는 기억하고 있었다.

"전 세계 사람들 중 8백만 명 정도가 거지라고 했던 것 같네요."

"나도 그중 한 명이었어요."

남자는 고개를 흔들었다. 생각에 잠기는 모습이었다. 몇 분 동안 말없이 앉아 있던 남자가 다시 말을 이었다.

"나는 구걸하고 싶지 않아요. 내 아이가 죽을지도 몰라요. 그래서 양귀비를 키우죠."

"아편 말인가요?"

남자는 어깨를 으쓱했다.

"나무도 없고 물도 없죠. 그게 내가 가족들을 먹여 살릴 수 있는 유일한 방법이에요."

울컥하는 기분이 밀려왔다. 슬픔과 죄책감이 뒤섞여 기분이 가라앉았다.

"우리는 아편을 기르는 사람들을 악마라고 하죠. 그렇지만 우리나라에서 가장 부유한 사람들도 마약 거래로 돈을 벌었답니다."

다시 눈이 마주쳤다. 남자의 눈은 내 영혼을 꿰뚫어 보는 듯했었다.

"당신은 군인이 맞군요."

남자는 혼자 머리를 끄덕이며 확신했다. 그런 다음 천천히 일어나 계단을 내려갔다. 그가 가지 말았으면 했지만 할 말이 없었다. 나는 가까스로 일어나 남자를 쫓아갔다.

계단을 내려오다가 표지판을 보고 멈춰 서고 말았다. 내가 앉아 있었던 건물의 사진과 함께 뉴욕의 유서 깊은 지역임을 알리기 위해 표지판을 세워 두었다는 글귀가 눈에 띄었다. 표지판의 내용은 다음과 같았다.

베네치아 산마르코 성당의 종루 꼭대기에 할리카르나수스의 마우솔루스 왕 묘(세계 7대 불가사의 중 하나—옮긴이)를 쌓아 올린 듯한 건물을 월 가와 브로드웨이가 만나는 교차점에 짓는다는 것이 월 가 14번지에 있는 이 건물의 설계 이념입니다. 건축 당시 이 건물은 162미터나 되는 높이로 세상에서 가장 높은 건축물이었습니다. 원래 미국에서 가장 부유한 금융 기관인 뱅커스트러스트 본사가 있던 건물입니다.

나는 놀라움과 두려움에 사로잡힌 채 그 자리에 서서 빌딩을 올려다 보았다. 월 가 14번지에 있는 이 건물은 20세기에 들어서자마자 이후 세계 무역 센터가 맡게 되는 역할을 했다. 이곳이 바로 권력과 경제적 지배력의 상징이었다. 내가 설립한 회사에 자금을 조달해 주었던 곳 중 하나인 뱅커스트러스트도 이곳에 본사를 두었던 적이 있었다. 그러고 보니 이 건물은 나에게도 중요한 의미를 지닌 곳이었다. 나이 든 아프가니스탄 남자가 문득 꺼낸 말처럼 내게 군인으로서의 자질을 남겨 주었는지도 모른다.

그 남자와 얘기를 나누면서 하루를 마무리하게 된 것도 또 하나의 우연인 듯싶었다. 우연. 이 우연이라는 단어에 생각이 미치자 우연에 어떻게 반응하느냐가 인생을 결정한다는 생각이 들었다. 그렇다면 이번에는 어떻게 반응해야 할까?

계속 걸어가면서 사람들의 얼굴을 쳐다보았지만 남자의 흔적을 찾을 수 없었다. 바로 옆 건물에는 푸른 비닐로 덮인 거대한 동상이 서 있었다. 건물 앞에 있는 돌에는 이 건물이 월 가 26번지에 있는 연방 청사라고 적혀 있었다. 이 건물은 1978년 4월 30일 워싱턴이 미국의 초대 대통령으로서 서약을 한 장소였다. 미국 최초의 대통령이 모든 사람들에게 생명과 자유와 행복을 추구할 권리를 보장해 주겠다고 선서한 바로 그 장소였다. 테러가 일어난 장소와 아주 가까웠으며 월 가와도 너무나 가까운 곳이었다.

그 주위를 계속 돌아다니다가 파인 가로 갔다. 거기서 데이비드 록 펠러가 설립한 은행이며 석유로 돈을 벌어 나 같은 사람들에게 보수를 주는 체이스 은행의 세계 본사를 보았다. 이 은행은 경제 저격수를 후원할 뿐 아니라 세계 제국을 건설하는 데 도움을 주는 괴물, 즉 기업 정치의 상징이라고 할 수 있는 장소였다.

어디선가 세계 무역 센터는 1960년 데이비드 록펠러가 시작한 프로젝트이며 최근에는 걱정거리가 되기 시작했다고 들은 적이 있다. 재정 상태가 부실하고 첨단 광섬유 인터넷 기술을 사용하기에도 적합하지 않으며, 비효율적이고 비용이 많이 드는 엘리베이터도 문제라는 얘기가 있었다. 우뚝 솟아오른 두 대형 건물은 각각 데이비드와 넬슨이라고 불렸다. 이제 이 골칫거리가 사라져 버렸다.

나는 계속해서 느릿느릿 걸었다. 날씨는 따뜻했지만 한기가 느껴졌고 왠지 모를 불안함과 불길한 예감이 엄습했다. 왜 그런 느낌이 드는지 도무지 이해가 되지 않았다. 그 기분을 떨쳐 버리려고 애를 쓰며 걸음을 재촉했다. 계속 걷다 보니 구멍에서 연기가 피어나고 철재가 뒤틀려 있고 땅에 상처가 남아 있는 모습이 다시 보였다. 가까스로 파괴를 모면한 건물에 기대어 서서 그 광경을 바라봤다. 사람들이 무너지는 건물 밖으로 뛰어나오고 이들을 구하기 위해 달려 들어가는 소방관의 모습을 떠올리려고 애썼다. 뛰어내리는 사람들, 그들이 느꼈을 좌절감을 생각하려고 노력했다. 그러나 아무 생각도 나지 않았다.

대신, 오사마 빈라덴이 미국 정부와 계약을 맺은 컨설팅 업체 직원으로부터 돈을 챙기고 수백만 달러에 상당하는 무기를 넘겨받는 모습이 떠올랐다. 그 속에서 텅 빈 화면을 바라보며 컴퓨터 앞에 앉아 있는 내 모습도 떠올랐다.

그라운드 제로에서 눈을 돌려 폭발을 피하고 정상으로 돌아가고 있는 뉴욕의 모습을 둘러봤다. 오늘 저 거리를 걸어가고 있는 사람들은 무슨 생각을 하고 있을지 궁금해졌다. 그저 건물이 무너졌다는 사실뿐 아니라 파괴된 석류 농장이나 매일 2만 4천 명이 죽어가고 있다는 생각도 하는지 궁금했다. 그들이 과연 직장, 석유를 게걸스럽게 먹어 대는 자동차, 은행 대출금 이자 따위를 잠시 잊고, 자기 아이들에게 물려줄 세상을 위해서 과연 무얼 할 수 있을지 고민하는지 궁금했다. 그들이 아프가니스탄에 관해서 무엇을 알고 있는지 궁금해졌다. 텔레비전에 나오는 아프가니스탄, 미국 군인들이 쳐 놓은 천막과 탱크로 뒤덮인 아프가니스탄이 아니라, 좀 전에 만난 나이 많은 남자의 고향인 아프가니스탄에 관해 무엇을 알고 있는지 궁금했다. 이들이 매일 배가 고파서 죽어 가는 2만 4천 명을 두고 무슨 생각을 할지 궁금했다.

정신을 차려 보니 컴퓨터 화면은 여전히 텅 빈 상태였다.

일부러 테러 현장으로 신경을 돌리려고 노력했다. 그때 한 가지 분명한 사실이 떠올랐다. 내 조국은 복수를 꿈꾸고 있다. 지금 미국은 아프가니스탄 같은 나라들에 초점을 맞추고 있다. 그러나 아프가니스탄이 아니더라도 세계 곳곳 수많은 나라의 국민들이 미국의 기업, 군대, 정책을 혐오하고 세계 제국으로 뻗어 나가려는 미국인들의 야욕을 비웃는다.

그렇다면 파나마, 에콰도르, 인도네시아, 이란, 과테말라, 아프리카에 있는 나라들은 어떨까?

벽에 기대고 있던 몸을 일으켜 다시 걸어가기 시작했다. 피부가 거무스름한 남자가 신문을 흔들어 대며 에스파냐 어로 소리쳤다. 나는 그 자리에 멈춰 섰다.

"베네수엘라에서 혁명이 일어나려고 합니다!"

남자는 자동차 소리, 빵빵거리는 경적 소리, 시끄러운 사람들 소리보다 더 크게 외쳐 댔다.

나는 신문을 한 부 산 다음 그 자리에 서서 머리기사를 읽었다. 기사는 민주적으로 선출된 베네수엘라의 대통령이자 반미 인사인 우고 차베스와 남미에서 미국의 정책이 유발한 증오의 물결에 관한 내용이었다.

베네수엘라는 앞으로 어떻게 될까?

제33장
사담 후세인 덕에 살아난 베네수엘라

　나는 여러 해 동안 관심을 갖고 베네수엘라를 지켜보았다. 베네수엘라는 석유 덕에 부자가 된 나라의 전형적인 모습을 하고 있었다. 석유가 가져다준 부로 인해 혼란을 겪기도 하고 빈부 격차도 커졌으며, 부끄럽게도 미국의 기업 정치가 기승을 부리는 나라이기도 했다. 또한 같은 과거의 경제 저격수들이 사라지고 대신 새로운 형태의 기업 중역들이 우리와 같은 역할을 하고 있는 나라이기도 했다.

　그날 세계 무역 센터 자리에서 읽었던 기사 내용은 1998년 대선 당시 가난하고 소외된 사람들의 지지로 우고 차베스가 낙승한 데서 기인했다. 우고 차베스는 당선되자마자 급진적인 방법들을 도입하여 법원과 다른 조직을 장악하고 베네수엘라 의회를 해산시켰다. 차베스는 공공연하게 미국의 "수치스러움도 모르는 제국주의"를 비난하며 세계화에 반대하는 목소리를 높였고, 에콰도르의 하이메 롤도스 대통령이 헬리콥터 사고로 사망하기 직전에 도입했던 탄화수소법안을 마찬가지로 도입했다. 이 법안은 외국 석유 업체들에게 로열티를 두 배로 부과하는 내용을 포함하고 있었다. 그런 다음 차베스 대통령은 오랫동안 독립성을 유지해 온 국영 석유 회사 '페트롤레오스데베네수엘라'의 중역을 몰아내고 측근을 그 자리에 앉혔다.

베네수엘라의 석유는 세계 경제에서 중요한 역할을 하게 되었다. 2002년 베네수엘라는 세계에서 네 번째로 규모가 큰 석유 수출 국가가 되었고 미국의 3대 석유 수입국이 되었다. 직원을 4만 명이나 거느리고 연간 500억 달러의 매출을 올리는 페트롤레오스 데 베네수엘라에서 수출하는 석유는 베네수엘라 전체 수출 수익 중 80퍼센트를 차지했다. 베네수엘라 경제에서 가장 중요한 역할을 하게 된 것이다. 차베스는 다른 산업으로 영향력을 뻗어 나가면서 점차 세계 무대에서 중요한 인물이 되었다.

많은 사람들이 이러한 변화를 운명으로 받아들였고 80여 년 전에 시작된 일이 마무리되는 것이라고 여겼다. 1922년 12월 14일, 마라카이보 근처에 있는 땅에서 엄청난 양의 석유가 분출했다. 사흘 동안 석유가 하루에 수십만 배럴씩 하늘로 솟구쳤다. 이 한순간의 사건이 베네수엘라의 운명을 영원히 바꿔 놓았다. 1930년 베네수엘라는 세계에서 가장 큰 석유 수출국이 되었다. 베네수엘라 사람들은 석유가 모든 문제를 해결해 줄 거라고 믿었다.

이후 40년 동안 벌어들인 석유 수입으로 베네수엘라는 세계에서 가장 가난한 나라 중 하나에서 남미에서 가장 부유한 나라 중 하나로 발돋움할 수 있었다. 베네수엘라의 모든 통계치가 변했다. 보건, 교육, 취업, 수명, 영아 생존율까지 모두 개선되었다. 산업도 번창했다.

1973년 석유 수출국 기구에서 석유 수출을 중단하자 석유 가격이

천정부지로 치솟았고, 베네수엘라의 국가 예산은 네 배로 뛰어올랐다. 경제 저격수들이 손을 쓰기 시작했다. 세계적인 은행들이 사회 기반 시설을 마련하고 산업 프로젝트를 실행하여 고층 건물을 세워 주겠다며 베네수엘라 정부에 엄청난 부채를 떠안겼다. 이후 1980년 대가 되자 기업가의 탈을 쓴 경제 저격수들이 찾아왔다. 이들에게 당시는 성장하는 베네수엘라를 이용할 절호의 기회였다. 베네수엘라의 중산층이 점점 늘어나자 다양한 상품을 판매할 수 있는 시장이 형성됐다. 그러나 가난에 허덕이는 사람들도 여전히 많았으므로 영세한 공장에서 노동력을 구하기란 어렵지 않았다.

그러다가 석유 가격이 폭락하자 베네수엘라는 빚을 갚을 수가 없게 되었다. 1989년, 국제 통화 기금은 긴축 재정을 실시할 것을 요구하며 베네수엘라를 압박하여 미국의 기업 정치에 종속시키려고 했다. 베네수엘라에서는 폭력적인 반응이 나타났다. 폭동이 일어나 이백 명이 넘는 사람들이 목숨을 잃었다. 석유가 화수분처럼 끊임없이 돈이 뿜어낼 거라던 희망은 산산조각이 났다. 1978년과 2003년 사이에 베네수엘라의 1인당 임금은 40퍼센트 이상 하락했다.

가난한 사람이 늘어가자 분노도 커져 갔다. 빈부 격차가 생겨나고 중산층과 빈민층은 대립했다. 석유 의존도가 높은 나라에서 흔히 나타나는 현상 그대로 인구 구성도 급격하게 바뀌었다. 경제가 나빠지면 중산층이 가장 큰 타격을 입어 가난의 나락으로 떨어지는 법이다.

가난한 사람들이 늘어난 덕에 차베스가 등장하게 되었고 미국과도 갈등이 생겼다. 우고 차베스는 대통령에 당선된 후 부시 행정부의 정책과 반대되는 정책을 계속 밀고 나갔다. 9·11 테러가 일어나기 직전에 미국 정계는 베네수엘라를 어떻게 해야 할지 고심하고 있었다.

경제 저격수가 실패했다. 이제 자칼을 보내야 할 때인가?

그러나 9 · 11 테러가 일어나자 우선순위가 달라졌다. 부시 대통령과 측근들은 아프가니스탄과 이라크를 치려는 미국의 계획에 동조해 달라고 국제 사회에 호소했다. 무엇보다 미국 경제가 불황에 허덕이고 있었다. 베네수엘라는 뒷전으로 밀려났다. 그러나 언젠가 부시와 차베스가 다시 맞붙을 것임은 너무나 자명했다. 이라크와 다른 중동 산유국들이 미국을 협박하기 시작하자 미국은 더 이상 베네수엘라를 방치할 수 없게 되었다.

참사 현장과 월 스트리트 주위를 걷다가 늙은 아프가니스탄 남자를 만나고 베네수엘라에 대한 기사를 읽다 보니, 몇 년 동안 피하려고 했던 순간이 오고 말았다. 지난 삼십 여 년 간 내가 해 온 일의 결과가 무엇인지 직면해야 하는 상황에 맞닥뜨렸다. 내가 맡았던 역할과 경제 저격수로 일했다는 사실이 내 딸의 세대에 부정적인 영향을 미칠 거라는 사실을 부인할 수 없었다. 내가 그동안 해 온 일을 속죄하기 위해 행동을 개시하는 순간을 더 이상 늦출 수가 없었다. 내 삶에 관해 진실하게 털어놓고 사람들에게 기업 정치에 대해서 알리고 왜 그토록 많은 사람들이 우리 미국인들을 미워하는지 이해할 수 있도록 도와야만 했다.

나는 다시 글을 쓰기 시작했고, 내가 쓰려는 이야기들이 너무 오래 전 일인 것만 같아서 좀 더 최근의 정보가 필요하다는 생각이 들었다. 아프가니스탄, 이라크, 베네수엘라를 방문하여 세 나라의 최근 자료를 찾아서 글을 쓸까 생각했다. 이들이 세상에서 일어나는 사건들의 아이러니한 모습을 구체적으로 보여 주고 있다는 생각이 들었다. 세 나라는 저마다 끔찍한 정치적 혼란을 겪었고 지도자들은 국민들의 희망을 실현시켜 주지 못한 채 떠나 버렸다.(잔인하고 독재적인 탈레반, 정신병자에 가까운 사담, 경제적인 면에서 서투른 차베스 말이다.) 어떤 경우에도 미국의 기업 정치는 각 나라의 근본 문제를 해결하기 위해 노력하지 않았다. 여러 가지 측면에서 베네수엘라의 상황이 가장 복잡했다. 이미 아프가니스탄에서 무력 개입을 감행했고 이라크에서도 군사적인 방법을 강구할 수밖에 없을 것으로 보이던 부시 행정부가 차베스를 어떻게 처리할지는 여전히 불확실했다. 내가 생각할 때 차베스가 좋은 지도자인지 아닌지는 문제가 아니었다. 정작 중요한 것은 미국의 기업 정치가 세계로 뻗어 나가는 걸 방해하는 지도자에 대한 미국 정부의 반응이었다.

그러나 내가 여행을 준비하기도 전에 상황이 바뀌었다. 나는 비영리 단체 일과 관련하여 2002년에 남미를 여러 번 방문했다. 차베스 정권이 들어서고 나서 파산한 어느 베네수엘라 집안 사람들이 내가 이끄는 아마존 기행에 참여했다. 나는 그들과 친한 친구가 되었고 그들의 이야기를 들을 수 있었다. 이들과 달리 차베스를 구세주라고 부르는 사람들도 만나 보았다. 수도 카라카스(베네수엘라의 수도―옮긴이)에서 일어난 일들은 우리 경제 저격수들이 만들어 낸 세상의 결과물이었다.

2002년 12월, 베네수엘라와 이라크의 상황이 모두 극에 달했다. 그러나 두 나라의 상황은 정반대였다. 이라크에서는 경제 저격수와 자칼을 통해 사담을 굴복시키려던 은밀한 노력이 모두 실패하는 바람에 미국 정부가 최후의 수단인 전쟁을 고려하고 있었다. 반면 베네수엘라에서는 예전 커미트 루스벨트가 이란에서 사용했던 방법이 그대로 적용될 참이었다. 《뉴욕 타임스》는 다음과 같이 보도했다.

수십만 베네수엘라 국민들이 거리를 가득 메우고 우고 차베스 대통령을 몰아내기 위해 28일째 총파업을 계속할 거라고 오늘 선언했다.

석유 노동자 삼만여 명이 참가한 이번 파업은 세계에서 다섯 번째로 큰 산유국에 앞으로 몇 달간 엄청난 손해를 끼칠지도 모른다.

지난 며칠 동안 파업은 교착 상태에 이르렀다. 차베스 대통령은 파업에 참가하지 않은 노동자들을 이용하여 국영 석유 회사의 조업을 정상화했다. 그러나 차베스에 반대하는 기업과 노조 연합은 계속해서 회사에 위협을 가하여 차베스 정부를 쓰러뜨릴 것이라고 다짐했다.

바로 미 중앙 정보국에서 이란 총리 모사데그를 끌어내리고 팔레비 국왕을 그 자리에 앉힌 방법과 완전히 똑같았다. 역사가 오십여 년이 지난 시점에서 다시 반복되고 있는 듯했다. 시간이 흘러도 석유는 여전히 모든 음모의 원동력이었다.

2003년 1월 4일, 차베스 옹호 세력이 반대 세력과 충돌을 일으켰다. 두 명이 숨지고 열 명이 넘게 부상을 입었다. 다음날, 나는 오랫동안 자칼로서 활동해 온 오랜 친구를 만났다. 나와 마찬가지로 이 친구도 직접적으로 정부를 위해 일하지는 않았지만 여러 나라에서 은밀하게 작전을 수행해 왔다. 그는 자신을 찾아와 카라카스에서 파업을 일으키고 군 장교들을 매수하여(이들은 대부분 파나마 운하 구역에 있는 미 육군 군사 학교에서 교육받은 사람들이다.) 자신들이 선출한 대통령을 몰아내도록 도와 달라고 부탁했다고 했다. 그는 그 청을 거절했다고 하면서 털어놓았다.

"지금껏 그 일을 해 온 남자는 이제 자기가 하는 일이 무언지 깨달았거든."

같은 달인 2003년 7월, 원유 가격은 폭등했고 미국의 원유 비축량은 26년 만에 최저를 기록했다. 중동 상황을 고려해 볼 때 미국 정부는 차베스를 제거하기 위해 총력을 기울여야 한다는 사실을 알게 되었다. 결국 그들이 성공했다는 뉴스가 들려왔다. 마침내 차베스를 몰아낸 것이다.《뉴욕 타임스》는 이 사건들을 역사적 관점에서 보도하면서 베네수엘라에서 커미트 루스벨트와 같은 역할을 한 것으로 보이는 사람을 지목했다.

냉전이 시작된 이후 미국은 자국 정치 및 경제상의 이익을 위해서 중남미의 전체주의 정권들을 지원해 왔다.

미 중앙 정보국은 1954년 과테말라에서 쿠데타를 일으켜 민주적으로 선출된 정부를 전복시키고 사십여 년 동안 군소 좌파 반군 세력과 맞서는 우파 성향의 정부를 지지해 왔다.

칠레에서는 아우구스토 피노체트를 도와 쿠데타를 일으키도록 하고 1973년부터 1990년까지 권력을 휘두르도록 했다. 민주적인 방법으로 선출되었지만 힘이 없는 페루의 현 정권은 지금은 축출된 불명예스러운 알베르토 후지모리 대통령과, 평판이 나쁜 후지모리의 첩자였던 블라디미로 몬테시노스를 지난 10여 년 간 미 중앙 정보국이 어떻게 도왔는지 아직도 밝혀내지 못하고 있다.

미국은 마약 밀매를 이유로 거의 이십여 년 동안 미국을 위해 귀중한 정보를 제공해 온 마누엘 노리에가를 몰아내기 위해 1989년 파나마를 침공했다. 1980년대에는 니카라과의 좌파에 저항하는 비무장 반대 세력을 선동하기 위해 수단과 방법을 가리지 않았다. 심지어 현금을 받고 이란에 무기를 팔기도 했다. 그 결과 레이건 행정부의 고위 관료들이 기소되었다.

이들 중 유일하게 조사를 받은 사람은 남아메리카 전쟁 참전 용사였던 오토 라이히였다. 그러나 라이히의 혐의 중 그 어떤 것도 인정되지 않았다. 라이히는 이후 베네수엘라 주재 미국 대사로 임명되었고 나중에는 국무부의 미주 담당 차관보를 역임했다. 차베스 정권 전복이 그의 눈부신 업적이 된 것이다.

라이히와 부시 행정부는 차베스를 몰아내고 자축이라도 했겠지만 그 흥겨운 분위기는 금방 식어 버렸다. 놀랍게도 차베스는 축출된 지 일흔두 시간 만에 다시 권력을 쥐었다. 모사데그 이란 총리의 경우와 달리, 미 중앙 정보국이 고위 군 장교를 매수하려고 노력했는데도 베네수엘라 군대는 차베스의 편에 섰다. 또한 강력한 국영 석유 회사도 차베스의 편이었다. 페트롤레오스데베네수엘라는 파업 중인 수천 명을 뒤로 한 채 정상 조업에 들어갔다.

모든 소동이 가라앉고 나서 차베스는 석유 회사 직원들에 대한 통제를 강화하고 매수당한 몇몇 불충한 장교들을 숙청했으며, 주요 숙적들에 압력을 가하여 나라를 떠나도록 했다. 차베스는 미국을 위한 스파이 노릇을 하며 자칼들과 함께 전국적인 파업을 주도한 반대 세력 지도자 두 명에게 25년 형을 선고할 것을 요구했다.

결국 이 모든 사건들은 부시 행정부에 커다란 재앙이 되고 말았다. 《로스앤젤레스 타임스》에는 다음과 같은 기사가 실렸다.

지난 화요일, 부시 행정부의 각료들은 수개월 동안 베네수엘라 군 장교들과 민간 지도자들과 함께 차베스 대통령을 축출할 방법을 고심해 왔다는 사실을 인정했다. 미국 정부가 실패로 끝난 쿠데타를 어떻게 처리할지 귀추가 주목되고 있다.

경제 저격수뿐 아니라 자칼들까지 모두 실패했음은 너무나 자명했다. 2003년의 베네수엘라는 1953년의 이란과는 너무나 달랐다. 이번 사건이 어떤 전조인지 아니면 예외적인 경우일 뿐인지, 또 미국 정부의 반응은 어떨지 몹시 궁금했다.

적어도 한동안 나는 베네수엘라의 심각한 위기가 지나갔으며 차베스는 사담 후세인 덕에 목숨을 건졌다고 믿었다. 부시 행정부가 아프가니스탄, 이라크 그리고, 베네수엘라를 동시에 공격할 수는 없는 노릇이었다. 당시로서는 군사력이 부족하기도 했거니와 정치적인 지지 세력도 없었다. 그러나 정세는 곧 급변하게 마련이며 차베스 대통령은 곧 더욱 큰 저항에 부딪히게 된다는 걸 알고 있었다. 결과가 다르긴 했지만 베네수엘라는 지난 오십여 년 동안 제국을 키워 가기 위한 세부적인 방법은 크게 달라지지 않았다는 걸 상기시켜 주었다.

제34장
다시 찾은 에콰도르

베네수엘라는 전형적인 사례였다. 그곳에서 일어나는 사건들을 보고 있노라니 또 다른 나라에서 정작 중요한 전쟁이 일어나려 한다는 생각이 들었다. 이 전쟁이 중요한 이유는 돈이나 인간의 생명이 아니라 제국을 정의하는 물질적인 목적보다 훨씬 중요한 일들이 관련되어 있기 때문이었다. 이 전쟁은 은행 간부, 기업 중역, 정치인들뿐 아니라 현대 문명의 영혼 깊숙이 파고들고 있다. 그리고 이 전쟁은 내가 사랑했으며 평화 봉사단으로 활동했던 나라인 에콰도르에서 펼쳐지고 있었다.

내가 처음 찾은 1968년 이래 에콰도르는 기업 정치의 전형적인 희생양으로 변모해 왔다. 나와 동료들, 그리고 첨단 기업들이 모두 힘을 모아 에콰도르를 파산 지경으로 몰아갔다. 우리는 에콰도르에 수십억 달러나 되는 빚을 지워 미국의 토목 건설 업체를 고용하고 몇몇 부유한 가문들에게만 혜택이 돌아갈 프로젝트를 진행시켰다. 그 결과 30년 만에 공식적인 빈곤층이 50퍼센트에서 70퍼센트로 늘어 갔고 실업 상태이거나 일주일에 기껏 몇 시간밖에 일하지 못하는 사람들이 15퍼센트에서 70퍼센트로 증가했으며, 부채는 2억 4천만 달러에서 160억 달러로 급증했다. 그러나 에콰도르의 전체 인구 가운데 빈곤층에게 돌아가는 국가 자원 비율은 20퍼센트에서 6퍼센트로 줄어들었다. 안타깝게도 오늘날 에콰도르는 전체 국가 예산의 50퍼센트 가량을 극빈층으로 공인되는 수백만 국민들을 돕는 데 사용하는 것이 아니라, 빚을 갚기 위해 사용하고 있다.

에콰도르의 상황을 보면 이 모든 것이 음모로 인한 결과라기보다 미국에서 민주당과 공화당의 행정부가 번갈아 들어서는 동안 나타난 과정이자 주요 다국적 은행, 기업, 여러 나라의 해외 원조 기관들이 이 작은 나라에 개입하면서 나타난 과정이라고 볼 수 있다. 미국이 선도적인 역할을 하긴 했지만, 이 같은 결과를 미국 혼자 만들어 낸 건 아니었다.

에콰도르는 새 천년이 시작될 무렵 곤경에 빠져 있었다. 지난 삼십여 년 동안 에콰도르를 이 지경으로 만드는 데 수천 명이 동참했다. 나 같은 몇몇 사람들은 자신이 하는 일이 무엇인지 알고 있었을 테지만 대부분은 경영대, 공대, 법대에서 배운 내용을 그대로 실천했거나, 자신의 탐욕을 보상과 징계를 적절히 활용하는 나같은 회사 상사가 시키는 대로 일했을 뿐이다. 이런 사람들은 기껏해야 자신이 좋은 일을 하고 있다고 생각하며, 대개는 가난한 나라에 도움을 주고 있다고 믿는다.

이들은 진실을 알아차리지 못한 채 속고 있거나 대개는 착각하고 있으므로 이들이 비밀스러운 음모에 가담한 사람들이라고 보기 힘들다. 오히려 이들은 역사상 가장 효과적이면서도 겉으로 잘 드러나지 않는 형태의 제국주의를 만들어 내는 시스템의 산물이라고 할 수 있다. 아무도 뇌물을 주거나 협박을 해서 사람을 모집하지 않았다. 이들은 이미 기업, 은행, 정부 기관 등에 고용되어 있던 사람들이다. 월급, 상여금, 연금, 보험료 등이 곧 뇌물이며 사회적 관습, 동료들의 압박, 자녀의 미래에 대한 걱정 따위가 모두 협박이나 매한가지이다.

이 시스템은 놀라운 성과를 거두어 왔다. 21세기에 들어설 무렵 에콰도르는 완전히 덫에 걸린 상태였다. 마치 마피아가 딸의 결혼식 비용과 구멍가게 장사 밑천을 빌렸다가 갚지 못한 남자를 인질로 데리고 있듯, 미국에게는 에콰도르가 있었다. 에콰도르의 우림 지역에는 광활한 유전이 있으며 석유를 채굴할 날이 다가오고 있음을 알았기 때문에 미국은 인내심을 가질 수 있었다.

내가 스바루 아웃백을 타고 키토를 지나 구불구불한 길을 따라 셸이라는 정글 속 마을을 찾아가던 2003년 초, 그날은 이미 닥쳐 있었다. 베네수엘라에서는 차베스가 다시 정권을 장악했다. 차베스는 부시에 대항하여 승리했다. 사담은 이라크에서 미국의 침공에 맞설 준비를 하고 있었다. 석유 공급량이 삼십여 년 만에 최저치를 기록했고 미국의 유전에서 석유를 채굴할 것 같아 보이진 않았다. 따라서 기업 정치를 지탱하고 있는 조직의 재무제표도 흔들렸다. 그들에게는 비장의 카드가 필요했다. 드디어 에콰도르를 협박하여 그 살점을 뜯어낼 때가 된 것이다.

파스타사 강에 있는 괴물 같은 댐을 지나가면서 나는 에콰도르에서의 싸움이 비단 가난한 사람과 부유한 사람 사이의 전쟁이나 착취하는 자와 착취당하는 자의 전쟁이 아님을 깨달았다. 이 전쟁은 하나의 문명으로서 우리가 어떤 사람인지 정의하게 될 싸움이었다. 미국은 아마존 열대 우림을 미국의 석유 회사들에게 넘기도록 이 작은 나라를 몰아세우고 있었다. 미국의 욕심으로 인해 이 나라가 얼마나 파괴될지는 예측조차 할 수 없을 텐데 말이다.

미국이 계속해서 빚을 받아 내려고 한다면 그로 인한 반향은 헤아릴 수 없을 정도로 커질 것이 틀림없었다. 단지 문화, 사람의 목숨, 수십만 종에 달하는 동물, 파충류, 곤충, 식물, 아직 과학적으로 증명되지는 않았지만 특정 질병에 대한 치료 성분을 담고 있는 약초 등이 파괴되기 때문만은 아니었다. 비단 열대 우림이 공장에서 뿜어져 나오는 치명적인 온실 가스를 흡수하고 우리가 살아가기 위해 필수적인 산소를 뿜어내며 전 세계에서 필요로 하는 상당량의 깨끗한 물을 만들어 내는 구름을 생성하기 때문만도 아니다. 생태학자들이 이런 곳을 살려야 한다고 설명하기 위해 항상 늘어놓는 주장들을 넘어서, 우리 영혼을 건드리는 무언가가 있다.

미국이 지금과 같은 전략을 포기하지 않는다면 로마 제국이 생겨나기 훨씬 전부터 이 지구상에 존재했던 제국주의적인 방식이 앞으로도 이어질 수밖에 없다. 미국인들은 노예제를 비난하지만 그들이 만들어 낸 세계 제국은 로마 제국을 포함하여 그 어떤 식민 세력보다 훨씬 더 많은 사람들을 노예로 만들어 버렸다. 나는 에콰도르에서 이토록 근시안적인 정책을 실행하는 이들이 어떻게 양심을 갖고 살아갈 수 있는지 궁금했다.

차 창 밖으로 평화 봉사단으로 이곳에 왔을 당시에는 울창한 열대의 나무들이 서 있던 자리에 나무들이 뽑혀 나간 황량한 비탈이 펼쳐지는 광경을 바라보며, 나는 갑작스레 깨달았다. 내가 그동안 정작 중요한 전쟁은 에콰도르에서 일어날 것이라고 생각해 온 까닭은 지극히 개인적인 이유 때문이었다. 사실 내가 일해 온 모든 나라들, 제국에 의해 자원을 착취당한 모든 나라가 똑같이 중요했다. 그러나 순수함을 잃어버렸던 1960년대 말부터 나는 이 나라에 왠지 모를 친근함과 애정을 갖고 있었다. 순전히 개인적인 편견에서 비롯된 주관적인 애정이었다.

에콰도르의 열대 우림과 그 속에서 살아가고 있는 토착 주민들과 생명체들은 물론 모두 중요하지만, 이란에 있는 사막과 야민 같은 베두인 사람들도 그만큼 중요했다. 자바의 숲, 필리핀의 바다, 아시아의 대초원, 아프리카의 사바나, 북아메리카의 숲, 북극의 만년설, 기업 정치에 위협당하는 수백 개 장소들도 그만큼 소중했다. 이 모두가 하나의 전쟁터로서 우리에게 각 개인의 영혼과 사회 전체의 영혼을 성찰해 보게 만든다.

이 모든 것을 극명하게 보여 주는 통계가 떠올랐다. 1960년에는 전 세계 인구 중 상위 20퍼센트와 하위 20퍼센트의 임금 격차가 30대 1이었으나, 1995년이 되자 그 격차가 74대 1로 벌어졌다. 게다가 국제 원조에 참여하는 미국 국제 개발처와 국제 통화 기금 및 나머지 은행들, 기업들, 각국 정부들은 모두 올바른 일을 하고 있다고 얘기하며 그동안 많은 변화가 일어났다고 주장한다.

그래서 나는 그 수많은 전쟁터 중 하나이자 내 가슴 속에 특별한 장소로 남아 있던 에콰도르를 다시 찾았다. '평화'라는 단어가 들어가는 이름을 가진 한 단체의 일원으로 처음 이 나라를 방문한 지 35년 만이었다. 그러나 이제는 삼십여 년 전에 내가 퍼뜨린 전쟁의 불씨를 끄기 위해 그곳을 찾았다.

아프가니스탄, 이라크, 베네수엘라의 상황을 보면 미국이 또 다른 전쟁을 일으키기는 힘들어 보였다. 그러나 에콰도르의 상황은 매우 달랐다. 이 전쟁에는 미군이 참여할 필요가 없었다. 상대는 기껏 창과 칼, 단발식 권총, 총구로 탄환을 재는 구식 총으로 무장한 원주민 몇 천 명이었다. 에콰도르 군대, 몇몇 미군 특전부대 고문관, 석유 회사에서 고용하고 자칼이 훈련시킨 용병만 있으면 된다. 이 전쟁은 1995년 에콰도르와 페루 사이의 전쟁과 마찬가지로 대다수 미국 사람들은 일어났는지조차 모를 일이 될 터였다. 게다가 최근에 일어난 여러 가지 일들로 인해 미국인들은 전쟁이 일어나려고 한다는 사실조차 모르고 지나갈 듯싶었다.

2002년 12월, 석유 회사 대표들은 어느 부락에서 직원 몇 명을 인질로 삼았다고 비난하면서 이 일에 가담한 토착민 용사들은 테러 조직의 일원이자 알 카에다와 연루되었을 가능성이 있다고 주장했다. 당시 석유 회사들은 정부로부터 허가를 받지 않은 상태에서 땅을 파헤치고 있었기 때문에 문제가 상당히 복잡했다. 그러나 석유 회사 측에서는 자사 직원들이 땅에 시추공을 파지 않는 범위 내에서 예비 조사를 할 권리가 있다고 주장했고 며칠 후 이 이야기를 들은 토착민들은 강하게 반발했다.

토착민 대표는 석유 회사 직원들이 허가받지 않은 구역을 침입했으며, 마을에서 보낸 용사들은 어떤 무기도 갖고 있지 않았을 뿐더러 폭력을 이용하여 석유 회사 직원들을 위협하지도 않았다고 주장했다. 오히려 이들을 마을로 안내해서 음식과 전통 맥주인 치차를 대접했다고 했다. 토착민들은 이들이 식사를 하는 동안 석유 회사 측 안내인들에게 돌아갈 것을 권했다. 또한 석유 회사 직원들을 강제로 볼

모로 잡아둔 적은 없으며 이들이 원하면 언제든지 떠날 수 있는 상황이었다고 주장했다.

길을 따라 운전하면서 1990년 내 회사를 매각한 후 슈아르 족이 자신의 숲을 지켜 나갈 수 있도록 돕기 위해 이곳을 방문했을 때 들었던 얘기가 생각났다.

"이 세상은 당신이 꿈꾸는 모습 그대로입니다."

슈아르 족은 그렇게 얘기한 후 북미에 사는 사람들이 거대한 공장, 수많은 자동차, 고층 건물을 꿈꾸어 왔다고 지적했다. 그곳에 있던 이들은 모두 미국인들이 꿈꾸었던 모든 것이 결국 그들을 파멸로 몰고 갈 악몽이었음을 깨달았다.

"그렇다면 꿈을 바꾸세요."

슈아르 족 사람들은 충고해 주었다. 그로부터 십여 년이 흘렀고 내가 운영하고 있는 비영리 단체를 포함해서 수많은 사람들이 노력했지만, 악몽은 새롭고 더욱 끔찍한 상황에 이르렀다.

나는 쉘에 도착하자마자 서둘러 회의에 들어갔다. 회의에 참석한 남녀 대표들은 키추아 족, 슈아르 족, 아추아르 족, 사파로 족 등 여러 부족의 대표자들이었다. 며칠 동안 정글을 걸어와서 회의에 참석한 사람도 있었고 비영리 단체의 도움을 받아 소형 비행기를 타고 온 사람들도 있었다. 몇몇은 전통 복장을 입고 얼굴에 염료를 바르고 깃털이 달린 머리 장식을 하고 있었지만, 대개는 도시 사람들처럼 헐렁한 바지와 티셔츠에 신발을 신고 있었다.

우선 석유 회사 직원들을 인질로 잡았다고 비난 받았던 부족의 대표들이 입을 열었다. 이들은 직원들이 돌아간 후 백 명이 넘는 에콰도르 군인이 몰려왔다고 했다. 그 무렵은 열대 우림 지역에서 아주 특별한 시기로서 '촌타'라고 불리는 열매가 맺히는 시기라고 했다. 밀림의 토착 주민들이 신성하게 여기는 이 열매는 일 년에 한 번씩 맺히며 이때가 되면 멸종 위기에 놓인 조류들을 포함해서 이 지역의 새들이 짝짓기를 시작한다. 그런데 새들이 촌타 주위에 모여들기 때문에 위험해질 수도 있다. 따라서 정글에 사는 부족들은 촌타 열매가 맺힐 때에는 새를 사냥하지 못하도록 엄격히 금하고 있다고 했다.

"군인들이 찾아온 시기가 매우 나빴어요."

한 여자가 설명했다. 그녀의 부족 사람들이 마을에 들어온 군인들이 어떻게 금지 사항을 어겼는지 이야기했고, 나는 그들이 얼마나 고통스러워하는지 느낄 수 있었다. 군인들은 사냥을 즐기기 위해 새를 쏘거나 심지어 잡아먹기까지 했다. 뿐만 아니라 민가를 습격하고 바나나를 따 먹고 카사바 농장을 파헤쳤으며, 밭의 표토를 돌이킬 수 없을 만큼 훼손시켰다. 강에서는 폭탄을 터뜨려 물고기를 잡았고 부족민들이 기르는 애완 동물까지 잡아먹었다. 마을의 사냥꾼들이 사용하는 총과 입으로 불어서 쏘는 화살을 빼앗고 아무데나 임시 변소를 만들었으며, 연료와 세제로 강을 오염시키고 여성들을 추행하고 쓰레기를 함부로 버려서 벌레가 들끓도록 했다.

한 남자가 말을 이었다.

"우리가 선택할 수 있는 건 두 가지였습니다. 싸우거나 혹은 자존심을 숙이고 최선을 다해서 피해를 복구하거나, 둘 중 하나를 선택해야 했죠. 우리는 아직 싸울 때가 아니라고 생각했습니다."

남자 대표는 마을 사람들이 단식으로써 군대가 어지럽힌 흔적들을 치유하려 했다고 말했다. 그는 단식이라고 표현했지만 내게는 자발적으로 굶어 죽겠다는 얘기처럼 들렸다. 나이 많은 사람들과 아이들은 영양실조에 걸리고 병들어 갔다.

그들은 협박과 뇌물에 관해서도 얘기했다. 한 여자가 말을 꺼냈다.

"제 아들은 에스파냐 어와 토착 방언, 영어를 모두 할 줄 알아요. 생태 관광 회사에서 가이드 겸 통역원으로 일했죠. 월급도 그 정도면 괜찮았어요. 그런데 석유 회사에서 월급을 열 배로 올려 주겠다며 꼬드겼어요. 제 아들이 뭘 어떻게 할 수 있었겠어요? 지금은 예전에 일하던 회사와 우리를 도와주러 이곳에 오신 분들을 비난하는 글을 쓰고 석유 회사를 '우리 친구' 라고 불러요."

그녀는 물에서 나온 강아지마냥 몸을 떨었다.

"이제 그 애는 더 이상 여기에 낄 수 없어요. 내 아들이……."

큰부리새 깃털이 달린 전통 머리 장식을 두른 늙은 점술가가 일어섰다.

"석유 회사에 맞서기 위해 선출했던 대표 세 사람이 비행기 사고로 죽은 일을 아시죠? 지금 이 자리에서 많은 사람들이 얘기하는 것처럼 석유 회사가 일부러 사고를 냈다는 얘기를 하려는 건 아닙니다. 그러나 이 세 사람의 죽음으로 우리 조직에는 큰 구멍이 생기고 말았어요. 석유 회사는 기다릴 새도 없이 자기네 사람들로 그 자릴 채워 버렸어요."

다른 한 사람은 계약서를 꺼내 읽었다. 30만 달러를 받는 대가로 광활한 땅을 목재 회사에 넘긴다는 내용이었다. 부족 대표 세 명의 서명이 있었다.

"이들이 진짜 서명한 게 아니예요. 난 분명히 알아요. 서명한 사람들 중 한 명은 우리 형인 걸로 되어 있습니다. 이건 또 다른 형태의 암살이에요. 우리 지도자들에 대한 신뢰를 떨어뜨리려는 수작이지요."

석유 회사가 채굴을 위해 땅을 파도 좋다는 허가조차 받지 못한 에콰도르의 이 지역에서 이런 일이 벌어지고 있다는 사실이 아이러니하고 이상하게 느껴졌다. 석유 회사들은 이 부근 여러 곳에서 석유를 찾겠다며 땅을 파헤쳤고 토착 주민들은 그 결과를, 이웃들이 어떻게 파괴되어 가는지를 똑똑히 보았다. 그곳에 앉아 얘기를 듣고 있자니 이런 모임이 CNN이나 다른 방송사의 저녁 뉴스로 나간다면 미국 사람들이 어떻게 반응할지 궁금했다.

회의는 인상적이었고 회의를 통해 들은 이야기들은 나를 가슴 아프게 했다. 그러나 이런 공식적인 내용 이외에도 다른 무언가가 있었다. 휴식 시간, 점심 식사, 저녁 시간을 활용해서 사람들과 개인적으로 대화를 나눌 때 많은 사람들이 내게 미국이 왜 이라크를 위협하는지 물어보았다. 에콰도르 신문들도 임박한 전쟁에 관한 기사를 1면에 실었으며, 이 밀림 속 마을까지 들어온 신문의 기사들은 미국 신문에서 볼 수 있는 내용들과 사뭇 달랐다. 에콰도르 신문에는 부시 일가가 석유 회사와 유나이티드 프루트 컴퍼니를 소유하고 있으며 체니 부통령이 할리버튼을 경영했다는 내용이 실려 있었다.

나는 학교라고는 전혀 다녀 본 적 없는 사람들에게 이 내용을 읽어 주었다. 모두가 이 문제에 관심을 보였다. 나는 아마존 열대 우림 지역에서 미국인들이 흔히 "뒤처졌다"거나 "야만적"이라고 표현하는 글도 읽을 줄 모르는 이 사람들과 함께 얘기를 나누면서 이들의 질문이 세계 제국의 의표를 찌른다는 사실을 깨달았다.

나는 쉘을 빠져 나와서 다시 수력 발전 댐을 지나 안데스 산맥을 향하는 동안, 이번에 에콰도르를 방문하면서 보고 들은 것과 그동안 미국에서 내가 익숙해졌던 것들 사이에 어떤 차이가 있는지 생각해 보았다. 미국인들이 아마존에 사는 부족들로부터 배워야 할 점이 많은 것 같았다. 미국인들은 학교에서 교육을 받고 오랜 시간 잡지도 읽고 텔레비전 뉴스도 보지만 그들이 갖고 있는 깨달음이 없었다. 이런 생각을 하다 보니 예전에 남미를 돌아다니면서 들은 적이 있는 '콘도르와 독수리의 예언'과 다른 나라에서 들었던 비슷한 예언들이 생각났다.

내가 접해 본 여러 문화들은 거의 모두 1990년대 말이 되면 인류는 새로운 전환기를 맞이하게 된다고 예언했다. 히말라야의 사원들, 인도네시아의 제사 유적들, 북미의 인디언 보호구역, 깊숙한 아마존 밀림 지역에서부터 안데스 산 봉우리까지, 그리고 고대 마야 문명이 꽃 피었던 중앙아메리카에 이르기까지 세계 곳곳에서 우리가 살고 있는 이 시간들은 인류의 역사에서 특별한 순간이며, 우리는 모두 자신이 이루어야 할 임무를 띠고 이 시대에 태어났다는 얘기를 들었다.

예언의 제목은 지역마다 조금씩 달랐다. 각각 '새로운 시대', '세 번째 천년', '물병자리의 시대', '다섯 번째 태양의 시초', '오래된 달력의 끝과 새로운 달력의 시작'이라는 여러 다른 이름을 갖고 있었다. 용어는 저마다 다르지만 이들은 모두 공통점을 갖고 있었으며, '콘도르와 독수리의 예언'은 이들 예언의 전형적인 내용을 담고 있었다. 이 예언에 따르면 역사가 혼란에 휩싸였을 때 인간 사회가 분열되어 각기 두 가지 길을 따르게 되었다. 하나는 마음과 직관, 신비주의를 대표하는 콘도르를 따르는 길이고 다른 하나는 두뇌와 이성, 물질을 대표하는 독수리를 따르는 길이었다. 이 예언에서는 1490년 두 개의 길이 서로 더해져 독수리가 콘도르를 멸종 위기로 몰아넣는다고 한다. 그런 다음 오백여 년이 지나 1990년대가 되면 새로운 시대가 도래하여 콘도르와 독수리가 다시 만나 같은 길을 따라 같은 하늘을 함께 날아갈 기회가 생긴다고 한다. 콘도르와 독수리가 이 기회를 받아들이면 유례 없이 가장 뛰어난 자손이 생겨난다고 한다.

'콘도르와 독수리의 예언'은 여러 가지로 해석될 수 있다. 가장 기본적인 방법으로 해설을 하면 이 예언은 오래 전부터 전해져 내려오는 지혜와 과학 기술을 잘 활용하여 음과 양의 균형을 맞추고, 남아메리카와 북아메리카의 문화가 하나가 될 수 있도록 하라는 가르침이다. 그러나 이 예언이 전하고자 하는 가장 강력한 메시지는 양심에 관한 것이다. 이 예언에서는 우리가 우리 자신과 세계를 바라보는 다양한 시각을 통해 이로움을 추구할 수 있는 단계로 들어설 수 있으며 이를 통해 좀 더 고차원적인 깨달음을 얻을 수 있다고 얘기한다. 인간이라는 존재로서 우리 모두는 진정으로 깨어나서 더욱 양심적이고 의식 있는 종으로 거듭나야 한다.

아마존에서 콘도르의 길을 가는 사람들은 독수리의 길을 걸어온 사람들이 '새천년을 맞아 인간이 어떤 모습을 하고 있어야 할지', '앞으로 다가올 수십 년 동안 우리의 의도를 어떻게 평가하게 될지' 등의 질문에 대답하고 싶다면 좀 더 눈을 크게 뜨고 이라크와 에콰도르 같은 곳에서 해 온 일의 결과가 무엇인지 잘 살펴보아야 한다고 생각하는 것 같다. 그들은 모두 스스로를 흔들어 깨워야 한다. 역사상 가장 강한 나라에 살고 있는 미국인들은 멜로드라마, 미식 축구 경기, 분기별 재무제표, 매일 발표되는 다우 지수 따위를 걱정하지 말고 그들이 누구인지 또 그들의 아이들이 어떤 세상에서 자라길 바라는지에 대해 다시 생각해 보아야 한다. 스스로 이런 중요한 질문들을 물어보기를 포기한다면 그 결과는 너무나 위험하다.

제35장

진실을 바라보다

2003년 내가 에콰도르에서 돌아온 직후, 미국은 십여 년 만에 두 번째로 이라크를 침공했다. 경제 저격수와 자칼이 모두 실패했다. 그래서 미국의 젊은 남녀들을 보내 적을 죽이거나 사막의 모래 위에서 죽어 가도록 할 수밖에 없었다. 이 침공을 통해 떠오르는 중요한 의문이자 대다수 미국인들은 생각조차 하지 못할 의문은, 이번 이라크 침공이 사우디 왕가에 어떤 의미를 지니는가 하는 것이다. 사우디아라비아보다 더 많은 석유를 보유하고 있는 것으로 추정되는 이라크를 점령하면 미국은 1970년대에 사우디아라비아 돈세탁 프로젝트를 통해서 사우디 왕가와 맺은 협정을 더 이상 지킬 필요가 없어진다.

파나마의 노리에가와 마찬가지로 사담이 물러나면 모든 것이 바뀐다. 파나마에서 미국은 꼭두각시를 세워 놓은 후 토리호스와 카터가 맺은 조약을 무시한 채 파나마 운하를 통치했다. 일단 이라크를 손아귀에 넣으면 미국은 석유 수출국 기구를 없앨 것인가? 사우디 왕가는 세계 석유 정치 무대에서 지금의 위치를 잃게 될까? 일부 전문가들은 왜 부시 대통령이 아프가니스탄에 있는 알 카에다를 소탕하기 위해 전력을 쏟지 않고 이라크를 공격하는지 의문을 제기했다. 석유 가문의 정치인들로 이루어진 부시 행정부의 입장에서는 테러리스트를 소탕하는 일보다 건설 계약을 따 내는 걸 정당화시키고 안전한 석유 공급을 확보하는 일이 더 중요했던 것일까?

예측할 수 있는 결과는 더 있었다. 석유 수출국 기구 가입국들이 다시 자신들의 권리를 주장할 수도 있었다. 그러나 만일 이라크가 미국에 넘어가면 다른 산유국들이 석유 가격을 올리거나 공급을 줄인다고 해도 별로 잃을 것이 없다. 이 가능성은 또 다른 시나리오와 관련이 있다. 이 시나리오는 가능성이 극히 적지만 실현된다면 지정학적 균형이 무너져 궁극적으로는 미국이 그토록 공들여서 만들어 온 시스템이 무너지게 될 수도 있다. 이 시나리오야말로 역사상 진정한 제국으로 거듭난 미국의 파멸을 초래할 수 있는 방법이다.

사실 미국이 세계 제국으로 커 갈 수 있었던 이유 가운데 상당 부분은 달러가 세계의 화폐로 인정받고 있으며 미국이 그 달러를 찍어 낸다는 사실이다. 게다가 미국은 에콰도르 같은 나라에 돈을 빌려 줄 때 이들이 갚지 못할 걸 알면서도 빌려 준다. 좀 더 솔직하게 말하자면 미국은 이들이 빚을 갚기를 바라지 않는다. 이들이 빚을 갚지 않아야 그 대신 다른 걸 요구할 수 있기 때문이다. 정상적인 상황이라면, 미국은 재정이 바닥나지 않을까 걱정해야 한다. 그 어떤 채권자도 연체된 대출금이 너무 많으면 감당할 수 없다. 그러나 미국은 지금 정상적인 환경 속에 놓여 있지 않다. 미국은 금으로도 맞바꿀 수 없는 화폐를 찍어 낸다. 달러의 가치는 다름 아닌 미국 경제에 대한 세계의 믿음, 그리고 미국이 만들어 낸 제국의 힘과 자원을 활용하는 능력이 만들어 내는 것이다.

달러를 찍어 낼 수 있다는 사실은 미국에게 엄청난 권력을 준다. 곧 미국이 달러를 찍어 내기 때문에 받지 못할 돈을 계속해서 빌려 줄 수 있으며, 빚이 늘어 가도 걱정하지 않을 수 있다는 뜻이다. 2003년 초, 미국의 국가 부채는 무려 6조 달러를 넘었으며 2003년 말이 되면 7조 달러에 육박할 거라는 예측이 나왔다. 미국 국민 일인당 2만 4천 달러에 달하는 금액이다. 미국 부채 중 상당 부분은 아시아 국가에서 조달한 것으로서, 미국과 전 세계 시장에 전자 기기, 컴퓨터, 자동차, 가전제품, 의류 등 수많은 소비재를 판매해 벌어들인 돈으로, 미국 재무부 채권(주로 차용 증서)을 사들인 일본과 중국이 주요 채권국이다.

전 세계가 달러를 표준 통화로 받아들이는 한 이 엄청난 부채는 미국의 기업 정치에 아무런 위협이 되지 않는다. 그러나 다른 화폐가 달러를 대신하게 되거나 중국이나 일본 등 미국의 채권국이 부채를 갚을 것을 요구하면 상황은 급변할 것이다. 미국은 순식간에 위태로운 상황에 놓일 것이다.

사실 달러의 세력을 견제할 또 다른 화폐의 등장은 더 이상 꿈속에나 나올 법한 얘기가 아니다. 2002년 1월 1일 유로가 국제 금융 시장에 등장했고 시간이 흐를수록 그 위력이 더 커지고 있다. 만일 유럽 연합이 미국의 이라크 침공이나 기타 여러 가지 이유 때문에 복수하기로 마음먹는다면 유로는 석유 수출국 기구에 엄청난 기회가 될 수 있다. 만일 석유 수출국 기구가 달러 대신 유로를 표준 통화로 결정하면 미국이라는 거대한 제국의 기반이 흔들리게 된다. 그런 일이 실제로 발생하거나 한두 개 주요 채권국에서 유로로 돈을 갚으라고 요구한다면 그 여파는 실로 대단할 것이다.

2003년 4월 18일 성금요일 아침, 나는 늘 하던 대로 집에서 얼마 떨어져 있지 않은 창고를 개조해서 만든 사무실로 걸어가 책상에 앉아 컴퓨터를 켜면서 이런 생각들을 하다가, 《뉴욕 타임스》의 홈페이지에 접속했다. 초기 화면에 실린 「이라크 재건 사업의 기회, 벡텔에게」 라는 기사 제목이 눈에 띄었다. 그 제목을 보는 순간, 국제 금융 시장의 새로운 모습, 국가 부채, 유로화에 관한 생각들이 모두 사라지고 예전에 내가 했던 일들이 떠올랐다.

그 기사에는 "오늘 부시 행정부는 대규모 이라크 재건 사업 시작 이후 최초이자 가장 중요한 계약을 샌프란시스코의 벡텔 그룹에 넘겨주었다."라고 씌어져 있었다. 기사를 훑어 내려가자 기자가 독자들을 위해 적어 둔 다음과 같은 문구가 눈에 띄었다. "이라크 인들은 국가 재건을 위해 세계은행이나 국제 통화 기금, 그리고 미국이 광범위하게 영향력을 행사하는 기관들과 함께 일할 것이다."

광범위한 영향력이라! 미국의 영향력을 과소평가한 표현이었다.

이 기사와 링크되어 있는 「미 정부와 기업의 결탁, 이라크에까지」라는 제목의 기사를 읽었다. 앞부분은 좀 전에 본 기사와 비슷한 내용이 많아서 대충 훑어 내려갔고, 다음 부분부터 자세히 읽기 시작했다.

벡텔은 오랜 기간 국가 안보에 개입해 왔다. 벡텔의 중역을 맡았던 조지 슐츠는 로널드 레이건 대통령 시절 국무장관을 역임했다. 현재도 벡텔의 고위 고문으로 일하고 있는 조지 슐츠는 레이건 행정부 각료로 일하기 전에 벡텔의 사장이었으며, 국방장관으로 임명되기 전에 샌프란시스코에 본사를 두고 있는 벡텔의 중역이었던 캐스퍼 와인버거와도 함께 일했다. 올해 부시 대통령은 벡텔의 사장인 라일리 벡텔을 대통령 직속 수출 위원회 위원으로 임명했다.

이 기사들은 현대사와 세계 제국을 만들어 가려는 미국의 노력을 단적으로 보여 준다. 이라크에서 일어나고 있는 일들과 오늘 아침 조간 신문 기사들은 35년 전에 클로딘이 주었던 가르침의 결과이자, 나와 다를 바 없이 자신의 욕심을 위해 일해 온 사람들이 만들어 낸 결과이다. 미국의 기업 정치가 전 세계의 모든 사람들을 그 영향력 아래 두고자 하는 목표를 향해 한 걸음 발을 내딛는 순간이었다.

이 기사들은 2003년 미국의 이라크 침공, 그리고 파괴한 나라를 좀더 현대화되고 서구화된 모습으로 재건하기 위한 계약이 체결 과정에 있다는 내용을 담고 있었다. 그러나 굳이 다른 설명을 덧붙이지 않더라도 2003년 4월 18일의 소식은 내게 1970년대 초로 돌아가는 듯한 느낌을 주었고, 사우디아라비아 돈세탁 프로젝트를 연상케 했다. 이 프로젝트와 그에 따른 계약들로 인해 미국의 토목 건설 회사들과 석유 업계가 힘을 더해 사막에 있는 왕국을 발전시킨, 새롭고 돌이킬 수 없는 선례가 생겨났다. 뿐만 아니라 돈세탁 프로젝트를 통해 미국은 석유 통제와 관련된 새로운 전 세계적 규칙을 만들고 지정학을 재정의하였으며, 사우디 왕가를 동맹군으로 만들어 그 규칙이 계속 지켜질 수 있도록 하고 주도권도 장악했다.

이 기사들을 읽으면서 사담 후세인이 사우디 왕가처럼 처신했더라면 여전히 같은 자리에서 권력을 누릴 수 있었을 거라는 사실을 아는 사람이 얼마나 될지 궁금했다. 사담 후세인은 미사일과 화학 공장을 보유할 수 있었을 것이다. 미국인들이 사담 후세인을 위해 이런 시설들을 지어 주고 유지해 주고 보수해 주어 사담 후세인도 사우디 왕가처럼 많은 이득을 볼 수 있었을 것이다.

당시까지만 하더라도 주요 언론들은 이런 이야기를 보도하기를 꺼렸다. 그러나 오늘날은 달라졌다. 물론 여전히 넌지시 비추는 정도에 불과하므로 기사에는 자세한 내용을 들어 있지 않다. 그러나 진짜 이야기가 조금씩 모습을 드러내고 있다. 《뉴욕 타임스》만 이런 독립적인 노선을 취하는 것인지 궁금해진 나는 CNN의 홈페이지로 가서 「벡텔, 이라크 관련 계약을 따내다.」라는 제목의 기사를 읽었다. CNN의 기사는 다음 내용을 제외하곤 《뉴욕 타임스》에서 본 내용과 비슷했다.

> 한때 딕 체니 부통령이 운영했던 할리버튼의 계열사인 켈로그 브라운앤드루트를 포함한 다른 회사들도 우선 협상 대상 또는 연합 팀의 일원으로 이번 계약을 따낼 가능성이 있다는 보도가 나온 바 있다. 할리버튼은 이미 70억 달러 규모의 계약을 따냈다. 앞으로 이 년 동안 할리버튼은 이라크의 석유 관련 시설 긴급 수리 작업을 맡을 예정이다.

세계 제국이 박차를 가하고 있다는 얘기가 점점 새 나오고 있는 듯했다. 그러나 그 모든 행위가 부채, 사기, 노예화, 착취이며 역사상 가장 뻔뻔하게 마음과 영혼을 쥐어짜고 있는 비극적인 이야기라는 사실과 그 자세한 내막은 전혀 실리지 않았다. 이 기사 그 어떤 것도 2003년 이라크에서 일어난 일이 미국의 부끄러운 이야기가 이어지고 있다는 뜻임을 단 한 줄도 암시하지 않았다. 어떤 기사도 제국만큼이나 오래된 이 이야기가 세계화라는 시대적 흐름과 맞추어 점점 강도를 더하고 있으며 수단 또한 점점 미묘해지고 있기 때문에 더 끔찍하고 새로운 국면을 맞이하고 있다는 사실은 언급하지 않았다. 그러나 자세한 내용이 부족하긴 하지만 이야기 자체가 조금씩 새고 있는 것은 사실이었다.

그렇게 생각하니 마음이 아팠다. 모든 일의 내막을 털어놓지 못하고 주저했던 오랜 세월과 개인적인 이야기들이 떠올랐다. 고백해야만 한다는 사실은 이미 오래전부터 알고 있었다. 그러나 나는 여전히 주저하고 있었다. 되돌아보면 처음 일을 시작할 때부터 마음 한구석에 의심과 죄책감이 자리하고 있었다. 첫 임무를 맡아 인도네시아로 떠나기 전, 클로딘의 아파트에서부터 의심과 죄책감이 싹트기 시작했고, 그 후 오랫동안 이런 감정들이 나를 괴롭혔다.

의심과 고통과 죄책감이 끊임없이 머릿속을 맴돌지 않았다면 나는 여전히 그 속에서 빠져 나오지 못하고 있었을 것이다. 다른 사람들과 마찬가지로 나는 여전히 그 속에서 허우적대고 있었을 것이다. 버진 아일랜드 한 해변에 서서 메인을 그만둬야겠다고 결심하지도 않았을 것이다. 그러나 하나의 문화로서 미국이 변화하기를 주저하는 것처럼, 나도 계속 머뭇거렸다.

이 기사들을 보면 대기업, 국제 은행들, 각 정부들 간에 모종의 결탁이 있다는 사실을 암시하는 듯하지만, 메인이 갖고 있던 내 이력서와 마찬가지로 진실은 거의 드러나 있지 않았다. 그것은 일종의 포장에 불과했다. 이 기사들은 그저 미국인을 닮고 싶어하지 않는 사람들의 나라를 미국이 원하는 모습으로 개발하기 위해 주요 토목 건설 회사들이 다시 한 번 수십억 달러를 받아 챙기고 있으며, 지배층의 엘리트들은 오래 전과 마찬가지로 자신들의 특권을 남용하고 있다는 얘기를 되풀이할 뿐이었다.

이런 기사들이 보여 주는 상황은 매우 단순하다. 잘못된 것들을 바로잡기로 결심한 후에 이런 사람들을 몰아내기만 하면 모든 것이 해결된다. 이런 생각들 때문에 음모 이론이 생겨나고, 미국인들은 이를 구실로 진실을 외면하고 텔레비전을 보면서 모든 것을 잊어버린 채 '정치인들이 다 알아서 하겠지. 이 나라는 제대로 굴러갈 수 있어. 다시 모든 게 잘될 거야.' 라는 안일한 생각을 갖게 된다.

그러나 절망에 빠진 사람들을 착취하고 역사에서 가장 잔인하고 이기적이며 궁극적으로 자멸을 불러올 정도로 자원을 낭비하는 현대판 제국의 진짜 모습은 오늘 조간 신문에 난 것과 너무도 다르며, 이를 바꾸어 나가기 위해서 우리가 해야 할 일은 너무나 많다. 물론 그렇기 때문에 우리는 진실을 똑바로 알기가 힘들다. 미국인들은 그들이 잘못된 생각에 빠져서 그것이 진실인 양 착각하고 있다는 사실을 인정하기보다, 그저 인류 사회가 수천 년에 걸쳐 진화하여 결국 완벽하고 이상적인 경제 시스템을 만들어 냈다고 믿는 편을 택해 왔다. 미국인들은 모든 경제 성장이 인류에게 도움이 되며 더 많이 성장할수록 더 많은 사람들이 혜택을 보게 된다고 믿어 왔다. 미국인들은 이런 믿음을 바탕으로 경제 성장에 기여한 사람들은 칭송받고 보상받아 마땅하며, 가난하게 태어난 사람들은 착취당해도 된다고 결론지은 채 그들의 생각이 합리적이고 도덕적으로 아무런 문제가 없다고 서로를 설득하고 있다.

이런 생각들과 결론들로 인해 모든 불법 행위가 정당화되고 있다. 미국인들은 마치 이란, 파나마, 콜롬비아, 이라크 등지에 있는 무고

한 사람들을 강간하고 약탈하고 살해할 권리라도 부여받은 것처럼 행동한다. 경제 저격수, 자칼, 군대도 경제 성장에 도움이 되는 한 그 존재를 용인받는다. 사실 이들은 거의 항상 경제 성장에 도움을 주었다. 왜곡된 과학적 예측, 계량 경제, 그리고 통계 덕분에 폭탄을 투하해 폐허로 미국인들이 모두 재건하더라도 데이터상에는 눈부신 경제 성장을 이룩한 것처럼 나타난다.

진실은 미국인들이 모두 거짓된 삶을 살아가고 있다는 것이다. 메인에 있던 내 이력서와 마찬가지로 미국인들은 덮개를 만들어 표피 밑에 숨어 있는 악성 종양을 숨기고 있다. 통계라는 엑스선을 사용하면 이 종양들이 모두 드러난다. 통계치를 보면 역사상 가장 강력하고 부유한 이 제국은 자살, 약물 남용, 이혼, 아동 성추행, 강간, 살인율이 터무니없이 높으며, 악성 종양과 마찬가지로 이런 불행들은 해를 거듭할수록 널리 퍼지고 있다. 가슴속 깊은 곳에서 우리는 모두 그 고통을 느끼고 있다. 우리는 변화해야 한다고 울부짖는다. 그러나 우리는 주먹으로 입을 틀어막아 그 소리가 새 나가지 않도록 하고 결국 아무런 소리도 듣지 못한 채지나치고 만다.

이 모든 것이 음모 때문이라고 비난할 수 있다면 좋겠지만 그래서는 안 된다. 제국은 기업 정치를 지탱하는 대형 은행, 기업, 정부가 만든 것이지 음모 때문에 나타난 것이 아니다. 미국인들이 기업 정치를 만들어 냈으며 기업 정치가 바로 미국인 자신들이다. 그래서 기업 정치에 맞서 싸우지 못한다. 그들은 대개 이런 은행, 기업, 정부에서 일하거나 어떤 식으로든 이들이 제공하는 재화와 서비스를 누리며 살고 있기 때문에 기업 정치를 직시하기보다 어둠 속에 숨어 있는 음모에 비난의 화살을 돌리려고 한다. 그동안 그들을 지탱해 온 기업 정치를 배신할 수 없기 때문이다.

컴퓨터 앞에 앉아 기사 제목들을 바라보며 이런 생각들을 했다. 그러다 보니 또 다른 의문이 생겼다. 어떻게 자신에게 집과 자동차, 음식, 옷, 전기, 보건 서비스를 제공해 주는 시스템에 맞서 싸울 수 있을까? 하루에 2만 4천 명이 굶어 죽어 가며 수백만 명이 자신들을 미워하거나 스스로 선출한 대표들이 만든 정책을 혐오한다는 걸 깨닫는다 하더라도 그들이 과연 시스템에 맞설 수 있을까? 어떻게 대열에서 벗어나 자신과 이웃들이 그동안 복음처럼 여겨 왔던 믿음에 맞설 용기를 낼 수 있을까? 시스템이 자기 파멸의 길로 가고 있음을 의심하게 되더라도 맞설 수 있을까? 나는 천천히 자리에서 일어나 커피를 마시려고 집을 향해 걸었다.

집으로 들어가다가 도로 옆 우편함에 놓여 있는《팜 비치 포스트》를 집어 들었다.《뉴욕 타임스》에 실린 벡텔과 이라크 관련 기사가 있었다. 그러나 이번에는 신문 위에 찍힌 4월 18일이라는 날짜에 눈이 갔다. 이날은 유명한 날이다. 적어도 뉴잉글랜드 지역에서는 유명한 날이다. 미국 독립 전쟁을 높이 평가하는 부모님은 항상 이날을 중요하게 여기셨고 롱펠로의 시에도 이날에 관한 내용이 등장한다.

들어라, 나의 아이들아, 그러면 들릴지어다
한밤중에 폴 리비어가 말을 타고 달리는 소리를
1775년 4월 18일
이제는 거의 남아 있지 않네
그 유명한 날을, 그 유명한 해를 기억하는 이는

그해 성금요일은 폴 리비어가 영국군의 진격을 알리기 위해 말을 달렸던 날과 같은 날이었다. 《팜 비치 포스트》1면에 있는 날짜를 보니 식민지 시대의 은 세공업자였던 폴 리비어가 말을 타고 어두운 뉴잉글랜드의 밤거리를 달려 모자를 흔들어 대며 "영국군이 쳐들어옵니다!"라고 외치는 모습이 떠올랐다. 리비어는 이 말을 전하기 위해 목숨을 걸고 달렸고, 나라를 사랑하는 미국인들은 리비어의 노력에 응답했다. 이들은 모두 하나가 되어 제국을 멈춰 세웠다.

나는 무엇이 이들에게 용기를 불어넣어 주었는지, 식민 시대를 살아가던 미국인들이 왜 영국에 맞서 저항했는지 궁금해졌다. 혁명을 주도했던 사람들 중 상당수는 부유한 사람들이었다. 무엇이 그들로 하여금 자신의 사업과 목숨을 내걸고 그동안 배를 불려 준 시스템에 저항하도록 만들었을까? 모두 개인적인 이유가 있었지만 그 순간에 모두가 하나 될 수 있도록 불을 지핀 어떤 불꽃, 어떤 단결된 힘, 에너지 또는 촉매제가 있었을 것이다.

이윽고 답이 떠올랐다. 바로 말이었다.

대영 제국의 실체와 이기적이고 결국은 자멸에 이르고 마는 중상주의 시스템의 진실이 알려지면서 곧바로 혁명의 불꽃이 일었다. 토머스 페인과 토머스 제퍼슨 같은 사람들의 말을 통해서 숨겨진 진실이 드러나자 사람들은 눈을 뜨기 시작했고 마음을 열었다. 지배당하던 사람들은 의문을 던지기 시작했고 그동안의 속임수에서 벗어나 진실을 발견했다. 이들은 숨겨져 있던 진실을 알아차리고 그동안 대영 제국이 어떻게 자신들을 속이고 기만하고 노예처럼 부려 왔는지 깨달았다.

영국인들은 하나의 시스템을 고안해 냈고, 사람들로 하여금 그 시스템이 인류 역사상 가장 뛰어난 것이라고 믿게 만들었다. 영국 왕의 손에 모든 자원이 흘러가도록 할 때 이 세상은 더 살기 좋은 곳이 되며, 상업과 정치에 대한 제국주의적인 접근 방식이 대다수 사람들에게 도움이 되는 가장 효과적이고 인간적인 방법이라는 거짓말을 믿도록 만들었다. 그러나 진실은 달랐다. 많은 사람들의 희생을 대가로 하는 그 시스템은 극소수 사람들의 배만 불려 주었다. 몇몇 철학자, 사업가, 농부, 어부, 변경 개척민, 극작가, 웅변가들이 나서서 진실을 말하기 전까지 수십 년 동안, 이 거짓말과 그 결과로 인해 나타난 착취가 지속되었고 점점 그 범위를 넓혀 갔다.

말.

나는 다시 잔에 커피잔을 채우고 말의 힘을 생각하면서 사무실로 돌아가 컴퓨터 앞에 앉았다.

CNN 웹사이트를 닫고 전날 밤 작업했던 파일을 열었다. 전날쓴 글의 마지막 문단을 읽었다.

이 이야기는 반드시 세상에 알려져야 한다. 우리는 끔찍한 위기와 엄청난 기회가 공존하는 세상 속에서 살고 있다. 한 특정 경제 저격수에 관한 이 이야기는 우리가 어떻게 지금 같은 상황에 처하게 되었는지, 왜 극복할 수 없을 것처럼 거대하게 느껴지는 위기에 봉착하게 되었는지에 관한 것이다. 우리는 과거의 실수를 이해해야만 앞으로 다가오는 기회를 잘 활용할 수 있기 때문에 이 이야기는 반드시 세상에 알려져야 한다. 그리고…… 이 이야기를 세상 사람들에게 알려야 하는 가장 중요한 이유는, 인류 역사상 처음으로 한 나라가 세상 모든 것을 바꿀 수 있는 힘과 권력, 돈을 쥐고 있기 때문이다. 그 나라는 내가 태어나서 경제 저격수가 되어 봉사했던 바로 그 나라, 미국이다.

이번에는 멈출 수 없었다. 나는 삶의 우연들과 그때마다의 선택으로 인해 그곳에 서 있었다. 나는 앞으로 나아가야 했다.

나는 다시 한 번 어두운 뉴잉글랜드 시골길을 달리며 영국의 침공을 알리던 외로운 기수를 떠올렸다. 그 은 세공업자는 자신보다 앞서 페인과 제퍼슨이 남긴 말을 알고 있었다. 그는 사람들이 집에서 그 글을 읽고 선술집에 모여 앉아 얘기를 나누었다는 사실을 알고 있었다. 페인은 대영 제국의 횡포를 지적했다. 제퍼슨은 조국 미국이 삶과 자유와 행복 추구라는 원칙을 지켜 나가야 한다고 주장했다. 그리고 리비어는 어두운 밤길을 홀로 달리면서 식민지에서 살아가는 모든 남녀들이 이런 말을 통해 힘을 얻고, 스스로 일어서서 더 나은 세상을 만들기 위해 싸워야 한다고 믿었다.

말…….

나는 더 이상 지체하지 않기로 결심했다. 오랫동안 여러 번 시도했으나 결코 끝마치지 못한 일, 내 모든 걸 털어놓고 고백하는 일을 더는 미룰 수 없었다.

고백을 마치며

이제 내 이야기는 모두 끝났다. 그 끝은 동시에 새로운 시작이기도 하다. 아마도 독자 여러분은 이제 무엇을 해야 할지, 미국의 기업 정치를 멈춰 세우고 세계 제국을 향한 미치광이 같은 자멸의 행진을 끝내려면 어떻게 해야 할지 의문이 들 것이다. 그렇다면 이제 이 책을 내려놓고 세상으로 나아가야 한다.

구체적인 방법을 원한다면 다음과 같은 몇 가지가 있다.

우선 앞서 읽은 벡텔과 할리버튼에 관한 내용들은 모두 오래된 기사들이다. 이 글을 읽을 무렵이면 이미 지겹도록 들은 이야기일 수도 있다. 그러나 신문 기사를 통해서 얻을 수 있는 것은 최신 정보만이 아니다. 나는 이 책의 마지막 장이 독자 여러분이 뉴스에 대해 생각하는 관점을 바꾸게 되길 바라며, 앞으로는 접하게 되는 모든 기사의 행간을 읽고 라디오나 텔레비전에서 나오는 정보를 들으면서 그 속에 어떤 뜻이 숨겨져 있는지 생각해 보기 바란다.

드러나는 것만이 전부가 아니다. NBC는 제너럴일렉트릭의 소유이고, ABC는 디즈니, CBS는 비아콤, CNN은 거대한 AOL 타임워너사의 소유이다. 대다수 미국 신문, 잡지, 출판사는 막강한 국제적 대기업들의 소유이며 이들에 의해 조작된다. 미국의 언론도 기업 정치의 한 부분을 차지한다. 언론 매체를 관리하는 거의 모든 사람들은 자신들이 해야 할 일을 잘 알고 있다. 이들은 평생 동안 자신들이 해야 할 중요한 일들 중 하나가 물려받은 시스템을 영속시키고 더 강화하고 확장시켜 나가는 것이라고 배운다. 이들은 매우 효율적으로 일을 해낸다. 누군가 반기를 들면 무자비하게 대응한다. 따라서 감춰진 진실을 찾아내는 것은 바로 독자 여러분의 몫이다. 가족들과 친구들에게 이 이야기를 전하고 가능한 많은 사람들에게 알리기 바란다.

실천 방안을 몇 가지 소개하겠다. 우선 석유 소비량을 줄여야 한다. 1990년 미국이 이라크를 최초로 침공하기 전, 미국은 800만 배럴의 석유를 수입했다. 그러나 2003년 이라크를 두 번째로 침공할 무렵 미국의 석유 수입량은 50퍼센트나 증가한 1,200만 배럴이었다. 다음번에 쇼핑하고 싶은 욕구를 느끼거든 쇼핑 대신 책을 읽거나 운동을 하고 명상을 하도록 노력해 보는 것도 좋다. 집 평수를 줄이고 옷장, 자동차 등 생활에 필요한 것들을 줄여 나가는 것도 좋은 방법이다. 자유 무역 협정이나, 영세한 공장에서 일하는 사람들을 착취하고 환경을 파괴하는 회사에 대한 반대 시위에도 참가해 보기 바란다.

그러나 오늘날의 시스템에도 아직 희망이 있다는 사실을 얘기하고 싶다. 은행이나 기업, 정부, 그리고 이들을 운영하는 사람들에게 본질적으로 문제가 있는 것은 아니며 이런 조직이나 종사자라고 해서 반드시 기업 정치에 속해 있는 것은 아니다. 좀 더 자세히 말하자면 오늘날 세계가 직면한 문제는 미국의 나쁜 조직들 탓에 생겨난 것이 아니다. 오히려 이 문제들은 경제 개발에 대한 잘못된 인식에서 비롯됐다. 조직 자체에 문제가 있는 것이 아니라 조직들이 작동하고 서로 영향을 미치는 방식, 그 과정에서 나타나는 관리자들의 역할에 문제가 있다.

사실 오늘날의 효율적인 국제 통신망과 물류망을 잘 활용하면 긍정적이고 바람직한 변화를 가져올 수 있다. 나이키, 맥도널드, 코카콜라 등의 로고가 환경 친화적인 방법으로 가난한 사람들의 의식주를 해결해 주는 것을 궁극적인 목표로 삼는 회사의 상징이라고 상상해 보자. 그것은 달에 사람을 보내고, 소련을 무너뜨리고, 이 회사들이 세계 곳곳에 기반을 만드는 것보다 더 비현실적인 일이 아니다. 우리는 교육에 접근하는 방식을 바꾸어야 한다. 우리 자신과 아이들이 생각하고 질문하고 행동하도록 해야 한다. 우리는 모두 모범을 보일 수 있다. 선생님이 될 수도 있고 제자가 될 수도 있다. 먼저 모범을 보여서 주위 사람들에게 힘을 불어넣어야 한다.

자신이 참여하는 여러 단체에 영향을 줄 수 있는 구체적인 방법을 소개하겠다. 우선 기회가 닿을 때마다 포럼에 참석해서 사람들에게 알리고, 편지나 이메일을 쓰고 전화를 걸어 질문을 하고 자신이 걱정하는 바를 알리며, 진실을 제대로 알고 있는 학교 위원회, 주 의회, 지방 법령 등에 찬성표를 던진다. 쇼핑을 꼭 해야 할 때는 의식을 갖고 쇼핑을 하고 사람들과 직접 만나 이런 내용들을 설명해 준다.

1990년에 슈아르 족이 얘기했던 "세상은 자신이 꿈꾸는 대로 이루어진다."라는 얘기를 다시 꺼내고 싶다. 우리는 환경을 오염시키는 산업, 꽉 막힌 고속도로, 지나치게 사람들이 붐비는 도시 따위의 악몽을 버리고, 지구를 아끼고 환경 보전과 평등이라는 사회적으로 책임감 있는 원칙에 바탕을 둔 새로운 꿈을 꿀 수 있다. 우리에게는 스스로를 변화시키고 패러다임을 바꾸어 나갈 힘이 있다.

모든 사람에게 충분한 음식과 물, 질병을 치료하고 오늘날 속수무책으로 수백만 명의 목숨을 앗아 가는 전염병을 예방할 약을 제공할 수 있어야 한다. 살아가기 위해 필수적인 것들을 지구촌 구석구석까지 운반할 수 있는 운송 체계를 갖추고, 지구상의 모든 사람들이 서로 대화할 수 있도록 문맹률을 줄이고 인터넷을 보급하고 전쟁이 사라질 수 있도록 분쟁 해결 방안을 마련해야 한다. 광활한 공간과 미세한 소립자 에너지를 연구하여 모든 사람이 생태학적이고 효율성이 높은 집에서 살아갈 수 있도록 하는 기술을 개발하고 이 모든 것들을 실행할 수 있는 충분한 자원을 확보하는 등, 더 나은 세상으로 나아가기 위해 할 수 있는 일들을 지금 당장이라도 수없이 열거할 수 있다.

그러나 이 책은 처방전이 아니라 한 사람의 솔직하고 간단한 고백일 뿐이다. 이 책은 스스로 인질, 즉 경제 저격수가 되는 길을 선택한 한 남자, 많은 특권을 누리기 위해 부패한 시스템을 받아들인 한 남자, 받아들이는 편이 훨씬 쉽기 때문에 그 편을 택한 한 남자, 진실을 알고 있으면서도 자신의 욕심을 위해 가난한 사람을 착취하고 이 지구를 파괴할 변명거리를 항상 찾아냈던 한 남자, 역사상 가장 부유한 사회에서 태어났음을 철저하게 이용한 한 남자, 그러나 자신의 부모가 부자가 아니어서 스스로를 동정했던 한 남자, 경제 개발에 관한 강의를 듣고 교과서를 읽은 다음 결과적으로 살인, 대량 학살, 환경 파괴가 나타난다는 걸 알면서도 세계 제국을 만들어 가기 위한 모든 행동들을 합리화시키는 사람들의 발자취를 따라간 한 남자, 다른 사람들을 훈련시켜 자신의 모습을 따라하도록 가르친 한 남자의 고백이다. 이 책은 바로 나의 고백이다.

여러분이 이 글을 읽고 있다는 사실은 여러분도 내 고백의 내용과 어느 정도 관련이 있으며, 여러분과 내가 많은 걸 함께 공감하고 있다는 뜻이기도 하다. 우리는 서로 다른 길을 걸어왔지만 비슷한 자동차를 타고 같은 연료를 사용하며 같은 회사가 소유한 레스토랑에서 식사를 한다.

나에게 고백한다는 것은 나 스스로를 일깨우기 위한 가장 중요한 노력이었다. 모든 종류의 고백과 마찬가지로 속죄하기 위한 첫걸음이었다.

이제 여러분의 차례이다. 여러분도 고백해야 한다. 자신이 누구인지, 왜 이 시간에 이곳에 서 있는지, 왜 그동안 여러 가지 일들을 해왔으며(스스로 자랑스러워하는 일이든, 남들이 자랑스럽게 여기는 일이든) 어디로 가고자 하는지 고백하고 나면 마음이 한결 가벼워질 것이다. 행복한 기분을 맛볼 수 있을 것이다.

나는 이 책을 쓰는 동안 격심한 감정의 기복을 경험했고, 고통스럽고 부끄러운 기분이 들기도 했다. 이전에 결코 경험해 본 적이 없는 그런 종류의 두려움도 들었다. 그러나 이 책은 내게 지금까지 알지 못했던 그런 편안한 기분을 안겨 주었다. 나는 그 기분을 그저 행복에 도취한 기분이라고밖에 설명할 수 없다.

자기 자신에게 질문해 보기 바란다.

나는 무엇을 고백해야 하는가?

그동안 어떻게 나 자신과 다른 사람들을 속여 왔는가?

나는 어디에 서서 망설여 왔는가?

고백을 마치며

왜 나는 올바르지 않다는 걸 알면서도 이 시스템에서 벗어나지 못했을까?

내 아이들과 이 세상 다른 아이들이 생명과 자유, 행복을 추구하면서 살아갈 수 있도록 하기 위해서 무엇을 해야 할까?

사람들이 불필요하게 굶어 죽어 가지 않도록 하기 위해, 9·11 같은 일이 다시 반복되지 않도록 하기 위해 무엇을 해야 할까?

어떻게 하면 우리 아이들에게 탐욕스럽고 이기적인 삶을 살아가는 사람들을 불쌍하게 여기도록 할 수 있을까?

어떻게 하면 기업 정치의 주역들이 소유하고 있는 언론에서 마치 그들이 문화적 우상이며 펜트 하우스와 요트가 행복을 상징하는 것처럼 떠들어 대더라도 그들의 삶을 모방해서는 안 된다는 사실을 이해하도록 할 수 있을까?

내 태도와 생각을 바꾸기 위해 어떤 일을 해야 할까?

다른 사람들에게 깨달음을 주고 나 스스로도 좀 더 많이 배우기 위해서 어떤 모임을 활용할 수 있을까?

요즘 같은 시대에 이런 질문들은 매우 중요하다. 우리는 모두 이 질문들에 자신만의 방식대로 명확하고 뚜렷하게 대답해야 한다. 페인과 제퍼슨을 비롯한 모든 애국자들이 오늘을 살아가는 우리 미국인들을 지켜보고 있다. 그들의 말이 오늘날 우리를 깨운다. 자신의 농장과 어선을 떠나 강력한 대영 제국에 맞서기 위해 일어섰던 사람들, 남북 전쟁 당시 노예를 해방시키기 위해 전장으로 뛰어들었던 사람들, 이 세계를 파시즘으로부터 구해 내기 위해 목숨을 걸었던 사람들의 말이 계속해서 우리에게 메시지를 전하고 있다. 집을 지키면서 음식과 옷을 만들어 내며 마음으로 응원을 보내 준 사람들과 교사,

시인, 예술가, 기업가, 보건 담당자, 노동자, 그리고 여러분과 나, 이 전쟁에서 얻어 낸 것들을 지켜 내기 위해 노력하는 우리 모두의 정신도 우리에게 말하고 있다.

이 시간은 우리 것이다. 우리 모두 전선으로 달려나가 스스로에게 질문하고 자신만의 답을 찾아 영혼을 들여다보고 행동을 취할 때이다.

우리는 인생의 우연들, 그리고 그 우연들에 대처하기 위해 우리가 내린 선택에 의해 지금 이 자리에 서 있다.

고백을 마치며

저자 약력

1963 뉴햄프셔 주 틸턴 고등학교 졸업. 미들베리 대학교 입학.

1964 이란 장군의 아들인 파라드와 친구가 되다. 미들베리 자퇴.

1965 보스턴에 있는《허스트》신문사에서 근무.

1966 보스턴 대학교 경영학과 입학.

1967 국가 안전 보장국의 고위 관료를 친척으로 둔 대학 동창과 결혼.

1968 경제 저격수 후보생으로 지목받음. 에콰도르에서 평화 봉사단 활동.

1969 에콰도르에서 석유 회사의 파괴 행위를 직접 목격했다.

1970 국가 안전 보장국을 위해 일하는 국제 컨설팅 회사 메인의 부사장을 만났다.

1971 메인 입사. 경제 저격수를 양성하는 비밀 훈련을 받고 인도네시아로 갔다.

1972 능력을 인정받아 수석 경제 전문가로 승진하고 파나마로 파견되었다.

1973 파나마에서 계속 일하며 경력을 쌓는 한편 아시아, 남아메리카, 중동 지역을
연구했다.

1974 사우디아라비아에서 이후 경제 저격수들이 추구하는 계약의 전형을 만들었다.

1975 메인 창립 이래 최연소 파트너가 되어 경제 및 지역 개발 팀장으로 발령받았다.

1976 아프리카, 아시아, 남아메리카, 중동 등지에서 주요 프로젝트를 주도했다.

1977 테러리스트나 마약 밀수범이라고 여겼던 콜롬비아 농부들의 진실을 깨달았다.

1978 파라드와 비행기를 타고 로마로 탈출, 이란 장군인 파라드의 아버지를 만났다.

1979 이란 미 대사관 인질 사건 발생. 잦은 별거로 고심하던 끝에 첫 번째 아내 앤과
이혼했다.

1980 심각한 우울증 및 죄책감에 시달리다가 돈과 권력 때문에 메인에서 계속 일하
고 있다는 사실을 깨닫고 회사를 그만두었다.

1981 하이메 롤도스 에콰도르 대통령과 오마르 토리호스 파나마 대통령이 미 중앙
정보국의 소행으로 보이는 비행기 사고로 사망했다.

1982 환경 친화적인 방법으로 전기를 만들어 내는 회사인 인디펜던스파워시스템스
를 설립했다. 딸 제시카가 태어났다.

1983~1989 고위 관료들의 원조 및 세제 혜택 덕분에 회사를 성공적으로 운영했으
나, 한 아이의 아버지로서 세계의 위기와 자신이 맡아 왔던 경제 저격수의 역

할 때문에 고민했다. 사실을 폭로하는 책을 쓰기 시작하지만 책을 쓰지 않는 조건으로 엄청난 돈을 주겠다는 제안을 받았다.

1990~1991 미국이 파나마를 침공하고 노리에가가 투옥되자 회사를 팔고 마흔다섯 살에 은퇴했다. 경제 저격수의 삶에 관한 책을 쓰려 하지만 책을 쓸 경우 비영리 단체의 활동에 부정적인 영향을 초래할 수 있다는 말에 뜻을 접었다.

1992~2000 이라크에서 경제 저격수가 실패하고 걸프전이 발발했다. 세 번째로 경제 저격수에 관한 책을 쓰려다가 협박에 굴복하여 뜻을 이루지 못했다.

2001~2002 아마존 지역 답사 도중 2001년 9월 11일의 테러 소식을 들었다. 뉴욕으로 찾아가 테러 현장을 답사하고 마침내 경제 저격수의 진실을 밝히는 책을 쓰기로 결심했다.

2003~2004 『경제 저격수의 고백』 집필.

저자에 관하여

존 퍼킨스는 네 가지 인생을 살아 본 사람이다. 그는 경제 저격수로 활동했고, 경제 저격수로서의 과거를 폭로하지 않는 대가로 많은 지원을 받으며 성공적인 대체 에너지 회사의 최고 경영자로 지내기도 했고, 토착 문화와 샤머니즘을 연구하는 전문가로서 경제 저격수로서의 삶에 관해 침묵하겠다는 맹세를 지키며 해박한 지식을 바탕으로 생태학과 환경 보전을 전파하는 교사이자 작가로 지내기도 했다. 지금은 경제 저격수로서의 과거를 생생하게 털어놓는 작가가 되어, 미국이라는 공화국을 전 세계 수많은 사람들로부터 미움받는 거대한 제국으로 변모시키고 있는 복잡하고 부패한 이들의 존재를 알리고 있다.

경제 저격수로 활동하면서 존 퍼킨스는 세계 곳곳을 여행하며 사우디아라비아 돈세탁 프로젝트, 이란 국왕 축출, 오마르 토리호스 파나마 대통령 사망, 파나마 침공, 2003년 이라크 침공으로 이어지는 일련의 사건들처럼 현대사에서 가장 극적인 순간들에 직접 관여하거나 곁에서 지켜봐 왔다.

1980년 존 퍼킨스는 대체 에너지 회사인 인디펜던스파워시스템스를 설립했다. 존 퍼킨스가 최고 경영자로 재직하는 동안, 이 회사는 대다수 경쟁사들이 문을 닫는 상황에서도 성공가도를 달렸다. 숱한 우연들과 고위직에 있는 사람들의 도움으로 이 회사는 업계 최고의 자리에 우뚝 설 수 있었다. 존 퍼킨스는 한때 자신이 금고를 불려 주기 위해 일했던 몇몇 회사로부터 고액을 받으며 컨설턴트로 일했다. 존 퍼킨스가 이 일을 맡게 된 이유 중 일부는 겉으로 드러나지 않도록 은밀하게 이루어진 협박과 거액의 연봉 때문이었다.

1990년에 회사를 매각한 존 퍼킨스는 토착 부족의 권리 보장 운동 및 환경 운동 분야에서 권위를 인정받게 되며 아마존 지역의 부족들이 우림을 지켜 나갈 수 있도록 도왔다. 남아메리카 토착 문화, 샤머니즘, 생태계, 환경 보전 등에 관해 쓴 다섯 권의 책이 여러 나라 언어로 출판되었으며 네 개 대륙의 수많은 대학과 연구 센터에서 강의했으며 지금도 여러 주요 비영리 단체의 이사로 활동하고 있다.

존 퍼킨스가 설립하고 운영하는 비영리 단체 중 '꿈을 바꾸는 모임'은 사람들이 자신의 개인적인 목표를 추구하는 동시에 자신의 삶이 다른 사람들과 지구에 어떠한 영향을 미치는지 좀 더 의식을 가지고 살아갈 수 있도록 일깨우는 계기가 되었다. '꿈을 바꾸는 모임'은 개개인이 좀 더 균형 잡힌 사회, 환경이 보전되는 지역 사회를 만들어 나갈 수 있도록 도와준다. '꿈을 바꾸는 모임'에서 제안한 '지구를 위한 오염 물질 차감' 프로그램은 개개인이 만들어 내는 대기 오염 물질을 줄여서 토착 주민들이 숲을 지켜 나갈 수 있도록 도와주고 지구를 존중하는 의식적인 변화를 만들어 낼 수 있도록 한다. 전 세계에 '꿈을 바꾸는 모임'을 지지하는 사람들이 늘어가고 있으며 여러 나라 사람들이 비슷한 일을 하는 단체를 만들어 가고 있다.

그러다가 2001년 9월 11일의 끔찍한 사건으로 인해 존 퍼킨스는 협박과 뇌물을 모두 뒤로 한 채 경제 저격수로서 살아 온 삶의 비밀을 밝히고 『어느 경제 저격수의 고백』을 쓰기로 마음먹었다. 존 퍼킨스는 미국 정부와 다국적 원조 기관 및 거대 기업들이 그런 일이 일어나는 데 어떤 역할을 했는지 알리기 위해 내부자로서 자신이 알고 있는 바를 모두에게 알려야 할 책임이 있다고 믿게 되었다. 존 퍼킨스는 오늘날 그 어느 때보다 많은 경제 저격수가 활동하고 있다는 사실을 밝히고자 했다. 존 퍼킨스는 자신의 조국, 사랑하는 딸, 자신과 동료들이 한 일로 인해 고통받는 전 세계 사람들과 자기 자신에게 빚을 지고 있다고 느꼈다. 이 책에서 존 퍼킨스는 조국인 미국이 원래 갖고 있던 공화국으로서의 이상에서 점점 멀어지며 세계 제국이 되기 위해 걷고 있는 위험한 길에 대해 기술했다.

저자의 이전 작품으로는 『변신(Shapeshifting)』, 『세상은 당신이 원하는 대로 이루어진다(The World is As You Dream it)』, 『심리 여행(Psychonavigation)』, 『스트레스에서 벗어나는 습관(The Stress-Free Habit)』, 『슈아르 족의 정신(Spirit of the Shuar)』 등이 있다.

저자에 관해 궁금한 사항이 있으신 분, 강연에 대해 알고 싶거나 개인적으로 연락하고 싶으신 분은 아래의 사이트에 접속해 보기 바란다.

www.JohnPerkins.org

다음 사이트를 방문하면 세계인의 의식을 바꾸기 위해 노력하는 비영리 단체인 '꿈을 바꾸는 모임'에 관해 더 자세한 정보를 얻을 수 있다.

www.dreamchange.org

옮긴이 | 김현정

한양대학교 경영학과를 졸업한 후 삼성경제연구소(SERI)에서 경제 · 경영 전문 번역가로 근무했다.
역서로는 『경제 저격수의 고백』, 『퇴직 후 일자리 찾기』, 『빅 무』, 『아주 단순한 성공 법칙』, 『차이의
전략』, 『승리하는 기업』 등이 있으며 현재 프리랜서 번역가로 활동하고 있다.

경제 저격수의 고백

1판 1쇄 펴냄 2005년 4월 1일
1판 11쇄 펴냄 2021년 1월 15일

지은이 | 존 퍼킨스
옮긴이 | 김현정
발행인 | 박근섭
펴낸곳 | ㈜민음인

출판등록 | 2009. 10. 8 (제2009-000273호)
주소 | 135-887 서울 강남구 신사동 506 강남출판문화센터 5층
전화 | 영업부 515-2000 **편집부** 3446-8774 **팩시밀리** 515-2007
홈페이지 | minumin.minumsa.com

도서 파본 등의 이유로 반송이 필요할 경우에는 구매처에서 교환하시고
출판사 교환이 필요할 경우에는 아래 주소로 반송 사유를 적어 도서와 함께 보내주세요.
135-887 서울 강남구 신사동 506 강남출판문화센터 6층 민음인 마케팅부

© ㈜민음인, 2005. Printed in Seoul, Korea
ISBN 978-89-8273-794-7 03320

㈜민음인은 민음사 출판 그룹의 자회사입니다.